政府监管的新视野

英国监管机构十大样本考察

THE REGULATORY ENTERPRISE

Government, Regulation, and Legitimacy

[英国]托尼·普罗瑟 著

Tony Prosser

马英娟 张浩 译

孙娟娟 苏苗罕 校

译林出版社

图书在版编目（CIP）数据

政府监管的新视野：英国监管机构十大样本考察 ／（英）托尼·普罗瑟（Tony Prosser）著；马英娟，张浩译．—南京：译林出版社，2020.2

书名原文：The Regulatory Enterprise: Government, Regulation, and Legitimacy

ISBN 978-7-5447-3292-5

Ⅰ.①政… Ⅱ.①托… ②马… ③张… Ⅲ.①国家机构－监管制度－研究 － 英国 Ⅳ.①D561.34

中国版本图书馆 CIP 数据核字（2019）第 252008 号

著作权合同登记号　图字：10-2017-195 号

政府监管的新视野：英国监管机构十大样本考察

［英国］托尼·普罗瑟／著　马英娟、张浩／译　孙娟娟、苏苗罕／校

责任编辑　刘　免
特约编辑　黄　洁
装帧设计　今亮后声·小九
校　　对　孙玉兰
责任印制　王义权

原文出版　Oxford University Press, 2013
出版发行　译林出版社
地　　址　南京市湖南路 1 号 A 楼
邮　　箱　yilin@yilin.com
网　　址　www.yilin.com
市场热线　025-86633278
排　　版　南京展望文化发展有限公司
印　　刷　苏州市越洋印刷有限公司
开　　本　850 毫米 ×1168 毫米　1/32
印　　张　13.125
插　　页　4
版　　次　2020 年 2 月第 1 版　2020 年 2 月第 1 次印刷
书　　号　ISBN 978-7-5447-3292-5
定　　价　88.00 元

目 录 | Contents

中文版序

很高兴拙著能被译成中文。本书的写作目的是阐述监管机构设计和运行的相关原则，而这类监管机构存在于任何将市场运行与社会价值的保护结合在一起的经济体中。笔者诚望本书对中国的学者、政策制定者和监管机构有所裨益。当然，各国国情不同，绝不应该直接移植其他国家的法律而期望它们在新的环境中蓬勃发展，但是笔者相信本书讨论的经验定能提供相当的借鉴意义。

本书出版至今已逾八载。笔者相信，开篇一章提出的一般原则、监管的各种具体类型以及监管的不同理由，仍然是有效且实用的。事实上，在金融服务和环境保护等领域，监管体系的发展演变表明，这些模式仍有助于理解监管机构运行的实然与应然状态。更深层次的一点考虑是：监管显然不仅是确保私营部门保持竞争并履行社会责任的手段，也是使公共机构更具透明性和回应性的重要途径。

还有一点也变得越来越显而易见，即监管不可能与更为宽泛的治理模式和宪法模式相分离。笔者在2014年出版的《经济宪法》(*The Economic Constitution*)一书中已经尝试进行了分析。举例来说，这一点显著体现于中央政府日益强调将公共支出分配作为一种监管方式，并且越来越倾向于由政府制定某种形式的产业战略。这两种现象已成为普遍的趋势，不仅限于英国。它们都支持了笔者的观点，即我们不可孤立地看待单个的监管机构，而应将监管机构视作一个复杂的监管体制的组成部分。此外，任何活动都会受到运用不同技术和机构的多种监管形式的影响。所有这些关切使监管设计的事业变得异常复杂，正因此，对相关原则的分析对任何经济体来说都是有价值的。

本书论述了10家监管机构。尽管各家监管机构在运行细节上都发生了若干变化，但是它们仍然存在，而且没有发生根本性的变化。唯一的例外是“监管者”，它于2018年4月并入了一个更大的组织，全民健康服务体系改进局(NHS Improvement)。这个机构既要监管健康护理提供者，也要与他们开展合作。因此，笔者不再对每个机构在2010年后的状态做更新描述。就大多数监管机构而言，仍有证据清楚地表明，独立监管机构是与政府提供的框架紧密相连的，独立性这一概念因而比其表面看起来更加复杂。在英国，引用最多的例子是家庭的能源支出在上涨。这已经成为一个重大的政治问题，迫使政府引入立法，推翻能源监管机构的决定。监管和政治从来都不能完全分开。

尽管如此，还是应对两项重大的发展做简短讨论。第一项重大发展当推英国脱欧。2016年的脱欧公投引发了英国政局的动荡，而且整个事件出人意料，英国脱欧后的前景具有高度的不确定性。在未来监管权的分配尚不明确的监管领域尤为如此，特别是诸如药品许可之类目前主要属于欧盟层面的监管领域。许多问题取决于欧盟和英国政府最终会达成何种英国脱欧协议。本书讨论的这些监管机构负责执行的主要是欧盟的法律体系，比较突出的例子是食品标准局、环境局以及健康和安全执行局。从短期来看，这些法律体系在英国退出欧盟后很可能作为“保留的欧盟法律”（retained EU law）的组成部分而基本保持不变；从长远来看，英国脱欧是否会为全新的监管形式或大规模的放松监管提供契机仍有待观察。两者似乎都不太可能。对本书来说，更重要的是，英国脱欧似乎不太可能对监管的机构设计产生很大影响。毕竟，英国的监管模式是独立于欧盟形成的，而且事实上，它对欧盟所采用的监管体系产生了重大影响。欧盟监管从未削弱英国的宪法传统。遗憾的是，未来英国将无法以这种方式影响其他地方的监管设计。

第二项重大变化关系到监管改革和所谓的“优化监管”（better regulation）。在本书中，笔者指出，让监管更能回应利益相关者需要的程序改进和将优化监管基本上等同于更少监管的“减轻负担”（lifting the burdens）这两种方法之间存在紧张关系。2010年之后的几年，后一种方法越发受到重视，特别是英国政府制定了一系列政策，最终形成了“一份投入，三份产出”（one-in, three-out）的规则，即要求新增监管的成本能够获得超过三倍的补偿性收益（compensatory saving）。政府削减监管成本的目标还扩展到了本书所讨论的独立监管机构。然而，2017年6月，伦敦的一幢高层公寓格伦菲大楼发生大火，至少72人遇难。火势蔓延的原因是外墙使用了易燃的保温材料。尽管具体原因有待火灾调查报告进一步明确，但是没有采用足够严格的消防安全标准这一点已经受到人们的严厉批评，而这件事正与削减监管负担有关。我们希望未来对监管的合理水平的讨论能够更为精细，少受一些削减监管的指标的支配。

在日新月异的政治和国际环境中，笔者希望本书提出的监管及其机构设计的原则能够在不同国家得到运用，同时为读者提供一种比变动不居的政治风向更为稳定的看待监管的方式。最后对译者和所有致力于将拙著带给中国读者的学者们表达最衷心的感谢。

托尼·普罗瑟

布里斯托大学

2018 年 6 月

前言与致谢

1998年，笔者出版了《法律与监管机构》(*Law and the Regulators*) 一书，希望该书对读者有所裨益。不过，该书可能导致了一种狭隘的认识，即将监管主要理解为经济性监管，目的是促进市场有效运转，在垄断领域模拟市场的作用或者保护消费者。主要的例子是竞争管理机构以及公用事业和金融服务监管机构的工作。但是，这一观点忽略了一个不同的监管领域，该领域的监管并不主要是经济性监管，它还关注基于社会原因的监管；监管不是作为矫正市场失灵的次优选择，而是作为市场运作的首要替代性方案。其中的一些监管机构在现有文献中已有详细讨论，特别是健康和安全执行局；但其他机构，例如健康和社会护理领域的监管机构，得到的关注则少得多。其中许多机构与政府紧密相关，但也有自己的自治领域；监管的情形非常复杂。与《法律与监管机构》一书截然不同的是，本书试图纠正这种片面的认识，以一种反映监管理论发展的方式，拓展监管的研究领域。

除了描绘一个更加广阔的监管领域之外，笔者还提出，监管的广度并不妨碍我们发展出理解监管的连贯方法和监管机构运作应遵循的规范性原则。因此，根据每种情况下显而易见的监管目的，笔者建构了一套可用于分析和批判性工作的模式。简而言之，监管分为：最大限度促进经济效率和消费者选择的监管、保护人权的监管、促进社会稳定和社会包容的监管以及提供审议场所的监管。笔者将这些模式用于对10个不同监管机构的分析。通过这种方式，笔者希望证明，尽管本书所研究的监管范围广泛，而且超出了我们所熟悉的经济性监管领域，但它并不是简单地把一套不协调的政治和社会干预放在一起。概括而言，监管事业是一项与原则相关的事业，尽管领域广阔，但体现出一定的连贯性。

在本书写作过程中，许多机构和个人向笔者提供了帮助，在此表示感谢。布里斯托大学法学院慷慨给予的学术假期让笔者得以在承担大量研究评估工作的同时完成本书写作，并与这里的同事进行了卓有成效的讨论。通过欧盟第六框架计划（European Commission FP6）资助的公共利益反思性治理项目，[1] 笔者获得了许多理论启发，并收集了一些实证资料。与雅克·勒诺布勒（Jacques Lenoble）、科林·斯科特（Colin Scott）、彼得-文森特·琼斯（Peter-Vincent Jones）、海伦·阿德拉德（Helen Adlard）的交流，让笔者获益良多。同意接受采访的监管官员给了笔者大量的帮助，但要强调的是，这并不代表他们同意笔者的任何结论。他们是食品标准局的艾莉森·斯波尔丁（Alison Spalding）、环境局的埃德·米切尔（Ed Mitchell）、健康和安全执行局的戈登·麦克唐纳（Gordon Macdonald）、“监管者”的艾德里安·马斯特斯（Adrian Masters）、通信监管办公室的克里斯·伍拉德（Chris Woolard）、天然气和电力市场监管办公室的马克辛·弗里克（Maxine Frerk）、水务监管局的休·布鲁克（Huw Brooker）、铁路监管办公室的迈克尔·贝斯维克（Michael Beswick）。感谢他们付出的时间与合作。还要感谢伦敦高等法律研究院和佛罗伦萨欧洲大学学院的图书馆为笔者提供有关比较发展的资料，感谢托马斯·佩鲁德（Thomas Perroud）提供有关法国的有益资料。尤其要感谢夏洛特·维利尔斯（Charlotte Villiers）、阿米莉亚（Amelia）和劳伦斯（Laurence）默默地包容笔者因写作和旅行在家庭生活中难以避免的缺席。

此外，需要就本书涵盖的地域范围进行说明。在大不列颠及北爱尔兰联合王国，每一家监管机构的监管范围差异很大，主要原因在于它们所管辖的成员国*各不相同。笔者在本书中集中讨论了与英格兰有关的监管。原本需要对大不列颠及北爱尔兰联合王国不同成员国的监管机构进行重要的比较，但遗憾的是，本书没有讨论这个问题。

本书所涉及法律均截至2010年初有效。

托尼·普罗瑟

布里斯托

2010年1月

* 成员国（constituent nations），也译为构成国，是指构成大不列颠及北爱尔兰联合王国（通称英国）的英格兰、苏格兰、威尔士和北爱尔兰等地方政府。——译注（本书页下注均为译注，下文不再一一标明。）

第一章

引言：监管的两种认识与四种模式

监管如今同时进入了政治和学术辩论的领域，这在 20 年 1
前无从想象；事实上，我们可以令人信服地宣称，“监管型国家”（regulatory state）已经建成。[1] 这些辩论对于提升以往被忽视的社会、经济生活领域的关注度，将注意力集中到如何改进它们的运作来说是非常有益的。但是，辩论的大部分内容严重缺乏焦点。特别是在政治辩论中，监管的含义往往被过分简单化，人们理所当然地认为监管是强加负担，把监管视为自由市场的对立面。因此，当可能需要监管的时候，监管只是作为社会组织的次优选择；原则上，应尽可能优先考虑给予我们经济自由和消费选择的自由市场。监管因而永远是一种矫正市场失灵的不尽如人意的手段。这种监管概念的含义是狭隘的，监管只是经济管理的一部分。典型的监管机构是那些与水、能源等公用事业服务有关的机构，在这些领域，自然垄断问题阻碍了市场的自主运作。[2] 此外，还有其他的市场失灵领域，例如金融服务领域，但监管在这一领域发挥的也是保护储户和投资者的利益、保持市场信心以及保证市场平稳、透明运作的经济职能。

与政治辩论的情况截然不同，学术界形成的监管概念已越发宽泛。这一点明显表现在参与监管的一系列机构的广度上：从政府各部（government departments）到独立机构（independent agencies），再到“自我监管”（self-regulation）、“合作监管”（co-regulation），最后到由私人组织进行的监管
2 （regulation by private organizations）。[3] 另一个明显表现是对监管目标多样性的接受，以及监管与经济领域相分离。因此，较早的监管定义强调监管在市场中的作用；监管“基本上是一项政治经济学概念，想要充分理解这一概念，需要参考经济组织的不同体系和维持这些体系的法律形式”。[4] 而新近的研究已经将监管的范围扩展到涵括众多其他类型的社会控制，融合了社会学和经济学的洞见。[5] 以下定义非常清楚地体现了这种宽泛的方法：

> 监管是根据既定标准或以产生大致确定的结果为目的，改变他人行为的持续且集中的努力，其中可能包含标准制定、信息收集和行为改变（behaviour-modification）机制。[6]

监管的经济理论越来越重要，监管的社会理论也越来越受到重视，理论辩论由此变得更加复杂。这实质上改变了辩

论的性质，“监管的经济理论一般倾向于根据经济学思维，在市场和监管之间做出明确区分……而面向不同形式的权力分析的社会学分析，则拒绝这种明确区分”。[7] 这样的理论非常复杂，这里无法进行深入分析。[8] 重要的方面包括：自创生法律理论（legal theory of autopoiesis），特别是与贡塔·托依布纳（Gunther Teubner）相关的研究成果以及在卢曼（Luhmann）的研究基础上进行的发展；起源于福柯的治理术理论（governmentality theories）；回应性监管（responsive regulation）理论，特别是与艾尔斯（Ayres）和布雷思韦特（Braithwaite）相关的成果。[9]

监管概念的扩大受到了普遍的欢迎，既是因为这样一来对多种机构进行比较便成为可能，也是因为这一概念由此接受 3
了远远超出经济范畴的大量不同的监管理由。鉴于近年来监管的最重要特征之一是设立了相当数量的承担社会性责任而非经济性责任，或者事实上兼具两种责任的监管机构，相对之前的严格限定，这种新的方法更加务实。因此，公用事业领域的经济性监管机构不再是范式性的监管机构，而且这一领域也没有产生新的范式。事实上，本书的一项重要主题就是要进一步发展这种方法，为此需要将具备下列特点的监管机构纳入讨论范围：履行社会性职能，不按照任何基于模仿市场结果的经济性逻辑而运行，以及不局限于明确存在市场失灵问题的领域。与之前的方法相反，监管可能是管理人们认为基本上不适合市场机制的社会供给（social provision）领域的首要选择。而且，与经济性监管机构的情形不同，在这些领域中，监管独立性观念的应用是有限的；这些领域可能涉及与政府进行监管合作。

但是，监管概念的扩大也会带来危险：监管辩论失去了焦点。[10] 如果监管扩展到涵盖几乎所有类型的社会控制，那么我们应该使用什么原则来评估监管的效果呢？我们是否应该仅对特定情境下的工作开展基于实用主义的考察？这可能还不够，因为我们很难确定什么是“可行”（working）的监管，什么是“行之有效”（working successfully）的监管，并且我们难以从复杂的社会环境中抽离出所谓的相关要素。在政治辩论中，有很多良好监管应当如何运作的例子，但几乎都是程序性的。[11] 实质上，假设通常是监管越少越好［“少即是多”（less is more）借用了优化监管工作组（Better Regulation Task Force）的一本颇有影响的出版物的标题 [12]］，监管造成的负担必须得到减轻。在有关监管的众多经济学研究中，经济原则本身可以对监管机构起到指导作用；监管机构应该在可能的情况下促进市场力量，在不可能的情况下模拟市场力量。[13] 而社会性监管是政治家或选举产生的多数人的突发奇想，经济学家“口中的‘优点’（merits）和‘公平’（equity）是黑洞一般的词汇。谁也没有对它们给出实质性的说明……”。[14] 那么，我们如何判断非经济性监管成功与否呢？在监管职能由不同程度地独立于民选政府的行政机构（agencies）承担的领域，这是一个特别
4 紧迫的问题；如果不能通过选举机制对这些机构问责，那么还有什么其他渠道可以证明它们的正当性？这种正当性问题萦绕在许多辩论中，无论是否明确表达出来。

本书的一个重要主题是试图阐明，对监管进行分类，并以承认其已经形成的社会作用的方式评估其绩效，这是可能的。完成这项工作，首先要描述不同监管机构的地位，并考察它们与政府和其他机构（institutions）之间的关系；它们是参与合作，还是将独立视为指导原则？其次，接受各种不同的监管理由，并从这些理由出发，提出可用于分类目的的模式。我们还可以从监管理由出发，抽取监管的程序性原则和实体性原则，这些原则具有规范作用，并告诉我们监管机构**应该**做些什么来实现其正当性。当然，这些原则不能为特定的监管问题提供简单的答案，而且相互间常常发生冲突；如何创设审慎的制度安排来解决这些冲突，就成为最有意思的问题之一。尽管如此，这些模式和原则依然能够促进对监管的更好理解，而且在保持上述监管概念扩大优势的同时，实现更高的清晰度。通过把这些监管模式运用到 10 家处理极为不同的事务（包括经济性和社会性问题）的监管机构中，我们可以对这些模式的意义进行评估。阐述这种新理解的第一步是，指出当前文献中对监管的两种截然不同的认识（vision）：作为对私人自治之干预的监管（regulation as infringement of private autonomy）和作为一项合作事业的监管（regulation as a collaborative enterprise）。

监管的两种认识

正如上述讨论所显示的，虽然监管在政治或学术辩论中日益凸显，但并没有在监管含义或正当性方面形成任何一致的意见。事实上，对于监管的不同解释之间存在很大分歧，尤其是对于监管的正当性存在不同的认识。一项重要的认识差异是作为对私人自治之干预的监管和作为一项合作事业的监管之间的差异。[15]这两种对监管的认识都与一系列不同的特征相关联。将监管视为对私人自治之干预的认识，首先认为监管机构进行监管的主要目标甚至唯一目标是经济效率的最大化，社会问题或分配问题应留给民选政府来解决。第二，在制度安排的设计上，独立性原则是关键；该原则确保建立稳定且可靠的制度，使投资者免受不可预测的政府干预。第三，这种稳定性还要求监管工具尽可能采用规则这一形式，典型的例子就是一定年限内用于公用事业的价格控制。但是，监管机构施加的规则并不一定适用于所有的监管情况，而且可能构成不必要的限制。第四，除规则以外，与私人签订合同可能是社会协调的恰当机制，而且，通过设置恰当的激励，这种机制可以成为替代直接监管干预的适当工具；监管机构的目标应该是通过自我监管或合作监管系统，鼓励建立公共干预最少的机制。第五，监管机构与被监管机构之间的关系可被视为类似于合同，因此能够为私人投资者提供稳定性和可预测性。第六，在有必要进行审议和考虑外部利益时，监管机构采取的方式是通过咨询程序获取证据，而不是让利益相关者直接参与监管机构。如果逾越这一界限，将有监管俘获的风险。这种认识的最后一项要素是强调利用一般性的私法机制（例如侵权诉讼），将其作为监管问责的手段。因此，这一对监管的认识强调的是私人自治的价值、自我纠错的市场作用以及对合同稳定性的促进。

相比之下，另一种认识则是将监管作为一项事业。首先，根据这种认识，监管机构是“具体而微的政府”（governments in miniature）。[16] 监管机构对经济、社会或分配目标负有责任，这些目标是无论如何不可分割的。第二，监管独立性不是机构设计的关键原则，因为监管是监管机构与其他政府机构共同进行的一项合作事业；尽管独立监管机构的设立可能有特殊的偶然原因，但它们的责任是与政府和其他机构分担的，而且这些责任可能会在复杂的“监管空间”（regulatory space）中有所重叠。[17] 第三，正当性是政府授权（delegation）的产物；裁量可能比规则更加重要，而且可以通过程序工具对裁量权的行使进行问责。第四，这种认识还认为，不存在以私人自治为基础的纯粹的自我监管。自我监管只是反映了进一步的授权，授权的目的是使监管任务能更有效地完成。第五，监管机构与被监管者之间的关系并不是类似合同双方的关系，而是身处更广 6
泛监管空间的大量利益相关者互动的复杂网络的一部分。第六，审议（deliberation）可以通过相关利益团体在监管机构内部的直接代表（如理事会成员）以及监管机构公开的政策制定来实现。俘获的危险要小于监管回应性的缺乏。最后，监管机构应该至少部分免于普通的私法责任，其可问责性应该通过程序化（proceduralization）的公法机制、议会监督（scrutiny）和司法审查来保证。问责制更多的是确保良好治理（good governance），而不仅仅是弥补私人的过错。

这两种相互冲突的认识是由一系列特征组成的，没有哪个监管机构会带有全部这些特征，而且事实上，这些特征之间可能存在内部紧张关系，例如依靠可预测规则和支持自我监管之间就是如此。尽管如此，认识的区分在实践和理论上还是相当重要的，尤其在涉及机构设计的问题上。

监管的正当性

上述两种监管认识提出了监管正当性的重大问题。对此问题，第一种认识所特有的解决之道是指出，第二种认识所特有的非经济性决策本质上是政治性的，所以应该交由民选政府来负责，而且有影响力的评论家也提出独立监管只适用于经济性或以效率为基础的决策。因此，福斯特（Foster）坚称，监管机构既要作出经济性决定，也要作出社会性决定，这会“不可避免地造成混乱，让监管机构越来越难以辩称自己所做的事情不存在矛盾”。[18] 马佐尼（Majone）也指出，“效率与再分配之间的惯常区分……为决定独立监管机构的决策授权是否具有表面上的权威，提供了合理的概念基础”。[19] 这种方法与将监管视为对私人自治的干预的认识密切相关。

但是，由于多种原因，这对一般的监管来说并不是一个恰当的方法。第一，在监管实践中，基于专业知识的经济性决定和基于价值判断的社会性决定之间没有清晰的界限；这种区分从分析目的来讲可能是非常有用的，但很难适用于本书涵盖的主要监管职责范围。正如我们将要看到的，本书的特点是同
7 时涉及经济性决定和社会性决定的使用。而且，即便是与公用事业价格控制有关的决定，也会产生重大的分配影响。[20]

第二，政府（government）这一概念本身是有问题的；在一个相似的背景下，费雪（Fisher）注意到，“在用宏大而又模糊的术语论及‘国家’（the state）时，很少有人讨论机构情境（institutional context）”。[21] 现如今，政府愈加多层分级，关键决策由跨国机构作出，这已经成为事实。就本书的情况而言，主要参与者自然是欧洲联盟（European Union），但是经合组织（OECD）、世界贸易组织（WTO）、欧洲理事会（Council of Europe）等其他组织也扮演着重要角色。我们所指向的不是接受民主问责的政府机构，而是接受多种不同方式问责的各类机构组成的复合体。与此类似，民族国家的政府不仅由内阁部门构成，而且包含一个由不同机构组成的网络，其中包括具有许多其他组织形式的监管机构。著名的国家“空洞化”（hollowing-out）现象正是这一点的反映。[22] 因此，“要求一个机构说明自己是如何运作的，这就忽视了分散化政体（differentiated polity）的关键特征。政策不是哪一个机构的责任，而是若干机构互动的结果”。[23]

基于上述情况，对不受（民主）问责的监管机构和可受（民主）问责的政府进行对比，就显得过分简单化了；相反，有必要描述监管机构在“监管空间”中的地位，该监管空间由接受不同问责机制调整的各类机构组成。[24] 事实上，针对本书各章涉及的各家监管机构，笔者都做出了描述，并使用了两种不同的方式：首先是机构间的关系描述，考察每个监管机构与中央政府、欧盟及其他机构的关系；其次是规范性描述，考察控制每个监管机构的规范模式，例如它的法定义务和机构宗旨（corporate objectives）。这种描述是本书各章节的核心任务。

拒绝在基于效率的决定和基于分配的决定之间做出截然区分的更深层原因是，即便监管决定明显是社会性的，而且是由政府作出的，这一决定对任何特定解决方案来说仍然没有直接的选举正当性。选举是遴选官员、选择社会问题应对方式的基础，但监管决定要具体得多，而且不可预测。因此，除了监管活动的总体方向和涉及监管基本价值冲突的不妥协决定之外，重点应该放在监管决策程序本身的性质和允许适当审议的
8 程度上，而不是放在选举授权（electoral mandate）的任何问题上。最后，和上一点相关的是，之所以将监管决定交由专业监管机构而不是直接委托给民选政治家成为趋势，部分原因是人们认为监管机构实际上可能比政府部门更具可问责性，例如，监管机构不容易被俘获，并有能力运用创新技术提升回应速度（食品标准局是个典型例子）。因此，那种认为应将经济性决定而非社会性决定交由独立监管机构的观点，既过于简单化，又具有误导性。

一旦我们承认监管决定包含价值，而且价值会经常冲突，我们就不得不去寻找监管正当性的其他来源。主张正当性的一种方式是说，监管机构的作用是执行议会的授权命令。这还是过于简单化。[25]设立监管机构的重点是，基于监管机构自身的专业性，授予其裁量权。裁量权的程度可能会有所不同，事实上这也是本书在描述不同监管机构在监管空间中的地位时考察的一个主题。裁量权在很大程度上可能受限于规

则的实施，或者如我们在本书后面章节中将要看到的，可能涉及确定政策事项的实质性自由。但是，无论是上述两种情形中的哪一种，我们都最好不要将监管视作委托人制定、监管代理人执行的规则的适用过程，而是将其作为监管事业的一部分，这项事业涉及包括监管机构在内的政府不同级别部门之间的合作。一个更有效的方法是扩大监管的程序价值以实现监管审议的过程，由此可以达成共识。笔者将在下文更详细地论述这一点。

参与、审议性监管与风险

无论是在政策制定过程还是理论研究中，监管透明度和审议的重要性都日益得到重视。[26] 首先，这一点既体现在国家层面，也体现在国际层面，例如早期强调应该尽可能缩减监管的经合组织，最近开始强调改进监管治理而非放松监管的重要 9
性。[27] 同样，欧盟委员会也开始关注这类治理问题，既涉及委员会自身的工作，也涉及公共服务的监管机构。[28] 在英国，政府发布了一系列提高监管透明度的建议，包括良好监管原则。[29] 本书第十章将对这些改革进行充分讨论，但这里要指出的是，这些改革的核心主题之一是对外开放监管程序，并增强监管程序对被监管者之意见的回应性。

政策层面对监管透明度的关注也反映在学术著作中。仅举一个有影响力的例子，朱莉娅·布莱克（Julia Black）描述了对监管的审议性理解，她借鉴哈贝马斯的研究，超越协商

（bargains）和妥协的程序，转向以“审议民主的相互性、共识和主体间相互理解”为导向的参与。[30] 她的主要观点之一是对民主的不同理解会对监管治理中参与的作用产生根本性的影响；关于此参与的含义，人们还未达成共识。[31] 审议式的参与也不是直接适用的，需要监管机构在不同参与话语的“转换”方面做出重大努力。

审议在监管中的作用是本书下文讨论的中心议题，并将为仔细审视监管提供一种模式。但是，目前最重要的是，无论在政治层面还是理论层面，单独考虑这一概念都是有问题的。一方面，政治层面强调通过影响评估进行审议，作为监管协商的一部分；另一方面，理论层面的审议则远远超越这一点，追求确保“满足公众理性的要求，以及获取审议的机会平等”。[32] 审议将为我们后续的讨论提供一个模式，但该模式需要其他模式的补充。具体而言，我们需要做出更多的努力，观察是否存在适于审议程序的实质性的监管原则，并在确有必要的情况下为其划定边界。[33] 如果没有这样的原则，最开放、最具反思性的审议也是不够的。[34]

与审议相关的一个问题涉及风险监管的概念，事实上，“‘风险’正在迅速成为监管和公共服务提供的核心组织原则。
10 目前英国中央政府正在积极推动风险管理”。[35] 对风险的关注已经在许多不同的层面形成。首先是在社会理论层面，许多基于风险的不同方法被试图用来解释监管在现代国家中的作用。[36] 不过，正如我们将在后面考察监管机构的章节中看到的，风险分析对监管机构自身也产生了深远的影响，监管机构纷纷致力于基于风险的监管方法。[37] 但是，表面上的简单再一次掩盖了深层次的含糊不清。在社会理论层面，存在着基于不同前提、相互冲突的风险监管理论；结果，"'风险'作为一种理念……遭遇了与其他关键概念一样的命运：失去了含义的清晰度，成为一个论争的领域"。[38] 在制度层面，"'不存在**风险**社会，只有不同的风险监管制度'……风险管理的实际政治以超乎寻常的多样化为特色"。[39]

正如朱莉娅·布莱克指出的那样，即便在监管的实际运用中，"基于风险的监管"一词也有两种截然不同的含义。[40] 第一种含义是面向社会的风险监管。在本书涵盖的许多监管领域（例如食品标准、环境、健康和安全），监管机构不得不评估风险大小，并据此进行相应的资源分配。第二种含义则指向"监管风险或机构风险（regulatory or institutional risk），即机构本身无法实现其目标的风险"。[41] 这正是金融服务监管的特点。对基于风险的监管的这两种认识显然存在一些重叠，但是它们确实有重要的区别。第一种认识涉及评估外部环境，第二种认识涉及评估监管机构的内部组织。在这两种认识中，基于风险的监管本质上是一种关于监管机构如何平衡不同的优先事项和利益的程序设定。与任何具体决定相关联的监管原则都会受到这一程序的影响，但程序本身并不提供这类原则。[42] 在基于风险的成本－收益分析这种更机械化的形式中，风险监管的确不能单独为监管困境提供解决方案，这是监管机构可以马上承认的问题，也是本书第十章将更充分地阐述的一个主 11
题。[43] 需要再次强调的是，风险监管是监管的一种方法，它可能对监管机构的工作方式产生重要影响，但并不能为解决监管中的实质性难题提供一套原则。

监管的理由

程序主义和对风险的关切本身并不能提供解决监管中实质性问题的手段。不过，本书将要论证的是，我们仍然可能从既有的宪政体制中发现若干普遍性的原则，并且在进行监管决策时对这些原则进行权衡取舍。[44] 在提炼这些原则之前，我们需要首先证明监管存在的理由是什么。这将帮助我们建立作为监管分类工具的各种监管模式，进而推导出规范性的原则。

在本节中，笔者将概括监管的关键理由，这些理由构成了本书所采用的不同监管模式的基础。后续章节的考察是揭示因各制定法规定而形成的不同目标的不一致性，与其不同，本节是在监管机构承担的任务及执行任务的方式中寻求共同的模式。引用另一位曾经做过类似尝试的作者的话：

> 如果从这些方面来看待现代监管，那么呈现在人们眼前的就不是大杂烩，而是一系列具有自身完整性和连贯性的模式。我们已经看到，社会性监管和经济性监管的设计目的是增进经济效率，以符合公益精神的方式进行资源再分配，减少或消灭社会从属关系（social subordination），反映集体愿望，保护未来世代免遭无法挽回的损失，并改变源自各种动机或认知缺陷的偏好……

> 认为监管体制只以单一的理由为支撑或只不过是利益集团转移利益的观点，必然会一无所获。那种从自由放任的前提出发并单纯依赖第一代新古典主义经济学*的方法注定会误解现代监管型国家，因其依据的标准并不能准确描述监管控制的各种正当性理由。[45]

笔者不是进行这种尝试的第一人。除了刚刚引用的桑斯
坦（Sunstein）确定监管原则的尝试之外，罗杰·布朗斯沃德
（Roger Brownsword）在生物伦理的监管方面也做过类似的研 12
究。[46]此外，本书详细讨论的一家监管机构也提出了作出监管决定的三个“纯粹”标准：基于公平的标准（equity-based criterion）、基于效用的标准（utility-based criterion）和基于技术的标准（technology-based criterion）。[47]本书旨在确定具有足够普遍性的原则，以适用于本书所涵盖的广泛的监管机构，同时这些原则还要足够明确，从而有助于监管决策和对监管决策提出批评。

以效率和消费者选择最大化为目标的监管

监管的第一个理由是公用事业监管机构和竞争法机构所熟悉的。该理由表明，具有正当性的监管以效率和消费者选择

* 第一代新古典主义经济学（neoclassical economics），又称第一代新古典派经济学、新古典派经济学。这一经济学思潮兴起于20世纪初，继承了古典经济学的立场，倡导“自由竞争”“自动调节”，支持自由市场经济和个人理性选择，反对政府过度干预，反对凯恩斯主义经济学。

的最大化为目的。这一目的可以通过两种方式实现：第一，在那些存在垄断因素的产业领域（无论垄断因素是源于自然垄断还是市场支配地位），监管机构可以通过设定价格控制或质量标准等方式模拟市场的作用；第二，监管机构可以扮演专业竞争和消费者保护机构的角色，更加直接地促进竞争。这些任务是公用事业监管机构工作的核心。早期，监管机构通过控制价格和质量来限制主要的私有化公用企业的支配地位带来的影响。[48] 在许多领域，随着竞争性市场的建立和过去的垄断者的支配地位的下降，监管机构的这种作用已经失效，例如在电力、天然气供应和零售电信服务领域。但是，在自然垄断的其他领域，特别是大容量电力输送、天然气运输和铁路网接入领域，价格和质量控制仍将无限期地保留，因此监管在这些领域也将长期保留。事实上，最初关于监管会随着竞争的产生而消亡的想法并没有成为现实；相反，监管机构通过确保竞争性市场的自由运作，获得了保障竞争和保护消费者的新角色。例如，我们将在本书第九章看到，公用事业监管机构已经获得了与一般竞争机构共有的“共同管辖权”（concurrent powers），有权在自己监管的产业部门范围内执行《1998 年竞争法》中有关反竞争协议和滥用支配地位的禁止性规定。[49] 而且，最近
13 的立法也修改了公用事业监管机构的职责，赋予它们一项主要职责，即“通过在适当的情况下促进有效竞争这一方式……保护消费者利益”。[50]

因此，这一监管理由为监管机构提供了与一般竞争机构相同的终极目标：通过开放市场、支持消费者选择，最大限度

地提高生产和分配效率。[51] 该理由的哲学背景是功利主义。*它表面看起来仅适用于公用事业监管机构。但是，正如我们将要看到的，促进市场机制的作用已经成为我们将要讨论的其他一些监管机构的主题，例如，在健康护理领域，监管在竞争市场中支持消费者选择的作用越来越受重视。即便是在生物伦理（bioethics）等看似最不可能的领域，我们也可以发现对这种方法的响应；正如罗杰·布朗斯沃德所论述的那样，一种功利主义的方法即使不直接采用市场制度，也会诉诸类似的理念。[52] 甚至人类受精和胚胎学管理局也承担了消费者保护职能！同时值得注意的是，在政府进行的大部分监管改革工作中，政府关注的是使监管与自由市场更相容，监管本质上被视为市场的负担。事实上，从这项工作的某些方面看来，人们唯一可接受的监管理由就是提高效率。因此，这种监管方法涵盖了直接基于效率目标和促进消费者选择的监管，以及强调减轻阻碍市场自由运作的监管负担的监管风格。

监管与人权

监管的第二项也是与上一项完全不同的理由是，监管机构的作用之一是保护基本权利。与经济性的、基于竞争的监管理由相比，人们对这一理由不太熟悉。[53] 但是，它显然已经在某些监管决策中发挥一定的作用。例如，健康和安全执行局强

---

* 功利主义（Utilitarianism）认为，人的本性是避苦求乐，行为受功利支配，谋求功利就是追求幸福；而谋求最大多数人的最大幸福，是政府的基本职能。

调，自己除了采用基于功利的标准评估干预的成本和收益之外，还运用“基于公平的标准，这一标准的前提是所有人都享有无条件地受到某种程度保护的权利”。[54] 结果是，有些风险可能是不可接受的，无论它们可能带来什么样的收益。正如我
14 们将要看到的，其他一些与权利特别相关的监管机构是人类受精和胚胎学管理局、与环境相关的监管机构以及负责健康和社会护理的监管机构。

权利可能以几种不同的方式与监管机构相关。第一，监管机构的作用可能是通过制定反映相关权利的标准并检查监督这些标准的适用，直接保护用户的权利。因此，护理质量委员会，一个新组建的健康和社会护理监管机构，在其法定职责范围内确立了基于权利的方法（rights-based approach）。与此相关的一点是——正如我们将在环境领域看到的——监管机构可能会实施一项制定法计划，*要求监管机构在公众权利和基于资源有限的权利限制之间进行权衡。[55] 这些监管机构对权利的运用被桑斯坦称为“权利革命”，其实现是基于立法创设的“免于工作场所风险和消费者产品风险的权利，免于贫穷的权利，免于长时间工作和低工资的权利，免于欺诈和诈骗的权利，免受雇主支配的权利，免于片面的和纯粹商业性的广播电视的权利，以及免于污浊的空气、脏污的水和有毒物质的权利”。[56]

---

* 制定法计划（statutory scheme），在制定法中就特定主题规定的详细和系统的行动计划。

权利与监管机构相关的第二种方式可能是，对监管机构可能作出的决定施加实质性的限制，例如阻止监管机构采取侵犯私人财产权的行为。这也是美国监管法理学的一个重要关注点，不过它正在引入欧洲监管领域，部分是由于《欧洲人权公约》(European Convention on Human Rights)。权利与监管机构相关的第三种方式可能是与监管机构运作有关的程序性权利的适用，以及允许受监管决策影响者的参与程度。这些权利促成了监管的审议观点。事实上，布莱克已经指出，这种观点既为监管机构的运作预设了需要的权利，又通过审议过程产生了这些权利。[57]

相关的权利可能有多个来源。[58]最显而易见的是，它们可能来自确立监管计划（regulatory scheme）的特定法律，或者，它们可能是更广泛的公民权。上面讨论的基于效率和消费者选择的监管理由只是将公民视为消费者，“强调公民作为有鉴别力的物品和服务采购者的角色，以及经济上合乎理性的消费者合同的签订者和执行者的角色”。[59]消费主义观点中的公民身份本质上也是不平等的，与参与市场的条件而不是财富分配有关；我们的确不是以平等的身份进入市场。相反，更直接 15
地来自公民权的观点假设我们拥有平等的权利，公民权的本质意味着可普遍化。本书讨论的监管机构之一通信监管办公室在其第一项法定义务中具体地提到了这种公民权，即“增进公民在通信事务方面的利益”。[60]这项义务因而与（具有同等效力的）第二项义务产生了冲突，第二项即“在适当的时候通过促进竞争，增进相关市场消费者的利益”。[61]

公民权的来源可能超出了单个的制定法计划。因此，英国缔结了大量的要求保护关键社会性权利的国际文件。[62]最重要的文件当然是《欧洲人权公约》，对于根据《1998年人权法案》(Human Rights Act 1998)成立的公共机构，该公约可直接执行。《欧洲人权公约》所规定的权利，在程序上（第6条规定的"获得独立法庭审理的权利"）和实体上（特别是第8条规定的"确保家庭、私人生活被尊重的权利"和《〈欧洲人权公约〉第一议定书》第1条规定的附有较高条件的"和平享用财产的权利"）都与监管决策有关。进一步相关的权利规定在1961年欧洲理事会的《欧洲社会宪章》(European Social Charter)中。特别相关的是第11条规定的健康权和第16条规定的家庭享有社会、法律、经济保护的权利。2000年12月在法国尼斯举行的欧盟峰会上通过的《欧盟基本权利宪章》(EU Charter of Fundamental Rights)还包括了健康护理和医疗权利以及获得具有一般经济利益的公共服务(public service of general economic interest)的权利。[63]当然，这些权利在法律上的可执行性还存在重要问题，但是，作为对认可这些权利的国家的约束，这些权利的存在仍具有重要意义，而且我们将看到，它们与监管决策也高度关联。

监管与社会团结

下一个监管理由是促进社会团结(social solidarity)。在实行普通法的法域，人们对于促进人权比较熟悉，对于促进社会团结则相对陌生。[64]但是，欧洲大陆对此熟悉得多，公共服务概念和由此衍生出来的公共服务法律在欧洲大陆也要发达得多。[65]这种方法不是从个人权利出发，而是从共同体确保包容性的责任出发，它既有赖于平等公民的道德 16
意识，也有赖于使社会分化最小化的更审慎的目标。这种方法的理论基础来自涂尔干和狄骥的著作。此外，罗杰·布朗斯沃德在生物伦理监管中讨论尊严主义[*]时也指出了类似方法（尽管与公共服务方法相比有着非常不同的实质性含义）。[66]理解公共服务和社会团结的概念，对于理解公益服务概念在共同体法律中的作用而言也是至关重要的。但是，社会团结不是仅属于欧洲大陆的概念。桑斯坦曾经强调美国监管中的相关原则：促进超越个人消费决定的集体愿望和抱负，保护非商品性价值。[67]而且，“社会包容”理念与英国新工党存在密切联系，与其他以社会团结为基础的工作也主题相似。[68]

社会团结可以在监管中发挥不同的作用。一是产生市场运作所必需的关键性的社会基础，即相互信任和共同期望。[69]从这个意义上讲，它与第一个监管理由在为经济效率和消费者选择创造必要前提方面是类似的。基于社会团结的方法的第二个作用是防止或限制市场的社会分化作用。例如，监管

---

* 尊严主义（dignitarianism），由罗伯特·W. 福勒（Robert W. Fuller）发起的一项政治和社会运动，反对不平等对待，例如等级主义（rankism）。参见罗伯特·W. 福勒：《尊严的提升》，张关林译，上海人民出版社 2008 年版。

干预试图确保依赖公共服务的所有人基于公民身份和包容性而得到平等对待，比如可以针对公用事业服务要求地域性平均收费（geographically averaged tariffs）。更具体的例子是确保普遍服务涵盖城市和农村、富有和贫穷的消费者，并且通过检查来确保统一的服务质量标准。显然，这些例子同样涉及促进个人权利，但社会包容性的因素也很突出。社会团结与全民健康服务体系（也许是最有名的对社会团结价值的体现）的健康护理，以及公共服务广播尤为相关。制度设计的一个重要问题是，特定监管机构能够在何种程度上促进这些价值，或者这种促进是否最好留给有着更广泛选举授权，有能力对一系列反对社会排斥的不同政策进行协调的政府来完成?

最后，监管工作的一项日益凸显的主题是促进可持续性。我们将在下文看到，在本书所研究的诸多监管机构的工作中，
17 促进可持续性占据重要地位，它不只是与传统的环境监管机构有关。根据英国政府的表述，“可持续发展的目标是，使全世界所有的人都能够满足基本需求，享受更高质量的生活，而不损害子孙后代的生活质量”。[70] 因此，实现可持续性最好也归入促进社会团结的监管这一标题之下。

监管参与和审议

最后一个监管理由已在前文有所论述，就是由监管机构为参与和审议提供平台。在许多方面，这是最容易应用的

理由，监管辩论和学术讨论已经就此形成共识。[71] 这一理由的关键特征是监管透明，规则制定的意见征询（regulatory consultation），可问责性和总体上的开放性。当然，这并不是说这个目的不存在争议。除了监管参与和明确、迅速地作出监管决策的必要性之间的关系存有问题外，参与这个概念也包含几种不同的方法（在下文关于个别监管机构的讨论中有明显体现），而且一个特别重要的问题是，参与是通过监管机构有效汇集信息来改善决策的一种手段，还是其本身就是目的。多数观点认同前者，但是更细致的研究则倾向于认为，监管审议本身就代表了一种目的，因为它意味着对每个参与者作为一种自治权形式的价值的认可，也是发现基本道德原则的手段。布莱克对此做出明确区分：

> 在实用主义话语（pragmatic discourses）中，偏好是外生的，参与者从自身利益出发主张偏好；这里并不存在公共理性。"我们应该做什么？"这一问题，对于每一个体来说就是"什么对我有利？"。在实用主义话语的理性模式中，鉴于被接受的价值偏好，人们会对目标进行理性的权衡，并从效率或专业的角度选择手段。与此相对，在伦理话语（ethical discourses）中，"我们应该做什么？"这个问题被转换成"我们想要什么样的社会，什么对我们有利？"……最后，在道德话语（moral discourses）中，"我们应该做什么？"这个问题具有更深层次的含义，也就是"什么对我们大家都有利？"。[72]

另一方面，参与和审议的发展可以发挥不同的职能。监管机构首先负责为自己的决策组织审议程序；事实上，正是通
18 过审议，不同监管原则间不可避免的冲突将会得到解决。监管机构还要负责制定直接提供更多回应性服务的程序，例如确保服务提供者对用户意见的开放性，并代表用户向服务提供者表达意见。后面这些职能在健康护理监管中尤为重要。

监管模式

行文至此，本书确定了作为监管基础的四种不同的理由。当然，这些理由之间可能发生冲突，而本书考虑的问题之一就是解决这些冲突的最佳制度安排。基于这些目的，我们可以从中推导出四种监管模式：

（1）**促进经济效率和消费者选择的监管**，采取的方式是建立和维护开放的市场，以及在不可能的情况下模拟市场的运作方式；

（2）**保护权利的监管**，这些权利包括享受健康护理和其他基本服务的权利；

（3）**促进社会团结的监管**，避免市场的分化作用，促进人们普遍享有质量一致的公共服务；

（4）**作为审议的监管**，监管机构的主要作用是为解决问题提供程序工具，其手段或是为不同意见的相互妥协提供平台，或是为达成共识提供学习资源。

在描述每个监管机构在监管空间中所处的地位之后，本书的第二个主要目的是运用这些模式来考察每个监管机构的运作。

这些模式将发挥两种不同但相关的功能。[73] 首先，从为不同类型的监管提供理想形态这一层面上讲，这些模式有助于分析。它们提供了分类和理解监管机构开展的不同活动和监管决策正当化所凭借的不同主张的工具。鉴于本章开头提到的监管概念扩大的现象，这些分类模式尤为重要。正如前面已经指出的，监管概念的扩大造成了两难困境。一方面，最近的监管辩论表明，能够为人接受的定义应该是广义的，但采纳广义的定义意味着讨论会失去焦点。笔者希望将广义的监管概念与监管活动的竞争性模式相结合，以期在不导致监管分析陷入过分狭 19
隘和局限的单一模式的同时，重新找到讨论的焦点。监管模式的分类作用还有助于比较不同监管机构：每个监管机构是如何体现监管模式的不同组合？

非常有必要着重指出的是，这些监管模式是从不同的监管理由推导而来。这就意味着，我们可以比较容易地从这些监管模式的分类作用（classificatory role）跳转到监管模式的第二个作用，即规范作用（normative role）；将监管理由作为监管模式的基础，也确保了这些模式是承载了价值的。因此，这些模式将为我们提供可供遵循的原则，以解决监管机构**应该**如何决策，不同监管目的在何种程度上实现，哪种制度安排最适合实现各项目标等问题。这些模式也使得我们可以讨论如何解决不同原则之间的冲突（例如审议程序是否为竞争与社会团结之间的冲突提供了解决方案），以及实践中解决这些冲突的最恰当的制度安排是什么。一个重要的例子是监管机构与民选政府之间的关系。比如，作为抗击社会排斥的总体战略一部分的社会团结问题，是否只适合由民选政府来决定？

讨论一般性（不是直接来源于每个监管机构的具体法定职责）和实体性（不限于更好的监管程序）的监管原则似乎是不寻常的。但这已经不是什么新问题。如上所述，在一些关于监管的说明中，最大限度地提高经济效率扮演的正是这一角色。[74] 桑斯坦还针对监管提出了一套具有很强规范作用的解释性原则。相对于这里提出的原则，桑斯坦的原则反映了美国的情况，更加以法院为主导，但它们的确代表了为监管绩效的宽泛判断制定标准的尝试，以促进宪法价值和审议型政府的发展。这些“解释性原则”为政府、监管机构和普通公民提供了“理解和评估现代监管型国家结构的基本原则”的基础。[75] 这正是本书所使用的模式和规范性原则的预期作用。简言之，“良好监管”是对取自四种监管模式的规范性原则的最恰当组合。什么是恰当的，将取决于法定的职权范围、社会背景和每个监管领域适用的权利。

本书的写作计划和范围

20 接下来，笔者将运用作为本研究分类和规范基础的模式去研究 10 家不同的监管机构。每章的结构大体相同。在介绍每家机构的历史和职能之后，简单描述每家机构与英国国内和欧洲的各级政府之间的关系，以及来自制定法和其他来源的治理规范，以确定各机构在监管空间中的地位。随后，按照上述四种模式的结构，即促进经济效率和消费者选择的监管、监管与人权、监管与社会团结以及审议监管，讨论各家机构的政策和运转。本书对各家机构的研究重点明显不同，但总体上都是各种模式的组合，而不是将单个机构与单一模式联系起来。

本书讨论的监管机构经过了有意筛选，以呈现各种不同的监管主题和方法；但是，为了保持清晰的焦点，同时确保规模可控，一些监管领域必然无法包含在本书中。其中一类是政府部门内部的监管和由政府部门自己进行的监管；这些内容在其他地方已得到了很好的论述，[76] 而且本书的重点是监管机构的作用，而这类监管机构本身不直接接受民主问责，且不同程度地独立于政府。出于类似的原因，欧洲的监管也未直接纳入本书，并且本书不包括一般竞争管理机构的职责范围，也不包括金融服务的监管；再次说明，这些问题在其他地方已经得到了很好的论述。[77] 考虑到 2008—2009 年金融危机背景下金融服务监管的明显失败，没有讨论金融服务监管是本书的遗憾之处。所幸与本书一章的写作篇幅相比，其他研究可以对其背景进行更为全面的专业分析。关于金融服务监管不断变化的结构也存在广泛的政治争论，这一点与本书讨论的许多监管机构有所不同。

第二章

人类受精和胚胎学管理局

21 前一章的核心关切之一是监管机构在社会性监管领域的正当性问题。作为本书第一个讨论的监管机构，人类受精和胚胎学管理局（Human Fertilisation and Embryology Authority，简称 HFEA）是一个绝佳的例子，因为它处于一个由于道德和宗教信仰而产生重大社会争议的领域。如果说社会性监管的正当性难以论证，且有争议的社会性决策只能委托民选政府来作出的话，那么我们应该可以料到，该监管机构的经验能够生动地说明这一点。

鉴于上述背景，对人类受精和胚胎学管理局是否成功的看法千差万别，这并不令人意外。一方面，卫生部（Department of Health）认为："人类受精和胚胎学管理局的模式已经成为一个成功的范例。它已运行了 15 年，并获得了国际性赞誉……"[1] 一位胚胎研究领域的顶尖学者表示："我始终认为，正是人类受精和胚胎学管理局塑造了在胚胎干细胞研究和胚胎研究方面具有示范意义的监管环境。"[2] 其他人的评价则较少是称赞。某专门委员会（select committee）就持有强烈批评（和分歧）意见，它在一份报告的结论中表示：**“优化监管工作组采用的良好监管原则是恰当且有价值的。遗憾的是，人类受精和胚胎学管理局在很多方面缺乏这种理念。”**[3]

这些观点上的差异是可以预见的，因为在该领域（尤其是胚胎研究方面），对于采用何种方法才合乎伦理存在基本分歧。[4]对于这一话题，各方的观点都特别根深蒂固。然而，在批评性的讨论中有两个主题，可以使我们超越伦理价值的选择，去考察具体的监管方案。第一个主题是有关机构权限的问题，即存在争议的决策（尤其是那些被认为涉及权利的决策）在何种程度上应交由议会或一个拥有该领域大量专业知识的专业机构？答案当然是双方都应发挥一定的作用，但责任分配往 22
往极具争议。第二个主题则是，人类受精和胚胎学管理局如何才算得上称职的监管机构？当前已经存在对其工作拖沓、前后矛盾、透明度不足的批评。不过，应该指出的是，我们很难将针对缺乏良好管理的批评与对人类受精和胚胎学管理局决策之伦理正当性的基础性争议相分离。关于人类受精与胚胎学的讨论总是一片喧嚣。

人类受精和胚胎学管理局的背景

人类受精和胚胎学管理局的成立起源于 1984 年的《沃诺克报告》（Warnock Report）。该报告提议新设一个行使法定许可权的管理局，来监管不孕不育相关服务和研究。[5]该管理局的成员中应有科学和医疗方面的重要利益代表，但它并不是要成为一个专门的甚至是首要的医疗或科学组织；“它所关注的事务范围应更加广泛，并且注重对公共利益的保护”。因此成员应来自各行各业，且相当一部分应是非专业代表。鉴于此，令人惊讶的是，之后确立的监管形式是通过自愿许可管理局（Voluntary Licensing Authority）进行自我监管；但在 1987 年末，政府发布的白皮书提议，设立独立的行使法定许可权的管理局。[6] 另一个可选方案是直接委托部长作出决定，这获得了一些认为应禁止人类胚胎研究的人士的支持。在《人类受精和胚胎学法案》的二读程序中，国务大臣 * 拒绝了这一选项，理由是：

> 如果将医学和科学事务视作半政治的议题，部长应对其提出这样或那样的观点的话，那么部长和下议院将长期处于困境之中……该管理局的《实务守则》（code of practice）将必须呈交国务大臣和下议院审议，但是医学和科学事务保持某种程度上的独立对议会和国务大臣是有利的。[7]

人类受精和胚胎学管理局、部长与议会之间适当分工的问题，成为日后争论的关键。

最终，人类受精和胚胎学管理局依据《1990 年人类受精和胚胎学法》正式设立，并采用了与其他监管部门相似的组织

---

* 英国政府各部由各部长（minister）领导，部长一般分为三个等级，分别是（内阁）国务大臣（secretary of state）、国务部长（minister of state）和政务次长（parliamentary under-secretary）。其中，国务大臣是最高级别的部长。

形式——由部长任命但不以王室名义履行职能的法人机构，其中主席、副主席以及至少一半的成员不得是医生，也不得从事受监管的活动。[8]之后的立法又作出进一步的重大修改，在高 23
等法院裁定管理局无权拒绝发放细胞核移植的许可之后，《2001 年人类生殖克隆法》规定，将非受精形成的胚胎置入女性子宫的行为构成犯罪。[9]《2001 年人类受精和胚胎学管理局（研究目的）规章》[Human Fertilisation and Embryology Authority (Research Purposes) Regulations 2001] 扩展到可以为那些超出生殖目的的胚胎研究活动发放许可，包括增加胚胎分析和严重疾病治疗的相关知识，并允许治疗性克隆（therapeutic cloning）。[10]人类受精和胚胎学管理局的工作范围变化很快，2006 年的政府评审（在卫生部的延伸机构 * 于之前的评审中提出合理化建议之后）提出将该管理局并入人体组织和胚胎监督管理局（Regulatory Authority for Tissue and Embryos）的重大改革提议。[11]但是，由于新管理局的监管范围遭到批评，该提议被搁置。起草法案的联合专门委员会发现，绝大多数专家证人都反对合并，而且反对意见“令人信服，难以反驳”。[12]《人类组织和胚胎法案》（Human Tissue and Embryos Bill）只作出最小幅的修改，并更名为《人类受

* 延伸机构（arm’s length bodies）通常指由内阁部负责，但与其保持一定距离的各类公共机构，包括非内阁政府部门、非政府部门公共机构、执行机构和其他此类机构。内阁部依靠独立机构执行各种重要职能，其中许多职能对于兑现内阁部的战略性目标是至关重要的。参见英国国家审计办公室，https://www.nao.org.uk/report/departments-oversight-of-arms-length-bodies-a-comparative-study/。

精和胚胎学法案》(Human Fertilisation and Embryology Bill)。让人类受精和胚胎学管理局失望的是，该法案不仅在有关胚胎研究的条款上存在争议，还引发了对堕胎议题的争论，这些都延迟了法案在议会的通过。争议性领域的改革从来不是易事。尽管在法律层面已进行重大的实质性改革，《2008 年人类受精和胚胎学法》仍然基本保持了已有的机构安排。

人类受精和胚胎学管理局的职能

根据人类受精和胚胎学管理局的年度报告，其职能可概括如下（更为详细的法律规定将在下文论述）：

> 我们是对在英国使用卵子和精子的活动，以及与人类胚胎有关的医疗和研究活动进行监管的独立监管机构。我们为各胚胎研究中心制定标准并发放许可。我们向公众提供权威信息，尤其针对那些寻求治疗、接受配子捐献怀孕和捐献配子的人。我们为生育问题确定政策框架，这类问题有时在伦理或临床上特别复杂。[13]

24 正如该年度报告最后一句话所表明的，政策的监管职责特别容易引发争议。法定的职能则包括：

（1）向开展试管受精和捐献人工受精等医疗活动的诊所发放许可并进行检查；

（2）向从事人类胚胎研究的机构发放许可并进行检查；

（3）向配子（卵子和精子）和胚胎的储存机构发放许可并进行检查；

（4）保存已发放的许可的正式登记资料；

（5）制定和维护《实务守则》，为诊所和研究机构恰当地进行获得许可之活动提供指导；

（6）对捐献配子者、获得许可的医疗方法及通过这些医疗方法出生的婴儿的相关信息，保存正式登记资料；

（7）保存记录严重不良事件或反应的登记手册；

（8）对严重不良事件和反应进行调查，并采取适当的控制措施；

（9）应其他欧盟或欧洲经济区国家的请求，执行有关严重不良事件或不良反应的检查；以及

（10）与上述国家的主管部门开展合作。

某些更一般的职能包括：

（11）宣传人类受精和胚胎学管理局的职责，为接受捐献配子怀孕者、捐献配子者、诊所、研究机构和病患提供建议；

（12）对胚胎和胚胎研究进展的信息以及生育医疗服务和活动的供给进行审查；以及

（13）应卫生国务大臣的要求，提出有关这些领域发展的建议。[14]

处于监管空间中的人类受精和胚胎学管理局：机构

上文列举的某些活动相对来讲争议不大，因为其他监管机构也在采取类似的行动。此外，人类受精和胚胎学管理局与本书讨论的其他监管机构在基本结构上也是相似的。《1990 年人类受精和胚胎学法》作出了一系列与胚胎、配子相关的未经许可活动的禁止规定，《2008 年人类受精和胚胎学法》对这些规定又作出重大修订。[15] 人类受精和胚胎学管理局是不以王室名
25 义履行职能的法人机构，由部长任命其成员，并被赋予许可权。[16] 该管理局的成员每届任期最长三年，三年到期后可以连任；只有当缺席会议达六个月、破产、无法或不适合履行成员职责时，才可以被解雇。[17] 其他法定条款规定了许可的一般条件，并罗列了可以授予许可的行为，这些条款在《2008 年人类受精和胚胎学法》中经过进一步修改。[18]《1990 年人类受精和胚胎学法》还要求该管理局对胚胎和医疗服务等相关信息进行审查，并提出建议。[19] 该管理局的财务由总审计长进行审计。[20]

然而，一旦职责超出了这些颇为标准的监管规定，就会激起最为激烈的争论；尤其是人类受精和胚胎学管理局承担的与政策相关的职责，已经引发了这样的问题。一个持高度批评态度的议会委员会指出，该管理局的监管职责与向部长提供建议并发布行业指导这一职责之间存在潜在的冲突，该管理局已几次越线参与立法改进的事宜。

监管职责迫使其依法行事并履行相应职责，而顾问

> 职能却要求它站在政府的立场，寻找立法中的过错……**人类受精和胚胎学管理局关注立法中的问题，这是合理的。事实上，如果不这么做，将构成过失；但是仅仅关注问题，与发现法律矛盾并提供解决方案是有明显区别的。**[21]

正如我们将要看到的，其他监管机构也向部长提供建议，却没有引起如此强烈的批评。

事实上，这是更普遍问题的一例。人类受精和胚胎学管理局受到批评，是因为其在一些被认为由议会关注更为适宜、具有高度争议性的问题上作出了决定。一种回应意见认为立法应更清晰地阐明政策，但面对迅速变化的领域，这一点很难实现；尽管政府也承认，立法应更加明确地界定监管机构在政策制定方面的职责。[22] 根据现有立法，上议院强调该管理局应有广泛的裁量权，并在伦理判断中承担重要责任。它指出："人类受精和胚胎学管理局的设立就是为了对伦理问题进行辨别，如果议会认为其没能完成该任务，可以收回它的监管权力……"[23]

人类受精和胚胎学管理局与部长的关系是首先要讨论的 26
问题。在很多方面，国务大臣在此扮演的角色与在其他监管机构中相似。他（她）负责依据制定法进行人事任命，尽管实践中这几乎已经属于全民健康服务体系任命委员会的事务。人事任命是极其重要的事项，因为不任命那些反对现行政策的成员可能会招致指控。下议院科学技术委员会表示：**"我们赞同这一看法，即辅助生殖和胚胎研究方面的主要论坛无理地排除了那些坚决反对辅助生殖的人。"**然而，科学技术委员会也认识到，对人事任命政策的任何改变都会涉及更加根本性的改革。[24] 事实上，制定法规定了辅助生殖的基本政策后，国务大臣采取这样的立场几乎是必然的，因为要求由那些反对其根本原则的人来实施监管计划，看起来也不合情理。这也是有关该管理局、国务大臣和议会之间职责分工的问题。《1998 年人类受精和胚胎学法》包含了对该管理局成员组成的重要要求——必须有一名非专业的主席、副主席和非专业的多数成员。[25]

部长更重要的一项权力（ministerial power）是批准《实务守则》。[26] 科学技术委员会指出，《实务守则》是进行决策沟通的最重要方式，尽管其本身没有法定的约束力，但许可申请可能因没有遵守守则而被拒绝。[27]《实务守则》会定期修订，并通过人类受精和胚胎学管理局的来函进行更新。《实务守则》既需要部长的批准，也需要提交给议会。这是保证守则中规定的事项既符合政府的决策，又确保议会能仔细审查的潜在的重要方法；但局限在于，除了提交，没有进一步的要求。部长想要否决《实务守则》，必须向该管理局说明原因。《2008 年人类受精和胚胎学法》并没有对这些条款进行实质性的修订。2007 年发布的《实务守则》第七次修订版试图对监管采用更以原则为导向的方法，以符合优化监管的预期，并借鉴了《欧盟人体组织和细胞指令》（European Tissues and Cells Directive）的内容。到 2009 年 10 月，《实务守则》第八次修订版也随着《2008 年人类受精和胚胎学法》主要条款的通过而生效。

根据《1990 年人类受精和胚胎学法》，国务大臣还在若干不同领域享有重要的规则制定权。在上文引述的上议院强调人类受精和胚胎学管理局在伦理原则事项上拥有裁量权的裁决中，贺辅明勋爵（Lord Hoffman）指出部长有权发布规章 27（在这种情况下需要议会两院同意），可以将新的活动加入禁止行为列表。[28] 该法还授权国务大臣发布关于该管理局许可委员会程序和该管理局自身受理上诉事务这两个方面的规章。《2008 年人类受精和胚胎学法》通过修订的方式保留了这些权力。[29] 关于规章制定权范围的一个特别引人关注的例子与制造人兽混种或嵌合体胚胎有关，这也是胚胎学中最具伦理争议的事项之一。政府提议，利用《人体组织和胚胎法案》（Human Tissue and Embryos Bill）来明确该领域的法律规范，并禁止这类胚胎的制造；这为政府以后利用规章将这类行为合法化留下了可能性。这一建议受到了下议院科学技术委员会的强烈批评：**“我们认为政府提议禁止是没有必要的。政府应确保起草的法案能反映其宣称的自由观点，为使用人兽混种的嵌合体或混合胚胎的研究留有余地。”**[30] 起草法案的联合委员会也提出了类似的批评。[31] 鉴于两份批评报告和其他批评意见，政府最终决定对草案进行修订，将与交叉物种胚胎有关的许可决定权移交给监管机构，但由立法规定必要的限制。经过激烈的争论，议会最终通过了该条款，其中包括授权国务大臣通过制定规章完善相关定义。[32] 在这种情况下，政府提出的通过后续规章来决定基本原则问题的提议，在遭到强烈批评后没有施行；然而，运用规章作出重要决定来确定现行法律的政策范围，仍存在相当大的空间。鉴于人类受精和胚胎学管理局可以与国务大臣同时开展咨询工作，有关两者之间复杂关系的更进一步的例子，将在下文审议部分再做讨论。

接下来要讨论的是人类受精和胚胎学管理局与议会之间的关系，其中产生的合法性问题是最为典型的。例如，2002年，人类受精和胚胎学管理局前主席在胚胎着床前遗传诊断上作出具有争议性的决定。他主张：“应当保护议会成员，使他们免于直接卷入此类事项。”这遭到了下议院科学技术委员会的质疑。科学技术委员会认为：“议会不需要保护，而且民主制度中不应存在一个以议会名义作出决定的非民选的半官方机
28 构……我们不能因为担心民选代表的观点可能与科学界的结论相反，就排除议会对其中主要的伦理问题的审议。”[33]2005年，科学技术委员会发布的分期报告针对议会的角色提出了类似的观点，并总结道：

> 人类受精和胚胎学管理局这类延伸机构具有一定的优势。它可以不受政治压力和反复变化的干扰……也可以颇为迅速地作出改变……[然而]**我们仍然相信，让民主选举产生的议会扮演更重要的角色，可以让公众拥有更强的信心，确信当下的重大伦理问题已经得到充分的关注。**[34]

政府在随后提议新设一个监管机构时，部分地接受了这一批评。政府认为，当前由议会为许可管理局的运行设定禁止事项和边界的模式运作效果良好，但是，在扩大议会参与讨论和修改法律的权力以及明确监管机构政策制定职责的限度方面，未来的立法应当作出更为明确的规定。[35]正如上文所述，

当混种和嵌合体胚胎的问题给政府带来压力之后，政府已进行了这样的尝试。

为进一步改善人类受精和胚胎学管理局与议会的关系，《人体组织和胚胎法（草案）》联合委员会提出一系列更前瞻的建议。它提议通过修订法案，提供一个以“下放监管”（devolved regulation）为原则的新框架。基于该原则，立法应将监管权和相应的决策权下放给监管机构。与此相应，根据立法的授权，监管机构界定可免受其监管控制的领域，为监管机构和临床医生提供具有更多自主性和权威性的“宽容型监管”（permitted regulation）架构，有充分理由不需如此的领域除外。[36] 但是，政府否决了这一提议，认为这一架构缺乏问责机制。欧盟指令的适用使得标准的试管婴儿医疗无法被排除在监管范围之外。不仅如此，将所有涉及人类与动物的研究纳入人类受精和胚胎学管理局有权豁免的职权范围，会造成监管范围的不确定性，引发混乱，增加该管理局成为被告、接受司法审查的可能。相反，政府要求该管理局采用更轻度的监管，并考虑优化监管原则。[37] 尽管新的立法授予了人类受精和胚胎学管理局广泛的权力，但如此宽泛的授权制度表明，政府和议会都 29
走得太远了。科学技术委员会在类似的提案中提出，一并授予国务大臣一项权力，即在决定是否制定规章时，可以要求在一定期限内停止开展新的医疗活动。这些提案也没有在新的立法中得到推进。[38]

除了这些涉及人类受精和胚胎学管理局、政府和议会之间关系的高层次问题，还存在其他管辖权问题和不确定因素。例如该管理局和英国干细胞库之间的关系。[39] 这些问题无法在此进行详细的讨论，不过与该管理局存在密切联系的其他机构包括：人体组织管理局（Human Tissue Authority）、药品和保健产品监管局（Medicines and Healthcare Products Regulatory Agency，卫生部的一个执行机构）、护理质量委员会（Care Quality Commission，参见本书第六章）以及其他针对研究和医疗设立的伦理监管机构。[40] 与本书所讨论的其他监管机构一样，欧盟的维度在此处也变得非常重要，其作用的发挥是通过《欧盟人体组织和细胞指令》。[41]2007 年 6 月，这一指令在英国完全生效，其中特别要求所有涉及生殖细胞、胚胎的怀孕辅助服务都要接受监管，并符合特定的标准。这一指令也是英国放弃将人类受精和胚胎学管理局与其他机构合并，以组建新的人体组织和胚胎监管局的原因之一。尽管未能实现合并，但是人类受精和胚胎学管理局的报告指出，通过对现有诊所和服务启用重新授权程序，新的监管已经成功实施了欧盟指令。

与其他监管机构一样，人类受精和胚胎学管理局是由不同监管机构和不同层级政府构成的网络的一部分，这一监管空间极其复杂。正如罗杰・布朗斯沃德指出的，行政机关“通常是机构集合（institutional set）的组成部分，而这一机构集合包括该行政机关本身、立法机关、执行机关*和法院。这一观

---

* Agency 和 executive 的中文翻译比较困难，李洪雷教授主张将它们分别译为行政署和执行署，并对两者的区别做了细致的分析。参见李洪雷：《行政法释义学：行政法学理的更新》，中国人民大学出版社 2014 年版，第 209 页。本书暂时沿用多数学者的翻译习惯，将它们分别译为行政机关和执行机关。

点的意义在于，要让监管发挥作用，我们需要的是作为一个整体的机构集合，而非孤立存在的行政机关”。[42] 这些机构之间的关系已经成为巨大争议和严重合法性问题的来源，而且这些问题仍然悬而未决。我将在结论部分回到这一观点，并将探问，是否这些困难表明通过独立行政机关进行的社会性监管缺乏正当性，抑或是否现实比这还要微妙。

处于监管空间中的人类受精和胚胎学管理局：义务

与本书分析的其他监管机构（尤其是公用事业监管机构） 30
相比，人类受精和胚胎学管理局与众不同，因为立法中只有相对有限的一般职责对其适用。当然，《1990 年人类受精和胚胎学法》中有严格的禁止性规定，2008 年的立法已经对这些规定进行了实质性的修订，其中就有体现允许交叉物种胚胎研究之判决的规定。《1990 年人类受精和胚胎学法》第 8 节还规定了人类受精和胚胎学管理局的职能（《2008 年人类受精和胚胎学法》对此也作出修订），但没有罗列具体的职责。事实上，人类受精和胚胎学管理局在提交给 2005 年科学技术委员会调查的证据中指出，可能有必要重新审视第 8 节的规定，进而更加明确地界定该管理局的监管目标。[43] 正如上文提到的，在对人类受精和胚胎学管理局提起的诉讼中，上议院强调该管理局具有广泛的裁量空间，尤其是在伦理性事务上。[44]

乍看起来，《2008 年人类受精和胚胎学法》通过将新的

8ZA 节加入《1990 年人类受精和胚胎学法》，似乎弥补了这一缺失。不过，它仅注重优化监管的原则，这一原则要求管理局必须有效地（effectively）、高效地（efficiently）、经济地（economically）履行职能并考虑最佳监管实务的原则。《2008 年人类受精和胚胎学法》第 6 节要求该管理局保存一份它认为履行职能时应遵循的一般原则的说明，并促进对该法和《实务守则》的遵守。该法还要求，除非出于法定目的（如推动不孕不育治疗的发展），否则不得发放研究许可；但是，这一规定远谈不上是提供了一般性的规范性原则。[45]

因此，人类受精和胚胎学管理局不得不在令人难以置信的规范真空中进行决策。虽然该领域也存在重要的国际义务，但是在涉及监管决策这一方面，这些义务只有有限的约束力。英国没有签署《1997 年欧洲人权与生物医学公约》（1997 European Convention on Human Rights and Biomedicine），而联合国的《世界人类基因组与人权宣言》（Universal Declaration on the Human Genome and Human Rights）和联合国教科文组织的《世界生物伦理与人权宣言》（Universal Declaration on Bioethics and Human Rights）都还是高层次的普遍性规范，而更具体的要求由于在允许基于研究目的的生殖性克隆这一问题上存在根本的伦理分歧，被证明不具有可操作性。[46]
31 下文将要提到的《欧洲人权公约》则是通过英国《1998 年人权法案》在英国法院获得了强制力。总的来说，2005 年的专门委员会对于国际协议不屑一顾：**“宪章、宣言和协定无疑是由外交官去斡旋和完成的，但其中有些伦理性问题属于各民族**

国家和文化自己的领地……这些宪章只会是模糊不清的、几乎没有共同基础的合意，在明确性和有效性上都令人生疑。”[47]当然，《欧盟人体组织和细胞指令》是一个例外，它包含了一些可适用于成员国主管当局的具有约束力的义务性条款，例如适当监督人体组织和细胞的采集（procurement），对与人体组织相关的机构（tissue establishments）开展认证或许可，组织检查，以及采取控制措施等。即使在这样的情况下，还是没有类似于一组规范性义务的东西来规范管理局的决策行为。人类受精和胚胎学管理局现在的整体状况显然是处在矛盾之中——它的决策所涉及的基本伦理的考虑远远多于本书论述的其他监管机构，但没有规范性的指导可以告诉它该如何决策。之所以出现这种明显的吊诡，原因就在于上文所讨论的问题，即在该领域，伦理上的分歧特别激烈且存在对立，而政府不愿意作出进一步的阐明。人类受精和胚胎学管理局自然不得不通过制订总体计划这一过程提出自身的目标；但这些目标（例如获得利益相关者的信任，告知患者选择权），本质上几乎都是程序性的。[48]

人类受精和胚胎学管理局及其监管模式

促进效率和消费者选择的监管

乍看起来，人类受精和胚胎学管理局的工作与许多监管文献中着重讨论的经济性监管机构几乎没有共同之处。事实上，在受精这一领域，监管的主要思想基础之一就是“我们应将孩子看作**礼物**，而非**产品**”。人类胚胎学领域也始终秉持这一观点。[49] 人类受精和胚胎学管理局面临的首要问题之一就是向配子捐献者支付报酬的问题，法律规定，未经该管理局同意，禁止该行为。[50] 该管理局发布的指示对金钱或其他收益进行了限制，之后还商讨了完全禁止金钱往来的可能性。目前该管理局的立场是只能支付合理的开销，补偿收入损失（尽管不
32 久后可能就会因为缺少捐献者而重新审视该立场）。所以这是一个需要审慎决定但又无法基于市场考虑的领域。

话虽如此，但在人类受精和胚胎学管理局监管的其他领域，我们还是看到了功利主义和成本－收益方法的实际运用。正如布朗斯沃德所指出的，目前关于克隆和胚胎研究的争论中，有一个功利主义观点，其核心是成本和收益的计算，所要保障的核心权利是消费者的选择权。[51] 事实上，1984 年的《沃诺克报告》就认为这一观点在人类受精领域很重要，并且这一观点是该报告建议的关键内容。[52] 显然，这一观点赋予了市场以实质性角色。它承认在管理局监管的领域内，可由市场来提供某些事项，例如在提供服务的生育诊所之间引入竞争。在执行竞争法时，人类受精和胚胎学管理局并不承担任何职责，因为诊所定价之类的行为属于一般竞争管理局管辖的范围；但是，它在保护消费者方面确实发挥着重要作用。它的一项重要职能是对提供有偿服务且具有市场需求的诊所进行执法和检查，并提出服务标准和创收是否恰当的问题——例如是否给那些寻求治疗的人提供了足够的信息和咨询服务。[53] 现在，人类受精和胚胎学管理局要求，诊所要为就诊者提供附有成本

估算的治疗方案，并发布关于治疗成功率和诊所业绩的绩效信息。

就监管的方式而言，鉴于这方面的角色与经济性监管机构类似，人类受精和胚胎学管理局被要求考虑优化监管原则也就不足为奇了；尤其是在以往的监管中，它因为没有符合这些要求而遭到严厉的批评。[54] 该管理局已反复强调自身遵守该原则。[55]《2008 年人类受精和胚胎学法》第 7 条进一步规定管理局应以有效、高效和经济的方式履行职能，并考虑最佳监管实务原则（包括监管活动应透明、可问责、符合比例、一致、行动与目标相符等）。此外，该管理局还受《监管机构合规守则》（Regulators' Compliance Code）的约束（本书第十章将予以讨论）。

人类受精和胚胎学管理局还效仿经济性监管的特点，将基于风险的方法运用于监管。在《2004—2005 年度报告》中，管理局表示："响应政府'优化监管'的号召，我们正向基于风险的程序前进，例如通过更加柔性的监管方式，让 33
表现良好的诊所'获得自治权'。这也会让面临困境的诊所获得更多支持和关注。"[56] 在相关发展中，管理局制定了进行影响评估、估算简化计划影响的示范流程，其中包括对所有新的重大活动和项目进行潜在平等影响的评估。[57] 有关人类受精和胚胎学管理局执行汉普顿原则[*]的报告（见本书第十

* 汉普顿原则是《汉普顿报告》（Hampton Report）中提出的十项原则。参见 Philip Hampton, *Reducing Administrative Burdens: Effective Inspection and Enforcement*, 7。

章）得出的结论是，一些领域很好地遵守了这些原则，但其他领域还有改进的空间，包括在决策时考虑风险以及更有效地运用制裁。[58]

监管和人权

然而，强调消费者选择的功利主义方法并没有为这一领域提供一组唯一甚或主要的基本原则。正如沃诺克方法（Warnock approach）所确认的，这一领域同时存在一种基于权利的不同方法：“根据定义，道德问题（诸如那些我们所关注的问题）不仅涉及结果的计算，而且涉及对拟议活动本身性质的强烈看法。”[59] 这一关切日益增长：“沃诺克方法是受带有一定权衡因素的功利主义道德观驱使的……但我认为，如今的文化没有那么功利主义，因为在政治局面，我们更多地致力于人权议程，或许这正是我们应该根据个人权利，而非总体效用来考虑这些问题的出发点。”[60] 重视人权这一趋势可能会让我们远离某些选择：“有必要实施监管而不是明显增强选择，因为如果我们不这么做，恐怕会改变对选择本身进行评价的背景——而且明白界限所在对监管机构而言将构成两难困境。”[61]

当然，这一领域的许多国际文件都是以基本权利的形式表达的。[62] 例如，《世界生物伦理与人权宣言》开篇即提出了
34 这样一项原则：“应充分尊重人的尊严、权利和基本自由。”[63]
从监管机构的角度来看，《欧洲人权公约》是极其重要的，因为根据《1998 年人权法案》，该公约可以在英国国内法院对公

共当局强制执行。其中最具有相关性的权利条款分别是第2条（生命权）、可适用于生殖决策的第8条（隐私和家庭生活获得尊重的权利）、第12条（结婚和组成家庭的权利）、第14条（禁止歧视）。

到目前为止，欧洲人权法院*一直拒绝介入以下最根本问题——生命权是否应延伸至胚胎本身。在一起关于伴侣一方拒绝冷冻胚胎移植时，未来应如何处置这些胚胎的重要案件中，大法庭（Grand Chamber）的多数法官认为，在英国法律中，胚胎不享有独立的权利或利益，所以不适用《欧洲人权公约》第2条生命权条款。欧洲人权法院也认可了在该领域赋予人类受精和胚胎学管理局一定的裁量空间（margin of appreciation），因此没有违反《欧洲人权公约》第8条；它也不对根据制定法需经胚胎移植双方同意的决定进行比例性审查。[64]

这起案件引出的不仅是生命权问题，还有知情同意权的问题。这正是基于权利的方法的核心："人权理论专家认为重要的是对个人自治的尊重，包括对个人自主选择权、自我控制权、财产权、隐私权以及'同意或拒绝'的权利的承认；认真地对待个人，认真地对待权利，意味着认真地对待同意和拒

* 欧洲人权法院（European Court of Human Rights，简称ECtHR），《欧洲人权公约》的规定下建立的超国家的国际法庭，位于法国斯特拉斯堡。它审理那些指控公约缔约国违反《欧洲人权公约》中规定的公民及政治权利的人权案件。申请方可以是个人，也可以是集体，还可以是一个或多个公约缔约国。欧洲人权法院除了作出判决外，也可以给出咨询意见。

绝。”[65] 知情同意权还生动地阐明了各种权利是如何限制监管机构的作用，以及监管机构是如何体现其在权利保护中的核心作用的。[66] 事实上，上文提到的禁止对配子捐献者支付报酬，便是通过防止“有害的商业化”来保护该权利这一工作中的一项要素。[67] 知情同意权的重要性在人类受精和胚胎学管理局的工作中得到了体现。根据英国国内立法的要求，所有的许可都必须包含知情同意权。[68] 这些条款成为高等法院裁决的基础，法院承认：“《1990 年人类受精和胚胎学法》设定了纯粹、清晰、鲜明的边界，可以防止在没有获得有效同意的情况下在英
35 国存储、使用配子。”[69] 鉴于《欧洲人权公约》第 8 条提供了裁量空间，埃文斯（Evans）案中法官的坚定立场被认为是与《欧洲人权公约》一致的。[70]

关于其他权利的争论，也是人类受精和胚胎学管理局在许多实质性问题上引发争议的原因。例如将在下文详细讨论的有关生育医疗中儿童福利原则的咨询，主要关注现有规定是否因为要求考虑孩子对父亲的需要而存在歧视的问题，包括可能违反公约第 8、12 和 14 条规定。[71] 如今这一问题在经过广泛的争论后，已通过立法解决。[72] 更具有潜在重要性的问题是欧盟法的规定。《欧盟基本权利宪章》第 3 条规定了身体和精神的完整性得到尊重的权利和知情同意的权利，并且禁止优生实践、将身体作为或部分作为经济收益来源以及生殖克隆。过去，人类受精和胚胎学管理局监管的领域不在欧盟的管辖范围内，但是如今《欧洲人体组织和细胞指令》已适用于这些领域。

最后，与其他监管机构一样，人类受精和胚胎学管理局在作出涉及公民权利和义务的决定时，要受到《欧洲人权公约》第6条程序性权利条款的约束。按照政府的说法，《人类受精和胚胎学法案》对这些权利（以及上文提及的实体性权利）的规定是与公约一致的。这些规定是否符合《欧洲人权公约》的规定，将取决于该管理局的各个新设委员会作出许可决定时在多大程度上是真正独立的，对各委员会的决定不服时向该管理局上诉、对该管理局决定不服时就法律问题向法院上诉的权利在多大程度上符合《欧洲人权公约》第6条的要求。

监管与社会团结

从上文可知，人类受精和胚胎学管理局基本上是以权利为基础的监管机构，同时在保护消费者和消费者选择方面也承担了重要职能。但是，它在促进社会团结方面的职责并不突出，不过还是有两方面可以体现它对社会团结的作用。首先，该管理局工作所处的所有领域都是高度争议性的，甚至可能存在相互对立的观点。该管理局的存在正是要试图避免争论导致的最严重的分裂。监管的成效之一就是，它可以在一个有争议的领域保障和维持共识。[73] 正如科学技术委员会在另一份批评性报告中提出的：**“我们承认，涉及人类胚胎的辅助生殖和研究都是国家的合法利益。生殖与研究的自由必须与社会利益相平衡，而指控它们对社会造成伤害也应当基于证据。”**[74] 因此，36
通过调和各种争论并为争论寻找证据基础，该管理局在社会团结方面的作用具有了关键的正当性理由。

与社会团结相关的另一个作用则潜在地引发了更多分歧。正如布朗斯沃德阐明的，在功利主义方法和权利导向方法之外，还有一种他描述为尊严主义联盟（dignitarian alliance）的方法，其中的一个要素是社群主义（communitarian）。因此，“如果要用社群主义的语言来表达尊严主义的观点，那么应该说人的尊严是一种不能妥协的善，任何妥协的行动或实践都是不道德的，而不在于最后的结果是否达到了福利最大化（与功利主义相反），或者参与者是否享有自主权或知情同意权（这一点与基本权利思想相反）”。[75] 当前，立法方案与这一方法在很多方面是格格不入的（这也解释了为什么没有任命那些支持这一方法的人就职管理局）。然而，其中的一些因素确实可以解释对这一领域中市场的自由运作进行限制，以及即便功利性结论是合理的，也仍然要对许可的科学研究进行限制的原因。从这个意义上来讲，我们可以认为监管机构的工作部分基于社会团结的观点，该观点源于尊严主义。涉及胚胎研究时尤其如此，因为在英国法律没有承认胚胎享有生命权，且欧洲人权法院也拒绝给予承认的情况下，基于人权的正当性理由很难适用。[76]

审议

正如《人类受精和胚胎学法》没有规范监管机构裁量的实体性义务一样，它显然也未规定涉及普遍咨询和决策的程序性义务，这与行使个别许可职能时完全不同。甚至就编制《实务守则》（我们已经知道，它在人类受精和胚胎学管理局的监管任务中处于绝对重要的地位）而言，该管理局的义务只是在《实务守则》草案获得国务大臣批准后，将其提交议会审议，此外并无其他要求。[77]《2008 年人类受精和胚胎学法》也没有任何改变，只有一条暗含了咨询义务，这也是鉴于最佳监管实践准则所提出的新要求，包括透明和问责。[78] 正因此，与后来设立的监管机构（如金融服务监管局）相比，人类受精和胚胎学管理局的法律框架明显有些落后。制定法对后者的咨询职责提出了更多严厉的要求。考虑到人类受精和胚胎学管理局的监管领域常常会产生强烈冲突的观点，缺乏这方面职责的规定非 37
常令人遗憾。

尽管如此，和其他监管机构一样，人类受精和胚胎学管理局也强调自己致力于在监管中使用公开和参与的方法。在《2004—2009 年总体计划》中，管理局将"通过充分地沟通以及与利益相关者在工作中建立合作关系，成为一个开放的组织"作为战略目标，并将"就监管和决策充分征求利益相关者意见以及对决定作出解释……"纳入机构目标。[79] 在提交给议会委员会的证据中，该管理局对此也作出了承诺。2005 年，在提交给科学技术委员会调查的证据中，该管理局指出，已就总体计划开展了广泛咨询并重新起草了《实务守则》，公开举行了一些会议，招募了一个患者顾问小组，在关于性别筛选的咨询中运用引入民意测验（MORI poll）和焦点小组并收到了超过 700 份书面回应，同时对利益相关者提出的意见进行了委托研究。该管理局还指出，尽管早些年自己的工作尤为强调保密（confidentiality）甚或秘密（secrecy），但如今政策和实践已获得比过去更有效的交流讨论。[80] 事实上，对管理局开放性不足的批评早就存在，尽管其中一些是来自认为自身意见被忽视的党派小组。而在这样一个充满争论的环境中，这类批评不可避免。

独立指导小组（Independent Steering Group）在 2002 年组织商讨人类受精和胚胎学管理局未来发展时也提出过批评。[81] 但后来，甚至是在 2005 年极具批评性的报告中，科学技术委员会承认"当前的管理体制已经表现出更加积极的向专家请教、与议会互动的意愿，这些变化受人欢迎"；自 2002 年以来，透明度已得到改善，包括搭建更具综合性的网站，发布会议纪要，在网络上公布该管理局的会议议程，以及更清晰地阐述政策制定；不过依据委员会的意见，该管理局的委员会尤其是许可委员会的活动仍然没有透明化。[82] 最近，为了进一步增进管理局的透明性，《2008 年人类受精和胚胎学法》要求，必须使配子捐献者、代孕者和研究者能够访问人类受精和胚胎学管理局的登记数据；管理局也决定公布关于生育诊所重大事件的检查报告。[83] 2009 年的《汉普顿实施报告》* 得出结论：管理局与利益相关者协商的有效机制

* 2005 年《汉普顿报告》发表之后，各家监管机构开始着手将报告提出的原则融入自身的监管活动中。在此过程中，优化监管执行局等陆续针对各监管机构开展相关调查后发表的报告，即《汉普顿实施报告》（Hampton implementation report）。

已经建立，形成良好的双向沟通网络。总体来说，与早期的调查结果相比，汉普顿的调查结果表明人类受精和胚胎学管理局的透明度已大大提高。[84]

在更详细地讨论决策和许可决定之前，我们应对人类 38
受精和胚胎学管理局目前采用的参与机制有所了解。该参与机制具体包括：建立在线患者咨询小组（on-line Patient Consultative Panel），让患者的想法可以反映在决策过程中；组织利益相关者活动（2005—2006 年共举办了八次），其中包括利益相关者、媒体和公众共同参与的年度会议和年度研讨会。[85] 管理局还可以举办讨论会，收集来自许可中心小组（Licensed Centres Panel）的信息。促使法案出台的白皮书还曾承诺建立专家顾问小组（Expert Advisory Panels），以提供更加正式的专业知识来源。这一要求原本写入了最初的草案，但由于合并建议遭否决，这一要求在法案重新起草时被一并删除。

我们已经了解到，人类受精和胚胎学管理局在决策方面的作用和正当性特别容易引起争论。那么，决策中咨询和参与的安排是怎样的？首先应注意的是，人类受精和胚胎学管理局并不是承担这一职责的唯一机构；除了国务大臣，人类基因委员会也是一项重要的机制安排。该委员会是顾问性质的非政府部门公共机构，旨在对人类基因当前和潜在的发展进行分析，并向部长提供建议；同时也征求公众和其他利益相关者的意见，并鼓励公开讨论人类基因技术。[86] 人类基因委员会采用的各种咨询技术包括：设立一个遗传病患者组成的协商小组，由委员会定期举办活动；引入公民评审委员会（Citizens' Jury），并建立一个公众参与监督小组（Public Involvement Monitoring Group）来协调公众参与。该委员会还设置了公民调查机制，对基因信息的司法应用进行调查。

现在来考察人类受精和胚胎学管理局在极具争议领域的一些咨询实例将会很有用处。首先是儿童福利咨询，由该管理局于 2005 年发布的《明天的孩子》（*Tomorrow's Children*）这一指导性文件发起。[87]《1990 年人类受精和胚胎学法》要求必须考虑任何可能通过人工胚胎医疗方式出生的孩子的福利，包括孩子对父亲的需要，并且这一条必须包含在人类受精和胚胎学管理局自己的《实务守则》中，以便提供更详细的指导。[88]这也意味着该管理局和议会在原则和执行上各有分工。人类受精和胚胎学管理局指出，它需要“议会给予新的引导”，再考虑执行中的细节问题。然而，

> 尽管我们欢迎对福利原则本身的意见，但咨询的主
> 要目的并非就如何修改《1990 年人类受精和胚胎学法》
> 39 征求建议。卫生部正在对该法进行评审，并将进行公众咨
> 询……预计卫生部的评审将会考虑该法的福利条款……
> 咨询旨在就如何更新《实务守则》中管理局的指导意见
> 征集看法。[89]

在考虑未来指导意见时，咨询中不可避免地出现了对制定法中议会意图不同理解和法定条款不同解释的讨论。

整个咨询的过程如下。首先对文献综述进行研究，与其他国家相比较，并对诊所和患者进行调研。然后公布指导意见修改的若干选项，等待反馈的同时，在格拉斯哥、伦敦、曼彻斯特和议会内举办四次咨询研讨会。此外，还对全科医生的观点进行调研，在此过程中，出现了四种不同的关于保障儿童福利原则的阐释，其中两种阐释涉及立法更改，所以不可能在新的指导意见中加以贯彻。报告接受了一个选项，即假定所有生育医疗的需求都应得到满足（除非有证据表明孩子出生后将面临严重的医疗、身体、心理伤害的风险），并对《实务守则》进行适当的修改。[90]

与此同时，政府对制定法的评审也在进行，该评审包含2005年下半年进行的一项公众咨询活动，收到了来自约100个利益相关团体和组织的535份正式答复。这必然会涉及大量其他问题，包括胚胎研究和未来的监管架构。最终，白皮书提议在制定法中保留儿童福利原则，但删除条款中“儿童对父亲的需要”这一表述。[91] 这一提议被纳入草案时，联合专门委员会曾推荐采取自由投票*的形式来决定。同时，委员会建议保留考虑儿童需要父亲这一要求，但修改条文以明确“父亲”指的是“第二家长”，避免歧视。[92] 在草案通过的过程中，对这一问题的讨论尤为激烈，最后，法定条款被修改为要求“支持性的家庭养育”（supportive parenting）。[93]

我们该如何看待这一过程？在这一过程中，政府的决策

---

* 自由投票（free vote），指议员不受自己所属党派的约束，按自己的意愿投票。

角色与人类受精和胚胎学管理局的执行角色之间不可避免地存在混淆。然而，该管理局的咨询非常有针对性，在澄清问题、为议会收集证据以及促进自身执行方面都发挥了重要作用。因
40 此，并不是议会在“引导”管理局，而是该管理局把困难且有争议的问题提到议会议程，并为进一步讨论提供更好的证据基础，以此引导议会。不过，不能因此就认为该管理局攫取了议会的决定权，因为议会仍保有采纳与人类受精和胚胎学管理局不同的意见的自由。该管理局所做的，其实是防止某些问题被议会忽视，并且采用了比在广泛问题上进行的全局性咨询更具针对性、更成熟、更精细的咨询技术。尽管本章前面讨论过，该管理局对这类事务进行决策时存在正当性问题，但是该管理局的咨询程序运行良好。

有关人兽混种和嵌合体胚胎的咨询更为鲜明地体现出，人类受精和胚胎学管理局咨询与议会作用之间的关系有时会陷入困境。在此处的例子中，咨询是紧跟着使用这类胚胎的研究许可的申请而展开的；该管理局决定推迟考虑特定许可的申请，直到对总的原则性问题征求过意见。尽管该管理局相信它有权颁发这类许可，但许可的法律地位并没有完全确定。咨询的目的并不是寻求对特定许可申请的意见，而是寻求公众、利益团体和科学界在更广泛的背景下对这类研究所持有的看法。[94] 依据科学技术委员会的观点，咨询也是为了避免产生对许可决定进行司法审查的理由。[95] 除了发布咨询文件，该管理局还组织了 12 个审议小组和一次民意调查。卫生部也再次开展咨询，作为其对该法实施总体评审的一部分。如上所述，卫生部禁止

制造这类胚胎的提议受到科学技术委员会的批评，对该管理局的咨询方法，科学技术委员会也提出了批评：

> **我们同意人类受精和胚胎学管理局的意见，是否准许对人兽嵌合体和胚胎杂交进行研究这一更大的问题应交由议会决定。但是，人类受精和胚胎学管理局应该在符合《人类受精与胚胎学法》精神的领域内作出自己的判断，而且它的法定建议职能表明它有理由这样做。怠于就这类问题作出判断会削弱独立监管机构监管的有效性。**[96]

试图通过公众咨询程序澄清特定许可的法律地位尤其重要，但科学技术委员会更赞成利用公众咨询程序，为该领域制定全局性的政策，并欢迎就一般性的原则问题开展咨询。不过，在科学技术委员会看来，该管理局一直等到收到具体的许可申请后才开始就这些问题进行咨询这一点令人遗憾。[97]

咨询之后，人类受精和胚胎学管理局决定继续许可程序。
而在议会讨论草案时，这一问题再一次显得极具争议性；在又 41
一轮激烈的讨论后，议会最终决定允许严格条件下的人类混合
胚胎研究。[98]

在这个例子中，我们看到，人类受精和胚胎学管理局再次受到制定法的约束，但也能够以一种比促成新的《人类受精和胚胎学法》的普遍性咨询更加目标明确的方式来进行持续的讨论。正如科学技术委员会指出的，该管理局仅在收到许可申

请之后才开展咨询是令人遗憾的。但是该管理局的咨询对于提升公众对问题的理解起到了主要作用。[99] 事实上，这一咨询过程后来在 2009 年获得了科学智识（Sciencewise）项目颁发的卓越公众对话奖（Excellence in Public Dialogue）。科学技术委员会提议在议会新设一个生物伦理学方面的常设委员会，为这类教育提供进一步的手段。常设委员会可以对监管机构进行年度检查，提出修改意见或引入新法建议，并审查立法草案。[100] 在目前尚未设立此类常设委员会的情况下，人类受精和胚胎学管理局将在教育和辩论中发挥重要作用，这些教育和辩论不仅涉及其职权范围内的事务，还涉及可能的立法变化，它们明确包括在该管理局为国务大臣提供信息和建议的普遍性职能范围内。

人类受精和胚胎学管理局对个人申请颁发许可的决定无须再说明，不过其中还存在对透明度和正当性的质疑。根据《1990 年人类受精和胚胎学法》，这些决定是交由该管理局的许可委员会的，许可委员会必须包括一名非专业成员。申请人有权向该管理局提起上诉，其中的法律问题可以进一步向高等法院提起上诉。[101] 申请人也有权参加上诉听证并委派代表，还应被告知理由。[102] 即使有这些要求，广大民众和科学技术委员会还是对许可程序提出了批评。后者在 2005 年的报告中指出："过去，许可委员会的工作和成员都笼罩着一层神秘色彩。"[103] 这是由于要查明许可委员会的成员、会议时间和议程非常困难，并且患者不被允许就他们的治疗与许可委员会进行讨论。在胚胎着床前组织分类这一领域也存在一些具

体问题，管理局的决定“削弱了我们对人类受精和胚胎学管
理局理解和适用法律的信心”。部分问题又是立法不尽如人
意所致。[104]不过，科学技术委员会也注意到了在改进方面取
得的进展，在2005年的年度报告中指出该管理局通过简化
研究许可申请程序增加了透明度，包括将公共评论提交给许 42
可委员会，以及自2005年起将许可委员会的会议纪要连同
检查报告一起，公布在人类受精和胚胎学管理局的官方网站。
在对法律实施情况进行评审后，白皮书建议撤销独立的许可
委员会，并且，根据《2008年人类受精和胚胎学法》的规
定，许可决定可直接由该管理局作出。但新条款还是规定该
管理局将决定权委托给包括非专业成员的许可委员会。[105]申
请人有权请求该管理局上诉委员会作出复议决定（上诉委员
会的成员并非该管理局本身的成员），并就法律问题向高等
法院提出上诉。在上诉委员会环节享有的程序性保障包括申
请听证的权利、委派代表的权利，而且上诉委员会需要对其
裁决说明理由。[106]

人类受精和胚胎学管理局有实质性的场所进入权（power of entry）。[107]在塔拉尼西诉人类受精和胚胎学管理局案中，原告对管理局搜查行为提起的诉讼获得胜诉，该案对场所进入权的行使进行了限制。与此同时，由于管理局在英国广播公司（BBC）的节目中公布了有关搜查的声明，塔拉尼西对英国广播公司也提起了诽谤诉讼，双方最终达成庭外和解，该案也对场所进入权的行使产生了影响。[108]《2008年人类受精和胚胎学法》修订并重新颁布了这些条款，将故意妨碍管理局行使场

所进入权的行为认定为违法。[109]同样值得一提的是，人类受精和胚胎学管理局属于监管机构，有权依据《2008 年监管执行和制裁法》(Regulatory Enforcement and Sanctions Act 2008) 进行行政罚款，[*]这一内容将在第十章进一步讨论。《汉普顿实施报告》专门挑出了监管制裁的实施，将其视为一个问题领域，认为程序繁复且反复无常。[110]

结论

人类受精和胚胎学管理局的工作在许多方面都与本书所考察的其他监管机构截然不同。它监管的领域充满道德和宗教冲突，特别重要的是，它既要落实权利保障，又必须意识到权利对其决定的限制。这些权利包括生命权和尤为重要的知情同意权，英国立法特别强调保护后者的重要性，这已被证明符合《欧洲人权公约》的要求。除了这种以权利为基础的职责外，该管理局还担负着充当消费者保护机构的重要责任。

有一种愤世嫉俗的观点可能认为，在当前的背景下，独立监管机构的作用是让政府不必再不得不作出棘手决定并面对
43 由此产生的批评。然而，如果是出于这个目的，它显然未能保护政府，正如《2008 年人类受精和胚胎学法》整个立法过程

* 行政罚款 (civil penalties)，也可直译为民事罚款，但是究其实质，译为“行政罚款”更为准确。参见苏苗罕：《美国联邦政府监管中的行政罚款制度研究》，《环球法律评论》2012 年第 3 期。

所展现出来的那样，政府仍然是激烈争论的中心。但是，假如我们将监管看作一项合作的事业，就能发现这样的制度安排有着更大的意义。就执行决定而言，在政府和专业行使许可权的管理局之间不可避免地存在一定的职能分工。这一决策领域已经出现了许多分工难题，但是即便如此，一家可以收集信息为决策提供证据基础，培养专业能力，关键是助推（nudge）政府作出决定的独立的管理局仍然是重要的，否则政府会对潜在的政治上不受欢迎的理由缺乏准备。职责间的无序、重叠是难以避免的，但是至少管理局能够发挥专家的作用，无论是在与政府开展公共对话以促成讨论这一方面，还是在执行困难决定这一方面。

第三章

食品标准局

44 食品标准局（Food Standards Agency，简称 FSAg）有两项特征，与那种将监管视为独立机构的控制，因远离民选政府而存在正当性问题的观点相悖。首先，正如我们稍后将看到的，食品标准局设立的目的是试图**解决**政府部门内部的正当性问题。政府部门被认为存在不透明、不负责任和被生产厂商的利益俘获的问题，尽管食品标准局是非内阁政府部门，但它拥有和公用事业监管机构一样的地位，通常被视作最具独立性的机构。第二个主题（与第一个主题并非没有关系）是，食品标准局为我们提供了监管作为一项合作事业的绝佳范例。这不仅是因为它所处的监管空间特别复杂，其中遍布着各种不同的机构，还因为它强调与其他机构合作的意义。食品标准局战略计划（FSAg Strategic Plan）强调机构的职责是与大量不同的组织“合作”（working with），包括中央和地方政府、行业以及消费者。[1] 食品标准局的监管风格不是孤立地开展工作，也不是采用陌生的命令控制方式，这是一项复杂的合作事业，需要事先规划路线，并且可能接受众多问责制的调整。

食品标准局的起源

1997 年大选中，工党的竞选宣言承诺改革农业、食品业和渔业，并新设一个食品标准管理机构。[2] 和提出监管设计方案的通常情况一样，这一提议几乎是临时提出的，“在 1997 年大选前的数月，工党关于政府重大重组方案的所有详细资料仅是两份新闻稿，加起来共四页纸”。[3] 而改革的背景是，
严重的食品安全丑闻彻底损害了公众对内阁监管的信任。“在 45
20 世纪 80 年代和 90 年代，英国的食品供应发生了一连串食品安全危机，从农药残留到鸡蛋中的沙门氏菌，再到疯牛病（其耗费的公共资金估计超过 40 亿）和大肠杆菌 O157 : H7 型，这些事件导致公众丧失了对公共机构和食品治理的信心。”[4] 人们将这些失败归于一些与监管设计相关的原因，如内阁既要监管食品安全，又要“积极支持农民和食品业的商业和工业目标，并且在其所有职责中，该目标被置于极高的优先位置”。[5] 此外，保守党的政策还强调放松监管和行业的自我监管，这便导致对监管有效性的信任很容易受到食品丑闻的影响。[6]

疯牛病危机后，由承担更广泛促进职责的部门进行监管的系统显然已经难以为继。[7] 1997 年 3 月，反对党领袖委托菲利普·詹姆斯（Philip James）教授撰写了一份有关设立食品标准局可能性的报告，1997 年的中期报告认为：

> 许多全国性调查表明公众对英国食品安全已经失去信心。人们认为，决策的秘密性、不恰当的政治和行业利益使食品安全相关决定损害了公众健康和消费者利益……碎片化的体系及其复杂的财政和监管管理系统也阻碍了采取合理的预防措施。

该中期报告提议，以卫生和安全执行局及委员会（Health and Safety Executive and Commission）为模板，新设一个性质为非政府部门的公共机构（Non-Departmental Public Body）的行政机关，并向卫生部负责；职责是保障国内所有食品政策事务中的公共卫生，包括食品标准和食品标签。[8]

食品标准局产生的背后是政府实施的监管缺乏正当性和信任的巨大问题，尤其是政府受到行业的监管俘获，而且行事过于隐秘。[9]因此从一开始，食品标准局的关键作用就是建立起优于内阁的公众信赖度和开放度；同样有必要的是，它要表明自己独立于声名狼藉的政府部门和对重大丑闻负有责任的行业。正如我们将要看到的，鉴于食品安全管理方面存在复杂的
46 职责分工，与其他机构合作在所难免，所以独立性的要求有些苛刻。1998年初发布的一份白皮书提出设立新的食品标准局的计划。[10]白皮书通过强调开放性，深化了詹姆斯的提议，例如在立法中规定的指导原则应强调决策程序是“公开、透明且经过协商的”，而且重要的是，食品标准局可以对外公布向部长提出的建议，部长若不予采纳，则要向公众作出解释。[11]食品标准局还可以举行公开会议。不过，与《詹姆斯报告》不同

的是，白皮书并没有直接照搬卫生和安全执行局及委员会这一模式，而是提议设立单一机构。尽管《詹姆斯报告》建议首席执行官应作为王室公职人员（Crown Office Holder），不在文官职业序列内，但白皮书还是提议所有员工都属于文官。[12] 如果食品标准局的“行为看起来超出了特定法律框架的规定”，卫生部长有权对它发布指示（direction）。[13] 食品标准局的经费通过向行业收费获得。[14]

立法草案经过咨询，并由特设的食品标准专门委员会予以审查。[15] 委员会指出，白皮书提议的对外发布向部长提出的建议的权力“是食品标准局在消费者群体中获得强烈支持的主要原因之一”，尽管基于商业秘密可限制这类发布的规定令人有些担心。[16] 人们对部长发布指示的权力也有些担忧，因为这种权力可能在与食品标准局存在严重分歧的情况下使用。[17] 进一步的问题则是行业强烈反对白皮书提出的将对食品经营场所统一收费作为主要的经费筹集手段。这一征收体系在当年的晚些时候就被弃用，改为从一般的税收中获得经费。

2000 年 4 月，食品标准局根据《1999 年食品标准法》（Food Standards Act 1999）设立。它的首任主席是约翰·克雷布斯爵士，他拥有科研背景，曾担任内阁的顾问；首席执行官杰弗里·波杰（Geoffrey Podger）在内阁担任过职业文官，并曾在卫生部工作。立法关于食品标准局具体法律地位的规定将在下文讨论，不过先厘清食品标准局的职能将有助于讨论的展开。[18]

食品标准局的职能

47 以下是《食品标准局总体计划》(Corporate Plan of the FSAg)中列出的职能：

(1)代表英国政府参与欧盟食品法律的谈判；

(2)作为英国的主管当局，执行绝大多数欧盟的食品与饲料立法；

(3)通过与地方当局和其他执法机构合作以及与政府部门、独立机构和自治地方政府*合作，确保食品安全立法得到有效实施；

(4)向公众、卫生专家、食品行业、政府其他组成部分和媒体提供食品安全和营养的相关信息及建议。[19]

这表明，食品标准局与营养等有关的重要职责是与卫生部分担的。事实上，“食品标准局既是政府部门又是监管机构，同时承担着代表英国政府在欧盟进行协商谈判的职责”。[20] 鉴于此，食品标准局必须以实现政府现代化方案为目标。[21] 在食品安全领域，它的职责是减少食源性疾病，控制来自疯牛病的人体健康风险，保护消费者免遭食品中有害化学物质的侵害，并保证食品生产安全。在涉及公共信息时，食品标准局的目标

---

* 这里的自治地方政府(devolved administrations)是指英国中央政府权力下放后的英格兰、苏格兰、威尔士和北爱尔兰等地方政府。

是促进标签信息真实可信，倡议、发展并达成国际共识，执行关于食品成分、标签和广告的规则，并通过控制保健食品或其他食品（如婴儿食品）来保护消费者。[22] 食品标准局还负责实施食品法律，但需要指出的是，食品标准局需要与其管辖区域内具有独立地位的地方当局协力执法。食品标准局会尝试提供全国食品问题概况，并通过发展食品标准监督的创新方法，帮助地方当局开展有针对性的工作。此外，食品标准局通过自己的执行性机构，如肉品卫生服务处（Meat Hygiene Service），在经许可的肉类生产经营场所执行食品法律。[23] 自 2006 年起，食品标准局进一步获得了保证欧盟葡萄酒规章在英国实施的职能。

《1999 年食品标准法》确立的食品标准局的法定职责包括"制定食品安全或其他与食品有关的消费者权益的政策（或帮助公共当局制定此类政策）"，并且"在事关公共当局时，为其 48
提供建议、信息和协助"。遵照政府部门的要求来履行这些职能是食品标准局应尽的义务。[24] 食品标准局承担的职能还包括向公众和个人而非公共当局提供食品安全或其他与食品有关的消费者权益的建议和信息。[25] 该法要求食品标准局获取、编纂涉及这些事务的信息并随时审查，包括监督科学的发展，开展或委托开展研究。[26] 食品标准局还需要对其他当局的执法活动进行监督（实际上地方当局是最为重要的），包括为总体的或特定的当局设定绩效标准。[27]

正如前面提到的，食品标准局设立时，它借以宣称自己具有正当性的一个重要因素是公布向部长提出的建议这一政策，这也是政府列入白皮书承诺的一部分。《1999年食品标准法》规定食品标准局有权公布根据上述权力提供的任何建议，特别是向部长提供的建议。不过，在公布之前，食品标准局必须考虑保密性的考量是否比公开建议的利益更重要，从而确定公布建议是否符合公共利益（与《2000年信息自由法》的规定相似）。[28]不过，保密性不可能由执法当局自身或其工作人员来主张。[29]如果法律作了禁止规定，则不予公开，但部长有权通过发布行政令[*]修改这一规定以允许公开。[30]

处于监管空间中的食品标准局：机构

食品标准局有许多不同的职能。一些职能与基本的消费者保护和使市场更好地运行有关，例如，为个别消费者提供信息，协助消费者选择，禁止销售健康风险外部化的食品。其他职能则颇为不同，例如改进营养和健康的职能似乎是基于对改善总体社会福利标准的关切。同样重要的是，食品标准局必须与其他当局密切合作；其中向部长提供建议的职能至关重要（以及代表政府进行国际协商谈判），同时，在执法中，它负责对主要由地方当局开展的工作进行监督。这也体现出食品标准局处于极其复杂的监管空间之中。

49 食品标准局是非内阁政府部门，代表王室履行职能，在

* 此处的行政令（order），英国的国务大臣或者部长根据法律的授权可以制定的行政立法性文件（statutory instrument）。

政府审计范围内并由国家审计署（National Audit Office）进行经济效益衡量。[31] 食品标准局从一开始便采用委员会的形式，由一个理事会和一名首席执行官开展工作。詹姆斯建议的健康和安全执行局与健康和安全委员会相分离的模式并没有实现，因为政府考虑到新设机构所影响的利益范围非常广泛，成员无法覆盖所有相关领域；而且食品标准局的理事会将直接介入重大的运营事务，因此应当直接为此负责，这就使得单独设置委员会不具可操作性。[32]

在人员任命和成员资格的问题上，《1999 年食品标准法》在通过之前还引发了一些重大争议。政府在白皮书中指出，在咨询意见中，大多数的回应意见（除了行业利益群体）明确支持食品标准局成员中绝大部分应代表公众和消费者利益。[33] 但政府决定，不应对机构成员作出这些特殊要求，这也反映在该法中，它仅规定食品标准局由一名主席、一名副主席以及 8～12 名其他成员组成；唯一的特别规定是，其中一名成员由威尔士国民议会任命，两名由苏格兰事务国务大臣任命。[34] 不过，该法还要求部长在进行人事任命时要确保食品标准局能提供必要的专业和技术，包括食品安全或其他与食品有关的消费者权益方面的经验；部长还必须考虑，被任命者的经济利益是否会妨碍其履行职责。[35] 进一步的规定则专门针对首席执行官的任命和威尔士、苏格兰以及北爱尔兰的理事会成员的任命。[36] 消费者焦点（Consumer Focus）这一组织已注意到理事会中有消费者利益的代表，事实上，理事会第二任主席哈顿女士（Dame Deirdre Hutton）在消费者运动中拥有强大的影响力。[37] 当理事会成员破产、无法履行职务或存在其他的不能或不适合履行职务的情形时，部长可将其免职。[38]

该法还要求食品标准局在威尔士、苏格兰和北爱尔兰地区设立咨询委员会。国务大臣也可以通过指示在英格兰或英格兰地区设立该类委员会。[39] 后者还未建立，但我们可以在下文看到其他非法定的咨询委员会在机构决策过程中起到的重要作用。值得一提的是，在缺乏法定依据的情况下，食品标准局负
50 责管理肉品卫生服务处这一执行性机构，该服务处承担重要的执法职责，包括核查和审计企业自行制订的计划、负责疯牛病相关规章的实施。此外，食品标准局是执行欧盟要求的主管当局。

显而易见，食品标准局是在非常复杂的监管空间中运作，与其他许多监管机构相比，食品标准局的职责更加多样化。它的职能更类似于那些普通的政府部门，然而，鉴于早期内阁负责食品标准监管时令人失望的作为，人们期望食品标准局的监管活动能有相当的独立性。由于其他相关机构在食品监管中扮演的不同角色，食品标准局的地位变得更加复杂。这些机构中最重要的当然是欧盟机构，事实上大多数有关食品标准的法律都是欧盟制定的。在整个英国法中，欧盟立法占 40%，而食品标准局在 2005 年适用的立法中则有超过 95% 来自欧盟机构。[40] 这种立法大多采取条例（regulation）的形式，基本不会给执行留下多少裁量空间。正如上文所述，食品标准局的重要职责之一是代表英国参与欧洲层面有关食品和动物饲料的谈判。它与欧洲食品安全局（European Food Safety Authority）保持紧密

的合作关系（英国食品标准局的主席也是欧洲食品安全局的副主席），从而开展风险评估和风险交流。其他与欧盟相关的职责包括根据《营养和健康声明条例》（Nutrition and Health Claims Regulations）提交获得准许的健康声明，执行上文提到的葡萄酒标准。除了欧盟，世界贸易组织在食品标准方面也起着重要作用，而世界卫生组织和联合国粮食及农业组织（Food and Agriculture Organization）共同建立的机构食品法典委员会（Codex Alimentarius）负责制定国际标准，以推动贸易的发展并提供行业及消费者保护。食品标准局管理着英国国内的食品法典咨询委员会（National Codex Consultative Committee），并代表政府进行谈判。与食品标准局存在利益关联的其他国际组织有世界卫生组织、联合国粮食及农业组织以及世界动物卫生组织。[41] 事实上，正如食品标准局主席在年度报告中指出的，只有在“食品供应链不断全球化”的情况下，食品标准局在国际上的作用才会增强。[42]

除了复杂的国际地位，我们也已经看到，在国内，食品标准局的职责是与其他组织分担的，特别是与卫生部分担营养责任。审查 1999 年立法草案的食品标准专门委员会批评食品标准局在这方面仅承担有限责任，认为食品标准局没有采纳 51
《詹姆斯报告》的建议，未在制定有关膳食营养质量及其对健康的影响的政策中起到主要作用；委员会在健康促进方面也表达了相同的看法，并总结道：**“我们担心的是，在提供全面、一致的与食品相关的健康促进信息方面的职责分工尚不明确。”**[43] 在这方面，食品标准局扮演的是政府顾问的角色，本身并没有完整的决策职能。[44] 尽管如此，它借助研究、通过教育提供信息，以及就标签上的营养信息与食品行业进行合作，“在确保消费者获得所需信息并做出健康的膳食选择方面发挥着独特的作用”。[45] 在其他领域，食品标准局与包括环境、食品和农村事务部（例如在可持续性方面）在内的不同政府部门和各自治地方政府合作。在食品安全领域，我们已经看到地方政府承担了绝大部分的执法活动，由此也带来一些困难。过去，人们认为食品标准局与地方当局“有些疏远”，且采用过于指示性的做法，不过我们马上就会看到，一项重大的举措已经启用，以改进食品标准局与地方当局的关系。此外，我们不应忽视私人监管在食品行业中所起的极为重要的作用，尤其是超市对供应商施加的强制性质量要求。[46]

在这一极其复杂的监管空间中，有两种协调方法。首先，食品标准局强调与其他组织的“合作”。食品标准局的战略计划表明，希望通过与环境、食品和农村事务部、自治地方政府的农业部门、肉制品加工厂、地方当局、肉品卫生服务处以及地方社区、区域性和全国性组织的合作，进一步减少食源性疾病。食品标准局希望与卫生部和利益相关者合作，减少盐和饱和脂肪酸的摄入，以减少饮食相关疾病；与卫生部和食品行业合作，推动食品标签上营养信息标注的清晰和准确；与利益相关者合作，提高饮食均衡的意识；并且支持当地社区、区域性和全国性组织开展本地的食品项目，以适应本地社区的需求。总的来说，核心便是“通过合作实现服务”。[47] 显然，这囊括了不同正式程度的各种合作类型。

第二种协调方法适用于更长远、更具战略意义的合作，可以通过起草和发布协约（concordat）来实现。这些文件在一 52
些公共行政领域中已越发重要（特别是在英国中央政府和自治地方政府的关系中）。在这一背景下，食品标准专门委员会在食品标准法案的立法前审查中强调了它们的重要性："这些协约并不是以法案的形式出现的，但它们的重要意义在于为食品标准局的运作提供一个总体框架。"食品标准专门委员会强调，这些文本应该受到议会及更广泛公众的审查，他们应当知道，在出现分歧时应由谁来对协约的内容承担最终责任，由谁来检查协约的执行并监督协约的有效性，以及协约在何种程度上向社会公开。[48] 许多协约已经达成一致并公布，虽然它们没有提供与其他有关机构关系的详细结构。目前有六份协约已在网上发布，其中两份是与海外组织签订的。[49]

最重要的协约是与卫生部签订的。该协约共八页（包括附录），开篇即指出它建立了合作的协议框架，但不是具有法定约束力的协议或合同，也并非要囊括双方关系的所有细节，而仅仅是通过原则性的阐述来指导合作，确保彼此间有充分的交流和协调，促使双方有效履行各自的责任。双方约定，应进行信息沟通，寻求建立联合计划、共同资助相关研究和监督的可能性。协约大体上划定了各自的职责范围，并阐明了议会事务方面的职责（当然是由卫生部负责主要的联络）。在营养方面，食品标准局将提供个别食品的营养成分信息，而卫生部则负责更广泛的健康政策议题。食品标准局每年还要发布营养的目标和指标。涉及的其他领域包括食源性传染病、健康保护局

（Health Protection Agency，一个非政府部门执行机构）、药品和保健品管理局（Medicines and Healthcare Products Regulatory Agency）以及其他诸如咨询委员会之类的公共团体。协约还简单地讨论了有关欧盟和国际协定的情况，以及如何处理紧急事件。只要经双方同意，协约可随时修改。[50]

这看起来与食品标准专门委员会设想的“具有重大意义”的文件截然不同。鉴于此，食品标准局和政府之间的关系招致重大批评也就不足为奇了。2002 年针对食品标准局发布的
53 《迪安报告》（Dean Review）批评食品标准局和卫生部在营养相关的职责方面分工不够明确。[51] 下议院公共账目委员会（House of Commons Public Accounts Committee）也对食品标准局与环境、食品和农村事务部的关系持批评态度，指出食品标准局宣称将从环境、食品和农村事务部取得合法进口肉类的管理职责，但是没有做到，而且“食品标准局与其他政府部门和独立机构之间的关系不明确，可能会导致食品标准和安全等重大问题被忽视或者任何机构都无法迅速采取行动的风险”。[52] 最近，消费者焦点指出“利益相关者的评论认为食品标准局和卫生部在营养和健康的议题上缺乏对各自职责的清晰认识”，2008 年内阁办公室的报告也指出了这一问题。[53] 根据制定法的规定，在与当局发生分歧时，国务大臣具有决定性权力。如果国务大臣认为食品标准局没有履行特定的义务，则可以向其发布指示；若食品标准局成员不遵守指示，则可以免除成员的职务，并代为行使机构职能，直到新的人事任命作出。[54] 食品标准专门委员会在审查立法草案时认为：**“食**

品标准局可以自主提供建议，而政府可以不采纳其建议而自主采取与建议相反的行动。鉴于此，当食品标准局不赞成政府的建议并拒绝采取相应行动时，政府动用上述激进的权力似乎有失妥当。”[55]

食品标准局与作为执法组织的地方食品与贸易标准协调机构（Local Authorities Coordinating Body on Food and Trading Standards）签订的协约更为简洁，仅三页正文再加上三页多的附录，内容无外乎重申有效开展合作的承诺，并用非常概括的条款确认各自的职责范围。[56]然而，更加重要的是 2001 年达成并定期更新的《地方当局执法框架协议》（Framework Agreement on Local Authority Enforcement）。[57]这份文件更加具体，篇幅多达 114 页，其中列出了根据《1990 年食品安全法》发布的食品规划标准、阐明良好实践的执法指南和现行法定实务守则中有关执法的要求。它还为食品标准局的监督方案和审计提供信息。框架协议的运作由框架协议工作小组（Framework Agreement Sub Group）进行审查，该小组成员包括食品标准局、地方当局、行业和消费者的代表。这比 54
使用含糊、局限的协约更令人满意，不过，专门委员会设想的议会审查方案在框架协议起草和修订时并没有实现。[58]目前食品标准局采取的一项主要举措是对巩固与地方当局关系的相关程序进行改革（即地方当局执法改革方案），目的是给予当局更大的灵活性，以部署不同的执法战略，这会涉及对框架协议的审查。2008 年，食品标准局向地方当局印发了新修订的《食品法实务守则》（Food Law Code of Practice），要求地方当局在执法中对该守则予以重视。[59] 食品标准局还设立了区域办公室，改进与地方政府的关系。

处于监管空间中的食品标准局：义务

如上所述，食品标准局的主要义务是“保护公众健康免遭食品消费可能带来的风险（包括食品生产或供给造成的风险）和保护与食品有关的消费者利益”。[60] 与公用事业监管机构相比，这里明显缺少了对弱势消费者利益予以特殊考虑的要求。[61]《1999 年食品标准法》吸收了《1990 年食品安全法》有关义务的规定，前者是蛋类产品中检测出沙门氏菌这一丑闻催生的产物。《1999 年食品标准法》的第二部分作出了依据刑法执行的一系列禁止性规定，特别针对生产有害健康的食品、销售不符合食品安全标准的食品和销售不具备要求标注的性质、材料、质量的食品或者虚假描述、展示的食品。[62] 欧盟法律则施加了进一步的要求，正如上文所说，绝大多数的食品安全法律来源于欧盟。《1990 年食品安全法》赋予了部长执法权和广泛的规章制定权。[63] 部长还有权颁布《实务守则》，并通过指示来要求食品管理机构落实这些条款；颁布规章和《实务守则》之前都必须咨询利益代表组织。[64]

回到《1999 年食品标准法》，该法要求食品标准局编制并发布一份关于总体目标及实务的声明。目标必须包括确保其活动是与受影响者或其代表以及公众成员协商后确定的主题，且活动留有公共记录，“以使公众能够对其职能履行方式做出有根据的判断”。[65] 目标及实务声明的起草需要取得部长的同意，部长可以在咨询食品标准局意见后对声明进行修改（这项条款在审查法案的专门委员会收到的证据中备受批评），[66] 然后提交议会。进一步的争论围绕着食品标准局在采取行动时需要考虑风险、成本和收益的义务展开。[67] 尤其重要的是，如上文提及的，如果食品标准局没有履行义务，部长有权向其发布指示，若仍不遵守指示，部长可以免除食品标准局成员的职务。[68] 消费者团体向食品标准专门委员会表达了担忧，认为考虑成本和收益的义务会“束缚食品标准局的手脚，削弱其独立性和权威性，例如当公布其建议可能造成商业损害并使私人企业损失巨额资金时即是如此……应该明确的是，食品标准局应该首先考虑公共健康的成本和收益”。[69] 对成本－收益分析要求唯一的限制条件是不能过度使用，即从权力的性质和目的来看，如果使用该方法将造成不合理或不切实际的后果，则不能使用；而且，成本－收益分析不能迫使食品标准局放弃其承担的其他义务。[70] 成本－收益分析在环境决策中的作用引起了高度争议，但部长的这些权力远远凌驾于成本－收益分析的一般意义引发的常见争议；尤其在部长与食品标准局发生分歧时，部长有权否决食品标准局的决定。而且政府已经表明，在食品标准局的决定涉及“公共健康之风险的程度和范围、食品标准局之建议的科学基础（以及资金使用不当）”等情形时，部长最有可能运用这些权力。 55

现在来看食品标准局作出的规范性承诺，最基本的内容都罗列在该机构的战略计划中。它承诺机构的一项愿景是“使所有人都能获得安全食品和健康饮食”，并表明：我们所做的一切都为实现这一愿景，而我们的核心价值是——

（1）将消费者放在首位；

（2）公开和独立；

（3）科学，基于证据。[71]

这些价值转换为一系列战略性指标，包括食品安全（例如通过与行业合作，到 2010 年底将猪肉沙门氏菌检测阳性的发生率降低 50%）、健康饮食（例如通过与卫生部门和其他利益相关者合作，同样到 2010 年底将盐摄入量从平均每天 9.5 克减少到 6 克）和消费者选择（例如推动建立一项向消费者发布食品业食品卫生信息的国家计划）。[72]

56 在食品标准局的工作开展过程中，还包含了进一步的规范性承诺。例如，它承诺，根据良好监管原则（见下文），其行动将是符合比例、基于风险和结果导向的；它将是一个公开、透明的组织，公开决策并主动听取消费者和利益相关者的意见，并在食品安全问题的处理中取得和维持利益相关者的信任。[73] 它的工作将通过合作和协商来完成，并保证可持续性。[74] 战略计划中的这些一般性承诺在一份总体计划中以更为确切的形式呈现。[75] 这份总体计划囊括了一系列非常具体的指标和绩效信息。此外，食品标准局还发布了一份简短的《食品标准局监管决策框架》（*Framework for Regulatory Decision Making in the Food Standards Agency*）。[76] 它规定了与上文那些承诺相似的核心价值，以及决定是否和如何干预的关键原则，例如包括公共健康或消费者利益所受危害或潜在危害之程度的科学证据，合比例性，风险、成本和所有相关收益之间的平衡，以及不作为的风险。该框架还罗列了可以用于干预的 17 种监管工具，从仅仅鼓励自我监管、合作监管、促进有效和基于风险的干预到通过谈判改变欧盟立法。

这些文件的公布体现出一种巧妙的方法，这一方法将制定法要求转变为更具体的承诺，同时仍维持一个清晰的规范性视角。由此而来的是食品标准局决策背后的原则变得高度透明。鉴于此，对食品标准局工作的主要评议都认为其表现良好也就不令人感到意外了。公共账目委员会在早期评议中指出，该机构的角色和责任应更加明确。[77] 但食品标准局委托迪安进行了评审，后者出具的报告从利益相关者的角度出发总结道："普遍的共识是，食品标准局始终致力于实现与其核心价值一致的目标。"大多数利益相关者一致认为食品标准局在改善食品安全方面取得了重大进步，赢得了公众对食品安全的信任，并"创造了一种现代文化，即程序、信息、咨询和决策都在公共领域内进行，并让外部的利益相关者参与进来"。该报告提出的 22 项有关完善的建议均被食品标准局采纳。优化监管执行局（Better Regulation Executive）和国家审计署就食品标准局贯彻《汉普顿报告》（Hampton Report）的情况发布了一份报告（见第十章），也给予食品标准局高度称赞，同时消费者焦点的报告认为，食品标准局"具有强有力的以消费者为中心 57
的文化，运作公开透明，在分权配置下高效工作，并且实施了良好的实务评估技术”。[78]

食品标准局及其监管模式

促进效率和消费者选择

促进消费者的知情选择是食品标准局方法的核心，而保护消费者利益则是食品标准局的主要法定职责之一。[79] 例如，在《2007—2008 年度报告》中，食品标准局强调“将消费者放在首位”作为自己的核心价值和首要考虑因素：“我们的工作首先是让消费者有机会对他们食用的食物做出知情选择，以使他们能够理解不同情况下的风险和收益。”报告用了整整一章来阐述“选择”，包括作出指导，公布食品场所的卫生分数，以及调查消费者态度。[80] 因此，就其对食品标准的责任而言，食品标准局的监管模式完全属于让市场更好地为消费者服务，基于上文所述的人类受精和胚胎学管理局等其他许多监管机构。这与食品标准局之前任的内阁的监管模式形成了鲜明对比，内阁的监管以“生产主义”为特点，注重鼓励行业发展和最大化产出。[81] 食品标准局明确采用了消费者导向的方法，避开了内阁遭受的各种批评。事实上，关于实施《汉普顿报告》的报告一定程度上批评了以牺牲与商业相联系为代价来“捍卫”消费者利益的方法。[82] 正如上文提及的，食品标准局的第二任主席哈顿女士来自具有消费者代表背景的群体，不像其前任那样具有学术背景。

食品标准局还明确承诺将“优化监管”提上日程，但利益相关者觉察到，这与保障公共健康这一核心关切之间存在一定的紧张关系。[83] 正如上文所说，制定法要求食品标准局在开展活动时要考虑风险、成本和收益。食品标准局还采用简化计划以最小化官僚的要求，并通过风险管理流程来减少食品风险，以达到理性消费者都能接受的程度。[84] 该机构的《监管 58
决策框架》（*Framework for Regulatory Decision Making*）还强调了除“命令控制”型执法之外可运用的执法技术范围，以及在它们之间权衡时运用比例原则的重要性。[85] 主席强调，她希望在执法事务中能向基于风险的监管更进一步，2006 年，理事会同意了建立在汉普顿原则上的执法“新愿景”。优化监管执行局和国家审计署在对原则执行情况的报告中对此给予了大力支持。[86] 优化监管顾问小组（Better Regulation Advisory Group）负责对食品标准局的优化监管举措采取独立的外部审查并提出问题。与本书讨论的其他监管机构一样，食品标准局承诺简化监管和采取基于风险的方法，认为这在根本上与消费者利益相一致，但也强调绝不会以损害公共健康和消费者利益为代价。

监管和人权

也许令人惊讶的是，该领域中只有相当有限的具体的国际义务，有人分析认为，它们属于本书后面章节将要讨论的更普遍的环境权或健康权。尽管联合国的《经济、社会和文化权利国际公约》规定的享有适当生活标准的权利中包含了获得充足食物的权利，但《欧洲社会宪章》（European Social Charter）

和《欧盟基本权利宪章》中都没有明确阐述与食品标准有关的权利。[87]《儿童权利公约》(Convention on the Rights of the Child)则包含了获得营养充足的食物和清洁饮用水的权利。一些突出的问题，例如转基因食品引发的与更广泛的环境权相关的问题，将在下一章讨论。食品标准局的工作重点在于程序性权利或过程性权利（例如消费者参与），在于市场中的消费者权利而不是广泛的人权问题。过程性权利将在讨论监管审议时做进一步的讨论。

监管和社会团结

食品标准局的监管特征更多地来自社会团结而非权利。最重要的是，既要确保决策与可持续性目标相一致，还要提供有关可持续性的信息。食品标准局的战略计划承诺，将可
59 持续性评估作为其监管影响评估的一部分，在开展活动和决定政策时考虑活动与政策对可持续发展的影响，食品标准局还为这类评估制定了工作人员指南。[88]食品标准局认为，最大的挑战是将考虑可持续发展完全嵌入决策中。2008年，食品标准局决定采用一种新的方法；而在这之前，它举办一系列利益相关者研讨会时已承诺采取最具可持续性的方案，除非有例外的正当理由证明可以不这样做。食品标准局起草了一份《可持续发展行动计划》，并报告机构在可持续发展上的成果及达成的指标。

在营养领域，社会团结的方法同样重要。事实上，鉴于零售商和广告业的影响，均衡营养可能与消费者选择的政策发

生冲突。[89] 当然，在这一领域，与政府合作作为食品标准局工作的特点也最引人关注，政府在这方面已实施了一些重大的举措，如《选择健康》白皮书。[90] 尽管如此，食品标准局也承担着重要职责，并建立了一个包括行业、消费者和健康团体的营养战略指导小组（Nutrition Strategy Steering Group）来负责推进工作。[91] 大多数举措以自愿为基础，但食品标准局在儿童食品改进方面起着重要作用。2003 年，食品标准局针对该议题发布了一份综合性研究评审报告，总结了广告对于儿童偏好、购买和消费的影响。食品标准局随后开发了一个营养分析模型，让通信监管办公室（Ofcom）通过参考该模型来对广告实施限制，以改善儿童食品存在的高脂肪、高盐和高糖分的问题。[92] 正如我们将在第八章对通信监管办公室进行讨论时看到的，食品标准局作为监管机构主导这一行动引起了一定争议。食品标准局还特别重视促进弱势消费者参与，尽管在利益相关者看来，该机构在决策时对弱势因素的考虑还不够充分。[93] 当前的食品标准局为我们展现了一种更加广泛的消费者参与战略，正如“消费者焦点”所认可的，就这方面来讲，它已领先于其他监管机构。

审议

从上文关于食品标准局起源的讨论中可见，公开性和透明度对于确立食品标准局的正当性而言至关重要。这些价值
使食品标准局与丧失公众信任、被监管俘获的内阁相区别， 60

食品标准局的职能正是从后者接收而来。[94] 从这段历史来看，食品标准局强调这些价值作为其工作的核心也就不足为奇了。在食品标准局的战略计划中，公开性和独立性构成了反映其所有行动的三种价值取向之一，并在年度报告中再次被强调。[95] 事实上，食品标准局已经制定了一份《公开实务守则》（Code of Practice on Openness），例如，它承诺将信息的发布作为规范要求，进行咨询并发布回应，最为重要的是公开举行决策会议。这些显然使得食品标准局与政府部门及许多其他监管机构区别开来。它还鼓励其咨询委员会保持公开的态度。[96]

食品标准局采用了许多手段，证明其对公开的承诺。正如上文提及的，与其他监管机构不同，食品标准局承诺对外发布向部长提出的建议。[97] 公开举行理事会议，并公布议程、记录、会议文件和会议决定，在会议召开前发布文件。在会议行将结束时会有一个问答环节，整场会议通过网络直播。此外，该机构高级职员和主要利益相关者团体间的会议记录可在食品标准局的网站上获得。《迪安报告》指出，利益相关者抱怨，虽然食品标准局发布了大量信息，但很难确定相关问题，也难以看出食品标准局如何和为何得出了结论。[98] 食品标准局接受了报告的建议，改进会议安排，以便进行更加深入和技术性的讨论，并且改善沟通和利益相关者对沟通的看法。[99] 所有有关食品标准局战略和政策的会议都是公开举行的，食品标准局不公开举行的管理会议仅仅关注内部事务，但这些会议的许多文件也对外公布。[100] 此外，首席执行官和主任举行或参加的所有会议的详情也会对外公布。

食品标准局设立的若干咨询委员会也对其工作起着重要作用，包括科学咨询综合委员会（General Advisory Committee on Science）、消费者参与咨询委员会（Advisory Committee on Consumer Engagement，新设立）和社会科学研究委员会 61
（Social Science Research Committee，根据《迪安报告》的建议设立）。这些科学咨询委员会公布自己的议程、文件和会议纪要，并在某些情形下召开公开会议。[101] 事实上，评论员已经注意到，食品标准局“大胆地”建议这些组织打开与公众对话的渠道，同时有一个清晰的审计线索反映如何以及为何作出决定，政策制定者因而更加难以躲在自己的科学顾问身后并促进食品行业的商业利益，而这两点正是应对疯牛病危机时政策失败的重要原因。[102] 利益相关者还告诉《消费者焦点调查》（Consumer Focus Review），这些科学咨询委员会在公开科学建议方面已走在前列，而且已证明其可行性。[103]

消费者参与咨询委员会尤其值得细致讨论。在它设立之前，食品标准局委托咨询公司出具了一份报告，探讨怎样建立一个为食品标准局提供消费者参与质量保证的咨询委员会。[104] 报告建议，新的咨询委员会的职责应是审查食品标准局日常的消费者参与活动，凭借在食品标准局内外形成的经验提出最佳实务操作建议，提供专业指导，并就消费者参与等问题准备和提交给理事会的年度报告。食品标准局采纳了报告的建议，咨询委员会由九个具有相关经验的外部成员组成。在向理事会提交的第一份报告中，咨询委员会指出了一些消费者参与的良好范例，并且得出结论：参与还未成为食品标准局运行的基础部分，食品标准局将参与视为向机构传递带有观点的信息以使机构作出行动上的改变，而不是将其看作真正的双向对话。消费者参与应该引入更深层次的决策领域（尤其是总体计划），并且应运用到所有的政策制定中。对于弱势消费者的参与还有待更清晰的认识，并与代表他们的组织开展更多的合作。[105]

在本书讨论的监管机构采用的各种审议安排中，消费者参与咨询委员会的角色是独一无二的，因为它提供了一个长期的平台，使得食品标准局可以就参与程序进行自我检视，并且它采用了一种巧妙的参与方法，要求双方互相学习，而不是参与者被动接收监管机构的信息。它还作出了其他重要的发展，例如向工作人员发布消费者参与指南，并应用诸如研讨小组（discussion groups）、教育委员会网络（school council network）和公民论坛（citizens' forums）的技术。
62 正是这些特点使得消费者焦点将食品标准局看作发展消费者文化的“典型监管机构”。[106] 同样，优化监管执行局和国家审计署也认为食品标准局**“是一个非常透明和负责的监管机构”**。[107]

尽管人们普遍认为食品标准局是一个格外开放透明的监管机构，但它在某些具体领域还是存在问题并遭到批评，特别是在该机构设立的初期。其中一个问题值得仔细考虑，尽管这个问题不能代表食品标准局的大部分工作，但它提供了一些关于参与式方法潜在问题的经验教训。这就是关于转基因作物未来政策的问题，在这个领域，公众对安全的不信任尤为严重，关于在何种程度上食品可以被贴上“非转基因”标签的问题引发了消费者群体与行业和科学家之间的冲突。同时还有美国对欧盟施压，要求接受转基因商品这样的国际背景。[108] 在消费者对转基因食品产生敌意后，政府开展了一系列农场规模评估，以评估转基因作物对环境的影响。主要的零售商也自行采取行动，将对转基因作物的追溯贯穿于整个食品供应链，但食品标准局认为这并不解决问题，更倾向于采用“非转基因”标签的方式。[109] 在这样一种冲突的背景下，政府决定就转基因作物在未来的作用举行公开辩论。

公共辩论指导理事会（Public Debate Steering Board）在2003 年主办了一场以“转基因之国？”为主题的辩论，从 6 月 3 日持续到 7 月 18 日。[110] 辩论内容包括由首相战略小组（Prime Ministers Strategy Unit）针对成本和收益所作的一份经济调查和由政府首席科学顾问（Chief Scientific Adviser）主导的一项科学研究。辩论的总结报告指出，公众对于转基因作物的初步商业化表现出普遍的疑虑和有限的支持度，并希望能有进一步的了解和研究。[111] 于是政府决定不实行大规模的商业化，并在个案基础上作出决定。[112] 然而，相关的下议院委员会对辩论过程提出了严厉批评，对食品标准局的作用也提出了极大批评。食品标准局为了参与这场辩论，自行开展了咨询。委员会认为这一做法造成了混乱，并要求食品标准局作出解释。根据食品标准局的观点，咨询的目的正是征求那些难以接触到的群体的看法，包括通常不会被听取的低收入和年轻消

63 费者的意见。[113]食品标准局开展了广泛的咨询，包括组建公民评审委员会，撰写焦点小组报告，对那些低收入和年轻群体看法的调查以及开展校园辩论会。公民评审委员会中大多数人的结论是转基因食品可以在英国销售，但全体一致认为英国农民在开始种植转基因作物之前，需要更多的时间来了解转基因作物对环境造成的影响；因为转基因作物的培育是不可逆的，并可能导致消费者的选择减少。公民评审委员会还一致要求所有包含转基因食品或衍生物的产品必须在标签上加以标注。[114]

新闻稿在公布公民评审委员会的上述结论时，仅仅提及了第一项结论，而未提到后来的一致结论，这引起了相当大的争议。此外，食品标准局的消费者委员会也对食品标准局开展咨询活动的方式以及自己没有参与其中提出了批评。食品标准局的回应被认为是在“转向”支持转基因食品的立场，而时任食品标准局主席声称转基因食品是安全的，该观点还发布在该机构网站上，这也进一步加深了人们的看法。[115]主席还在一次访谈中对有机食品的价值表示了怀疑。争议的结果严重打击了食品标准局的声誉。根据《迪安报告》：

> 最开始，一些利益相关者团体特别关注（自发地评论）有机食品问题和转基因食品问题。显然，这两个问题都极大地影响了利益相关者对食品标准局的看法。在这两方面，大多数人认为食品标准局已经偏离了它一贯的立场，不再单纯基于科学证据表明态度，给人留下了

> 它反对有机食品而支持转基因食品的印象。不仅代表有机食品和转基因食品利益群体的利益相关者持有这样的看法，那些被视为食品标准局支持者和天然同盟的群体也是这样认为的。[116]

这种溃败的局面可以归咎于很多原因。首先，正如上文强调的，食品标准局处于复杂的监管空间，在这场辩论中，它与政府间的关系并不明确。当食品标准局开展的咨询和政府资助开展的咨询同时进行时，前者不可避免地受到后者相关限制的影响。有证据表明，事实上食品标准局已经顶住了政府希望其采用更有利于有机食品的立场的压力，[117]但是，关于食品 64
标准局“转变”立场和压制消费者观点的指责必然会使人们怀疑它采取了亲生产者的进路，而这正是已经丧失公众信任的食品标准局前身内阁部门的特点。

另一个背后的问题当然是关于转基因作物的好处与决策中科学的潜在作用这二者的看法之间存在严重冲突。尽管咨询程序的意义在于提供信息以达到某种程度的了解，但是再多的咨询也无法解决这一矛盾。[118]正如上一章对人类受精和胚胎学管理局考察所得出的结论：独立性机构参与政府作出基本决定的程序虽然有一定价值，但在此过程中必须展现出完全的公开和公正（公正当然并不意味着在确保所有其他观点都得到恰当考虑的情况下不能提出自己的意见）。鉴于自 2003 年以来，食品标准局的消费者参与工作发生了重大变化，在科学性事务上更加开放，因此绝无可能再出现明显的预先判断问题，但是食品标准局和政府之间的关系依旧是未来如何处理两者同时开展咨询这一问题的潜在起源。

结论

食品标准局已经充分证明了其存在的合理性。它在决策中展现出的消费者参与及开放的程度已超越了其他任何一家监管机构，并避免了前任政府部门声名狼藉的境况。它之所以成功，特别重要的原因包括对外发布向部长提供的建议，召开公开会议并对利益相关者采取一种普遍接纳的态度，以及为监督机构执行和鼓励机构反思过去的经验而采用了一种具有高度消费者导向的独特且良好的安排。不过该机构也存在着一些问题，比如围绕转基因食品的咨询发生的一系列事件就体现了食品安全的科学分析和接受消费者观点背后的紧张关系。这些事件也表明了一些关于政府的困惑。

正如本章开头所强调的，食品标准局最突出的特点是，它处在复杂的监管空间之中。在上一章中重点强调的政府和监管机构之间的职责分工，在这里并不必然是问题的源头，政府和监管机构在工作上可以相辅相成，监管机构可以激励和辅助政
65 府决策。此外，在这样的背景下，食品标准局似乎有效地保持了独立性。而职责混淆显然是危险所在。食品标准局也许比本书介绍的其他监管机构更多地展现出了在涉及不同机构（不仅是监管机构和政府，还包括消费者群体和行业）时，如何以一种合作事业的方式实施监管。这一背景下，食品标准局的开放

性尤为重要，需要确保不同主体之间有着明确的职责分配。职责的分配最初是由协约确定的，但是协约的约束力较弱。由地方当局实施的框架协议则更为完善，地方政府还在这一领域展开更具体的工作。在涉及与其他主体，特别是与政府之间关系的明确性问题时，食品标准局在以下两个方面最具潜力，一是将促进真正审议的完善安排作为这一合作事业的一部分，二是通过模糊的职责分配框架来抵消职责混淆导致的潜在危险。

第四章

环境局

66 与食品标准局一样，环境局（Environment Agency）也是争议的产物，尽管环境局的诞生不是因为严重丑闻，而是源于以下争论，即在何种程度上应由伞形机构（umbrella agency）承担所有环境监管职责，而不是由互相分离的组织来进行如废物处理和河流管理等工作。设立单一机构也会带来异常的结果：除了作为监管机构，环境局还承担着水资源管理的重要责任，包括河流管理和防洪防汛。环境局与政府之间也有着千丝万缕的联系。这些内容以及该机构的设立在多大程度上导致了英国环境监管的独特风格发生重大变化，将是本章讨论的重点。

环境局的起源

前保守党首相约翰·梅杰在 1991 年 7 月发表声明指出，他领导的政府准备在整合国家河流管理局（National Rivers

Authority）、皇家污染检查局（Her Majesty's Inspectorate of Pollution）和地方当局废物监管职能的基础上新设机构，这是环境局的直接起源。1992 年大选中保守党的竞选纲领也提到了这一想法。[1] 在这项貌似简单的提议背后是激烈的争论，早先围绕着环境局的设立有何价值，后来又延伸到环境局的职责是何范围。

英国环境政策和监管的独特风格是争论产生的背景之一。沃格尔在 1986 年完成的一项著名研究中对这一监管风格进行了总结：

> 与美国相比，它在英国更加非正式，更灵活，也更具私人部门的色彩。监管官员拥有相当大的裁量权，并倾向于根据个案的情况，而不是通过适用一般的规则和
> 标准来制定政策。合规保障更多依靠社会控制的非正式 67
> 机制，包括在许多情况下的自我监管，而很少运用公诉程序。[2]

这是沃格尔在对照了美国采用的更加正式、基于规则和对抗式的方法之后得出的结论。与此类似，卡特和劳在这种背景下指出了英国独特的行政系统和决策风格的五个主要特征：政府结构和法律是普通法、制定法、机构、程序和政策的碎片化的堆积，缺乏完整的环境政策；监管权高度下放和分散化；环境控制通过行政而不是司法程序进行；运用基于谈判和说服的自愿方法；以及在包含了大量生产者利益代表的封闭团体中

制定政策。[3]一个新生机构的理念并不容易适应这样的模式。事实上，在宣布新机构成立的10个月之前，政府就拒绝了下议院环境专门委员会提出的成立该机构的提议。[4]之后政府态度之所以发生转变，部分原因可能是政治考量和建立政府环保信誉的需要，另一部分原因则是环境保护主义者，特别是皇家环境污染委员会对设立综合性监管机构的支持。[5]

在声明发布及1992年大选之后，关于新设机构职责的争论仍在继续。争论尤其关注机构是否应接收地方当局的废物监管职责和国家河流管理局的管理职责。国家河流管理局（在1989年才建立）不仅承担监管职能，而且负责基于综合流域管理的水资源管理以避免污染，同时还负责休闲交通（leisure traffic）和地面排水。政府就各种意见发布了咨询文件，并最终决定机构的职能既包括先前由地方当局执行的废物监管，也包括国家河流管理局所有的职责。尽管环境专门委员会（Environment Select Committee）大力支持将国家河流管理局的监管职责和管理职责分开，以免新的机构既当捕猎者又当守护人。[6]而另一方面，环境保护主义者和国家河流管理局本身都强烈反对这样的分离，强调在它的工作中开展综合管理的重
68 要性，并反对将管理职责交由农业部的替代方案。与食品标准局的情形一样，人们普遍认为，与政府部门相比，独立机构被生产者利益俘获的可能性更小。1996年4月，新机构开始依据《1995年环境法》（Environment Act 1995）行使权力。

这引起了涉及监管设计的关键问题。近年来的趋势是强调监管与管理或运营职能相互分离，一个显著的例子是，欧盟

对自由化的公用事业部门如电信和能源部门就提出了这样的监管要求。正如环境专门委员会强调的，这是基于当局不能监管自己的行动这一原则。[7]不过，也存在另一种方法：

> 相反的观点强调了流域综合管理的优点，并强调国家河流管理局的污染控制职能不可能简单地从它的管理职能中分离出来……事实上，为防止守护人兼捕猎者的角色冲突，也并不必然要将控制或执行角色与促进角色分开，或者从监管当局所有其他执行职能中剥离。这是对监管采取了不必要的狭隘观点，并削弱了“大棒和胡萝卜”策略或预防性政策执行的适用范围。[8]

后一种观点恰好与本书的主题一致，即对于良好监管而言，并不存在一种单一模式，有时，采用一种协同方法可能比试图在所有操作层面保障完全的监管独立效果更好。

最后，环境局的设立与其他监管机构迄今为止所强调的价值是一致的，即在程序中突出公开和审议的重要性。环境专门委员会强烈建议机构尽可能地向公众公开信息，包括驳回许可和同意申请的理由、考虑的过程。[9]这些价值并不仅仅体现在针对个人的决定上，因此——

> 如果环境监管不仅仅被视为一种治安职能，而且作为促进可持续性实践的积极推动者，那么监管机构与所有控制自然资源管理和开发的主体建立合作关系就尤为

重要。这确实是英国许多保护机构的一个特征……就是将监管职能和管理职能结合在一起。[10]

这也再次强调了将监管视为一种合作实践的必要性。

环境局的职能

69 环境局的职责范围可以概括为如下几点：

（1）防汛和防止污染事故——目前防汛工作在机构整体预算中的比重最大；[11]

（2）减少工业对环境的影响；

（3）确保对产生的废物进行正确处置；

（4）给土地利用计划提供建议，包括区域计划、发展计划和计划申请；

（5）清理河流、沿海水域，并管理水资源；

（6）改善受污染土地；

（7）改善野生生物栖息地；

（8）改善和提升内河航道管理，确保内陆渔业的可持续性。[12]

和食品标准局一样，环境局也强调在与其他相关主体（包括政府和地方当局）合作中自身所能发挥的作用。显然，机构职能的整合使得它与其他的机构（如公用事业监管机构）存在很大差别。但是，环境局确实以实施许可方案以及检查、执法等方式履行着监管职能。目前的许可体系包括以下形式：最终对经营者普遍适用的“环境许可项目”（Environmental Permitting Programme），涵盖企业向环境排放有害物质的“污染预防和控制”（Pollution Prevention and Control），“废物管理许可”（Waste Management Licensing），以及“抽水排水许可”（Water Abstraction and Water Discharge Licensing）。[13] 许可体系还赋予环境局通过附加许可条件来设定标准的职能，不过，总的标准主要是由欧盟通过指令和国务大臣通过规章来设定。因此，不同模式下的监管机构和职能再次造成了这一领域的极端复杂化。

在设立时，环境局接收了一些从其他机构转移过来的职能。其中包括《1990 年环境保护法》规定的皇家污染检查局的所有职能，例如该执法当局承担的与规章规定的大量工作流程相关的职能以及涉及放射性物质的职能。新设的环境局还获得了《1974 年污染控制法》（Control of Pollution Act 1974）赋予地方当局的废物监管职能，以及国家河流管理局在水资源管 70
理、水资源污染控制、防汛、渔业以及导航等方面的职责。[14] 之后，通过《1999 年污染防治和控制法》（Pollution Prevention and Control Act 1999，这是赋予国务大臣广泛的规章制定权的“框架性立法”）实施的欧盟法律，以及为了将污染控制方法更加全面地纳入更广泛的生产工艺而根据该法制定的规章，环境局又承担了更多的职责。最重要的是，为了实施与综合性污染预防和控制相关的欧盟指令，根据该法制定的规章在 2000 年被引入新的污染控制制度。[15] 水资源管理体制还根据《2003年水法》进行了改革。因此，法律和对污染控制职能的准确定义都变得高度复杂，涵括了 227 项立法和 16 项欧盟指令。[16] 事实上，2003 年环境、食品和农村事务部对阻碍机构职能整合的一部立法进行了评审。尽管该部门没有提出进一步的法律修订建议，但是它指出，与风险无关的各种环境保护许可机制的继受构成了实施更有效监管的主要障碍，并建议采用更成熟的基于风险的方法，加强监管资源投入的针对性。[17]

处于监管空间中的环境局：机构

环境局的性质是依法成立但不具有王室地位的法人机构。[18] 它由理事会管理，理事会应由相关部长和国务大臣任命的 8～15 名成员组成。[19] 目前的理事会包括了 12 名非执行成员和一名主席，并有一位首席执行官，成员代表了“在环境方面有利益诉求的各种团体和个人”。[20] 如果成员出现缺席会议超过三个月、破产、无法或不适合履行职责等情况，部长可以免
71 去他们的职务。[21] 账目由主计长兼审计长进行审计，其于 2003 年被任命为环境局的审计员。[22]

我们应该记得的是，环境局的组织设计是为了引入综合污染控制系统，因此接收了此前不少于 86 个机构的职能。2000 年，环境专门委员会认定这种整合方法得到了强有力的支持，但是环境局还未对其综合性的职能形成具有连贯性的认识；内部仍然存在着分歧，立法也没有提供统一的管理体制。[23]

正如我们稍后将要看到的，环境局为了形成更清晰统一的认识，采取了一些纠正措施。不过，由于国内立法应整合欧盟法律的要求，立法定位甚至可能变得更加复杂。在 2006 年的另一份研究报告中，环境专门委员会没有批评环境局不同业务部门（Sections）之间的内部整合问题，并且调查认定环境局的监管和执行职能变得更加连贯，但是指出环境局的两重角色——监管机构和环境倡导者——之间仍存在紧张关系。[24] 显然，这与监管职责和运营职责之间的关系并不相同。可以预见的是，在监管反映出的“经济和权利”与“社会团结”两种不同的方法中，行业证人强调前者的作用，而环境证人则注重后者的作用。环境专门委员会的结论是：**“鉴于政府面对跨领域的环境问题，我们大力支持环境局作为环境倡导者的作用。然而，重要的一点是明确区分环境局承担的所有不同职能，特别是监管机构和环境倡导者之间的界线。”**[25] 针对环境专门委员会的报告，政府认定环境倡导者和监管机构两种角色间并不存在矛盾之处，尽管就资源和工作优先次序而言，需在两种角色间作适当的平衡。[26]

部长们在涉及环境局方面的权力是宽泛的。《1999 年污染防治和控制法》规定，国务大臣有权发布有关的一般性或者特定指示以履行环境局的任何职能，包括履行欧盟和其他国际协定规定的义务。这些指示必须对外发布。[27] 国务大臣也可以根据《1990 年环境保护法》等其他制定法发布指示。重要的是，部长可以通过发布指导意见，更详细地界定环境局为了实现可持续发展需要做出的贡献以及环境局的主要目标，并为其他适 72

当的目标提供指导。[28] 正如上文所述，《1999 年污染防治和控制法》赋予国务大臣非常广泛的权力，既可以制定规章以实施欧盟的要求，还可以在《欧盟指令》的规定之外，对任何可能造成环境污染的行为实施监管。[29] 与政府相关的另一项职责是实现通过《公共支出审查》协商一致而订立的《公共服务协议》中所确立的目标。[30]

国务大臣在商讨欧盟环境法律和标准方面发挥重要作用，基于这样的监管背景，环境局与政府的关系显然特别紧密。事实上，这些关系涉及多个政府部门，包括商业、创新与技能部，能源和气候变化部，以及环境、食品和农村事务部。2006 年，下议院环境专门委员会对环境局与政府的关系提出批评，指出有证据表明政府部门和环境局在政策制定方面缺乏区分，环境局过度卷入政策制定过程（人类受精和胚胎学管理局也受到过类似的批评）。环境局指出，立法（尤其是欧盟立法）缺乏连贯性、相互矛盾，产生了它不得不填补的政策空白；委员会强调，目前需要更大的立法一致性和共同的监管框架。另一种批评意见则是，环境局在政策制定中没有恰当地咨询政府意见，委员会建议应更早地开展咨询。[31] 在另一个场合下，公共账目委员会批评了关于废物处理的部长指示给环境局施加的限制，例如针对废物经营者的检查。[32] 看上去这些问题本质上属于结构缺乏连贯性，碎片化的法律为高效的合作设置了障碍。2006 年环境专门委员会的报告提议建立一个涵盖欧洲和国内两个层面的共同的监管框架，但政府否决了涉及欧洲层面的提议；而国内层面，立法还未改变。不过，优化监管执行局和国家审计署在2008年调查发现，环境局与环境、食品和农村事务部越发积极地开展合作，同时在完善与商业部的联合工作机制方面也做了很多努力。[33] 由此，通过政府部门和环境局的共同治理，协同政策发展以及联合咨询都得以实现。

与环境、食品和农村事务部的关系是通过一份《管理声 73
明》（Management Statement）构建的，该声明较之食品标准局的协约更加具体和全面。[34] 声明强调环境局与中央政府和其他主体的合作关系。它还指出，环境局应致力于政策的发展，即使最终决定权属于中央政府和威尔士议会。声明还阐明了国务大臣、环境局的主席和首席执行官各自的作用，以及对战略性和总体性计划及报告的要求。

与中央政府一样，地方政府承担着环境领域的责任。《地方政府绩效框架》的制定就是为了促进合作，并实现共同目标，这也是非正式地构建与上一章所述相似的合作机制的又一例子。然而，在此类合作目标实现上存在一些问题，而且目前环境局和地方当局都在起草地方区域协议和地方改善指标方面承担了新的合作义务。[35]

在环境局的工作中，欧盟法律显然发挥着重要作用。事实上，当前这一领域内环境标准的基本框架都由欧盟法律来规定，特别是通过2000年引入的污染控制系统，该系统运用规章来实施欧洲综合污染防治指令。[36] 欧盟法律因前后不一致和缺乏连贯性而受到强烈批评，欧洲立法是以一种碎片化的方式起草的（包括在各种法律文件中对污染的不同定义），在其转化为国内法适用时也存在类似的碎片化问题。这也促使环境专门委员会支持环境局的建议，即确立一个共同的欧盟监管守则，以便应对一系列环境方面的制度问题，如定义、许可、咨询期限和监督安排等。[37] 尽管这一建议因可能破坏辅助性原则而被政府否决，环境局还是坚定地支持这一建议。[38]

除了欧盟法律起到核心作用以外，还有一些特定的欧盟组织与环境局的工作存在关联。其中首推成立于 1990 年的欧洲环境局（European Environment Agency），它在确定标准制定所需的信息方面起着关键作用，还负责协调由各国的监管机构和专家组成的欧洲环境信息和观测网络（Eionet）。英国环境局也加入了欧盟环境法实施与执法网络（IMPEL）。最后，
74 欧盟法律在规定环境信息获取权方面起到了非常重要的作用，下文将对此做简短的讨论。

水价制定

不同监管类型的机构间冲突的一个突出例子与水价制定有关，水价由对水资源实行经济性监管的水务总监（Director General of Water Services）和水务监管办公室（Ofwat）通过定期的评审程序进行控制。这一例子值得我们仔细探讨，因为它非常清晰地体现了侧重环境职权的机构和侧重经济职权的机构之间产生的巨大冲突。[39] 有关环境改善成本的争论成为水务总监决定涨价的考虑因素，而环境标准是由部长征求环境局意见之后，根据欧盟法律要求制定的。制定标准的环境监管与保护消费者利益的经济监管之间存在冲突。

在 1999 年的定期评审中，围绕如何平衡降价和环境投资

发生了一场“激烈”的辩论，水务监管办公室，环境、交通和区域部（DETR），环境局，水务公司和非政府组织之间进行了“公开的唇枪舌战”。[40] 在讨论中，环境局认为自己的职责是确定由水务公司引起的环境问题，并根据解决这些环境问题的相对优先次序向部长提供建议。[41] 各方都对消费者需求进行了调查，而这些**“令人感到混乱的消费者调查”**得出的消费者偏好排名只有些许不同。[42]

政府根据环境局的建议决定环境项目之范围的程序也引出了其他的问题，而部长的指导意见表明评审的结论之一是要确定减价的范围。水务总监发布一系列初步声明，表明他正在考虑减价；接着，环境局向各个利益代表组织发送了一封公开信表达担忧，即水价制定的结果已被预判，预判的基础是消费者利益只能以减价的方式得到保障，并且消费者根本不能从更为洁净的环境中获益。环境审查委员会建议部长，不应试图通过宣布价格预期来影响独立的水监管机构的决定，同时水务监管办公室应争取保证**“其声明不过分‘妖魔化’** 75
环境和质量方面的投入，即将它们描述成价格上升的主要压力，而不去强调用户和公众从中获得的利益”。[43] 但是，水务总监对环境局的批评让这一立场变得负面；他认为，环境局并不关注如何确定质量改善建议为环境或用户带来的经济价值，它的评估方法是不充分的，没有运用恰当的成本－收益分析。[44] 然而，还有一个问题则是，在定期评审中，缺乏利益相关者的参与。[45] 最后，环境审查委员会指出，水监管机构没有促进可持续发展的具体义务，同时可持续发展也不是水务监管办公室直接关注的问题，这一态度在它的很多工作中体现得非常明显；因此委员会建议，将考虑可持续发展作为水务总监的一项职责。[46]

由此，在1999年的定期评审中，分别承担环境和经济职能的监管机构之间出现了冲突；这一冲突本可以经由政府解决，但现实的情况是政府的介入反而造成了混乱。随后，在2004年的定期评审中，环境专门委员会认为评审在初期阶段比之前更加透明，尽管之后的程序越发模糊不清；分别承担环境和经济职能的监管机构之间的分歧仍然存在，前者认为水务监管办公室过于强调环境改善的成本，部分原因在于办公室提出价格增长之依据所采取的方法。[47] 环境局还声称，水务监管办公室在环境决策中所承担的角色可能更适宜由国务大臣承担。[48] 环境审查委员会同样指出，评审过程有了显著的改进，包括环境局的成本－收益分析。《2003年水法》针对那些运用新的水监管权的当局增加了一项考虑可持续发展的义务，然而该条款还未生效，而且也可能只是次要义务，而非首要义务。尽管如此，评审过程还是存在信息不对称的问题，而且水务监管办公室的建议并没有将总监已表示支持的可持续发展原则作为主要依据。[49] 总之——

> 经济性监管机构的角色会对环境监管机构的角色产生一定的影响。在环境审查委员会收到的建议书中，这一问题已凸显出来；而在过去的几个月中，对于我们来说，这一问题已经相当突出。我们不认为水务监管办公

> 室的专业程度足以使其判定哪些应该纳入环境投入项目，哪些则不需要，尽管在向部长提出的建议和向我们提供的证据中，水务监管办公室似乎将此看作自己的职责之一……**哪些内容应当或者不应当被纳入环境投入项目，我** 76
> **们并不认为这属于监管机构的职责。**[50]

至于最终结果，环境局欣然接受了在评审中批准的一项35亿英镑的环境投入，同时也指出自己一直认为应提倡更多的投入，并且35亿这一数字仅仅是符合欧盟法律要求的最低门槛。[51]

之所以产生这些困难，显然是由于承担不同义务和职权的监管机构存在职能上的重叠。这总是容易引发问题，而事实上，这一情形体现了环境监管和价格监管分离可以推动争论公开化，而且我们也已看到，这一过程透明度的提高促进了这种公开化。[52]不过，有一个问题便是政府在这方面的作用没能得到很好的体现。在1999年的定期评审中，政府部门受到批评，因其提前宣布价格预期，变相地取代了水务监管部门的决定；2004年（延迟发布）的部长指导意见**“之所以关注部门间的争论，仅仅因为这是政府可以对水价制定施加直接影响的唯一途径”**。[53]解决这些困难唯有为不同监管机构确立更加统一的法定职权（部分已经通过《2003年水法》中的一些变化得以实现），强调公开透明的讨论，以及发挥更加关键的政府作用。这些方法在2009年的评审中得到了有效的体现，正如我们将在第九章看到的，政府提出了一个更加明确的早期的目标声明，同时环境局起草的一份国家环境投入项目制订了为满足欧洲和国家要求所必需的方案。程序的完善似乎为两种不同的监管方式间的争论提供了一个更好的解决框架。事实上，环境委员会仔细考察了 2009 年的评审后发现，对机构冲突的批评明显消失了。[54]

处于监管空间中的环境局：义务

适用于环境局的义务具有的最显著特征是，以首要目标的形式来体现主要义务；依据法律，环境局是“为了保护或改善环境，从而从整体上促进实现可持续发展的目标……”而履
77 行职能。[55] 第二项重要特征是，在界定可持续发展的目标和决定其他目标时，部长的指导意见起到相当大的作用；事实上，可持续发展义务只有在指导意见发布以后才开始生效。[56] 最初的法律草案只包括了国务大臣发布指导意见的条款，并没有提及可持续发展的要求；直到法律草案进入上议院的报告阶段 * 才引入了可持续发展的要求。国务大臣已经就环境局的目标和对可持续发展的贡献发布了指导意见。[57] 指导意见强调，可持续发展义务适用于环境局工作方法的制定、优先事项的决定和资源的分配等活动，但并不直接适用于单个决定。意见指出，

---

* 英国国会作为立法机关，在审议法律草案的时候要经过一读（first reading）、二读（second reading）、委员会阶段（committee stage）、报告阶段（report stage）和三读（third reading）等阶段。

环境局要在实现首要目标和行使权力时考虑成本和收益。环境局应支持政府的可持续发展战略，主要目标将是促进社会进步，以反映每个人的需求，有效地保护环境，审慎地利用自然资源，以及保持高水平和稳定的经济增长和就业。[58] 除了亲力亲为保护和改善环境，环境局还是环境事务方面的独立建议者，以影响政府内部及更大范围的决策。为实现这些目标，它还应创立无须耗费过多成本的方法。

指导意见还为环境局设定了更加具体的目标，[59] 主要包括：采用综合方法来保护环境，以符合经济、效用和效率的方式履行职责，以公开透明的方式处理事务，与政府联合开创一种“基于风险的、符合比例的、前后一致的、有效和经济的方法”，使监管过程符合优化监管的原则。起草的指导意见还确立了环境局在有关废物管理许可方面的职能。[60]

由此看来，环境局的首要目标并不是单纯履行促进可持续发展的义务，它完全依赖部长的指导意见，也因此，较之本书考察的大多数监管机构，环境局与政府的关系更加紧密（尽管指导意见并不直接影响机构个别的决定，例如执法）。我们也很清楚地看到了，指导意见要求环境局采用基于风险的监管方式，并特别要求环境局在行使权力时必须进行某种形式的成本－收益分析。这也体现在《1995年环境保护法》重要的第 78
39条，该条对环境局施加了一项具有争议的义务，即环境局在决定是否和如何行使权力时“应考虑行使或不行使该权力，或行使方式的成本和收益”。[61] 尽管条文没有进一步界定“收益”，但规定“成本”包括环境上投入的成本和在任何个人身上花费的成本。[62] 这一要求可以不适用于以下情形："鉴于职能本身的特点、权力的目的或具体案例的环境，运用成本－收益分析是不合理的。"[63] 它还不适用于强制性义务，例如遵守部长设定的或来自欧盟的标准。因此该条规定的义务的适用范围是相对受限的，尽管如此，它还是要求在作出裁量决定之前采取某种形式的环境和经济评估。[64]

《1995 年环境法》还针对环境局规定了很多其他的义务，包括要求行使机构的污染控制权以防止或最小化污染的影响，编制信息，以及（应部长的要求）承担有关某种污染的评估工作。[65] 它还负有与内陆和沿海水域相关的义务，如改善它们的自然风貌和便利设施，保护周遭自然环境和水资源，以及类似的一般性的环境和休闲保障义务。[66] 部长会就这些义务发布指导意见，并已采取制定实务守则的方式。[67] 当然，根据不同的制定法和欧盟法律，环境局还承担着其他的义务。

环境局是如何将这些义务付诸实践的？在议会专门委员会批评环境局缺乏清晰的定位之后，环境局发布了《环境愿景》（*Environmental Vision*），在最高层级上将"提高生活质量"和"改善野生生物环境"定为基本目标。[68] 它还设定了自己将要追求的成果和变革。这一愿景后来转化为《2006—2011 五年总体战略》（Corporate Strategy），其中突出了"更好的生活质量"，将其列为首要目标，即保障每个人都有机会享受高质量的环境，尤其注重改善贫困地区的环境。[69] 第二项目标是改善都市和农村地区野生生物的生长环境。这些主要目标具有很强的社会团结属性，它们又进一步转化为为期三年的总体计

划，该计划囊括了更为具体的行动和关键绩效指标。[70] 环境局 79
的年度报告还包含了针对个别指标的具体绩效分析。在2008—2009年的报告中，环境局对49个绩效指标完成程度进行了具体分析。[71] 目前，环境局在咨询公众意见后发布了新的2010—2015年战略，将重点工作定为抑制环境变化及其影响，而这已成为环境局的首要目标。其他目标则包括保护和改善水、土地和空气资源，与民众和社区合作以建设更美好的居住地，与企业和其他组织合作以巧妙地利用资源，以及作为监管机构“尽可能做到最好”。[72] 总的来说，以上种种文件是将极为高远的目标转变为更加具体的指标以及跟进这些目标的完成度的典范。《汉普顿实施报告》总结道，这些文件编写出色且易于理解，环境局是透明和可问责的监管机构。[73]

环境局及其监管模式

促进效率和消费者选择的监管

尽管与食品标准局不同，环境局与促进消费者选择并不直接相关，但是环境局显然承担着与产业界有关的重要监管职能，因此经济因素必然在此发挥作用。上文提到的具有争议的《1995年环境保护法》第39条强化了这一点，该条要求环境局决定行使或不行使权力时考虑可能的成本和收益。环境保护主义者反对施加这样的义务，因为一旦环境局不能证明自己的行动成本小于行动所获得的收益，就将面临法律争讼。而在实践中，这一要求的效果更为有限。依据下议院环境审查委员会

的报告，委员会在对水质量相关问题进行检查时发现，对可能
的成本和收益进行评估的义务，并不要求对环境局提出的每一
个环境改善行动进行成本－收益分析；在部长批准的《国家
环境项目》（National Environment Programme）中，仅有 10%
的内容适用成本－收益分析，其余的都必须遵循欧盟的要求
80 或政府决策。[74] 这些情况中，环境局在被要求适用这些规则之
前，可能已经进行了成本－收益分析。

环境局还承诺优化监管倡议、进行风险评估和采用市场工具，其发布的《为环境发声——一项 21 世纪的监管方法》（*Delivering for the Environment — A 21st Century Approach to Regulation*）中对此有具体的阐述，其中强调遵守优化监管工作组制定的原则和“智慧监管”（smart regulation）方法，使用排污限额和交易制度、环境税、交易方案、谈判或自愿协议等这类制度，以及一种更加基于风险的执法方法。[75] 类似的承诺在环境局的历年年度报告中都会重申（如在 2008—2009 年报告中，它宣称已超额完成了减轻企业负担的指标，共减少超过 17 000 万英镑）。环境专门委员会也大力支持环境局对基于风险方法的承诺，同时指出收益目标还未全部实现。[76] 同样，《汉普顿实施报告》注意到了环境局所承诺的优化监管和基于风险的方法，也指出了风险评估中还有待完善的地方。[77] 早在 1990 年，《环境保护法》中的交易机制条款就赋予国务大臣确定总排放量并分配配额的权力。[78] 这类机制中有些已由环境局建立并进行管理，例如国家减排计划（National Emissions Reduction Plan）、垃圾填埋补贴（Landfill Allowances）和交

易方案（Trading Scheme）。[79]

即使承诺了更加基于风险和市场友好型的监管方法，环境局的态度依然谨慎。在向下议院监管改革委员会（House of Commons Regulatory Reform Committee）提交的证据中，环境局强调致力于优化监管，但也强烈批评了现有的监管改革议程和优化监管执行局（Better Regulation Executive，简称BRE）的作用。后者没能在优化监管和减轻企业负担之间取得适当平衡：“伴随着对简化程序的强调，改革议程可能会忽视监管原因——监管可以为环境、企业和更广大的社会带来实际的利益。因此，一方面，环境局必须采取措施推动优化监管；另一方面，在改革议程的沟通中，优化监管执行局不得削弱监管的公信力。”此外，环境局问责的明确性“会因为优化监管执行局开始介入监管政策甚至监督监管机构而削弱”。环 81
境局行政长官提供的口头证据也突出反映了这一担忧，例如，环境局的理事会“显然并不准备将优化监管执行局视为另一种问责机制”。[80] 这尤其体现了对监管改革倡议影响监管独立性的担心，笔者将在第十章就此问题做进一步讨论。

环境局的确作出了采取基于风险的监管和运用市场监管工具如交易方案的承诺，但是同时意识到了它们的局限性。然而，这些局限主要涉及监管方法和工具；当我们讨论监管的基本原理时，其他方法会更加重要。

监管和人权

环境人权理念是一个存在争议的领域，在这里无法详尽分析。[81] 简而言之，这一领域既有人权活动人士和环境保护主义者共有的目标，也有一些重要的紧张关系，包括环境人权的恰切定义、环境人权在国际法中的地位、环境人权视角下的人类本位主义，以及与其他权利的冲突等问题。[82] 权利还可能无法运用于多中心的问题（polycentric problems），因为这类问题涉及一系列复杂的互动关系，其中任何一处调整都会影响关系网的许多其他部分。[83] 鉴于这些复杂性，并不令人意外的是，主要的国际法律文件中很少有支持环境人权的直接表述。[84]

当然，这并不是说在国际法律文件中得到充分保护的其他人权与环境局的工作无关。在一起有趣的案件中，原告以存在公害为由对污水处理厂提起诉讼，并且根据《1998 年人权法案》主张，原告的地产因反复遭受污水浸泡而遭受损失，因此被告违反了《欧洲人权公约》第 8 条规定的“住宅受到尊重的权利”，以及《〈欧洲人权公约〉第一议定书》第 1 条规定的“和平享用财产的权利”。[85] 这一指控得到了上诉法院的
82 支持，但是被英国上议院驳回。最高法院认为，考虑到讼争权利及其可以接受的限制条件，特别是社区整体的利益之间的平衡，法定的监管机制（在该案例中指水务总监）对于合理安排工作的优先次序而言是合适的。因此，以违反《欧洲人权公约》所保障的权利为由提起的指控“对于下列事实没有给予充分的重视，那就是议会已经认定，对个人和社区间竞争性利益进行公平权衡的最合理方法是借助独立的专家型监管机构来实施法定方案”。[86] 该法定方案在公约权利和限制这些权利的利益间达成了适当的平衡；而且，实施该方案的监管机构“属于

《1998年人权法案》规定的公共机构，负有行动必须合乎公约权利的义务”。[87] 尽管该案件与环境局并不直接相关，但环境监管机构的核心职能是决定公约权利的适用，并在环境领域中平衡有限定的权利与公共利益。这应该为监管机构自身处理基于权利的诉求开辟了广阔的空间。

和其他监管机构一样，程序性权利在这一监管背景下也很重要。不仅包括了《欧洲人权公约》第6条规定的获得听证的权利，还有下文将讨论的各类法律文件规定的获得环境信息的广泛权利。[88]

尽管国际法律文件对实体性的环境权利的规定较少，但其他权利与环境监管机构的工作也有很多关联，还可能和基于经济效率和消费者选择的方法产生冲突。[89] 环境领域内对权利的某些质疑和对它们的限制可能还要从其他与社会团结相关的考量中寻求解释。

监管和社会团结

这里同样并不打算讨论环保主义运动中的重大争论。[90] 尽管如此，其中对与群体而非个人相关的“团结权”的关切还是值得一提，“深度的环保主义”“要求在观念上从权利的原子论 83
个人主义的方法向整体性的过程和系统转变”。[91] 可持续发展就是对这一要求的不那么激进的表述，而且我们已经了解到，这正是环境局基本的法定目标，并在部长的指导意见中得到了更加准确的说明。[92] 因此法定义务将保障可持续发展的权利置于环境局工作的中心，从总体计划中也明显可以看出，可持续发展和社会团结议题是确立机构运行背景的核心。例如，在《2010—2015 年总体计划》草案中，第一个主题是致力于减少气候变化及其导致的破坏，而第三个主题是“我们的工作始终以人民和社区为先”。[93] 可持续发展是环境局愿景文件中的重要内容。它还注重与那些可能受低劣的环境标准之苦的边缘人群合作（例如在水质量方面），并努力研究更为精细的有助于这类群体参与的方法。

因此，环境局基本上不是一家经济性监管机构，它在保护个人权利方面发挥一定作用，但主要目标是可持续性和包容性。正如议会专门委员会所阐述的：“我们不能再以简单的经济指标来衡量生活质量。生活质量取决于环境的保护和改善。”[94]

审议

根据上文的介绍，我们可以知道英国环境监管传统的特征之一就在于封闭属性。在沃格尔的经典论述中，尽管监管机构和生产者之间联系紧密，但是，除了土地利用计划系统，能够为参与监管决策提供途径的机构数量有限。[95] 那么，环境局是否依然具有封闭的属性？

首先要指出的是，在最高决策层，皇家环境污染委员会是一个重要机构，它是就环境问题向政府、议会和公众提供建议的唯一常设机构。[96] 事实上，综合性环境局的建立基本上是依据该委员会的报告。皇家环境污染委员会可以自由选择研究的主题，并邀请组织、个人和公众提供书面证据，还可以从证

人那里获得一些口头陈述。皇家环境污染委员会的报告提交给
女王，政府则需要准备一份回应意见。此外，还有一份框架性
文件，陈述了与政府部门的关系。皇家环境污染委员会近期发 84
布的报告包括《适应气候变化的制度》、《城市环境》和《产品中的化学成分》，它还发布了一些简短的专题报告，例如《农作物喷洒和居民及路人的健康》。皇家环境污染委员会作为常设机构，为针对环境政策问题独立地开展有组织的讨论提供了独特的机会。我们想必知道上文所述的环境决策基本都在欧盟和政府层面产生，所以“是由政府部门而非环境局负责政策制定阶段的公众咨询、影响评估和调查，环境局则……负责实施”。[97]

回到环境局本身，尽管职责是从地方当局接收的，而地方当局的会议自然是公开的，但是部长拒绝了举行公开会议的要求，开局便已不利。部长声称公开会议妨碍了公布之前的战略性思考，而且环境局毕竟是需要通过部长向议会负责的。[98] 不过在这类事件中，理事会已采用了公开会议的政策，并在网上发布议程、辅助材料和会议纪要，但涉及保密信息的会议内容则不对外公开。环境局还郑重承诺，近期建立的管理机构将具有开放特性。环境局在《愿景》中承诺会更多地运用公众咨询程序，在总体计划中也承诺完善交流机制。[99] 尽管有了这些承诺，环境专门委员会还是批评了环境局开放程度有限。2000 年，环境专门委员会表示希望看到环境局能更积极地参与公开讨论，并提升在影响环境和可持续发展的重要事项中的形象，但与此同时必须遵循政府的政策。[100] 环境专门委员会

还指出了就环境问题与地方社区进行交流的问题（针对这一问题，目前环境局正设法完善参与机制）。[101] 2006 年环境专门委员会对环境局的调查也严厉批评了后者在监管费（regulatory charges）的收取和使用方面透明度不足。[102] 不过，《汉普顿实施报告》认为，总体而言，环境局是透明和负责的监管机构。[103]

在环境局的工作中，咨询委员会起到了关键作用。《1995 年环境法》要求建立威尔士咨询委员会、区域环境保护咨询委
85 员会、各区域和地方渔业咨询委员会，以及各区域和地方防汛委员会。[104] 咨询委员会被看作联系利益相关者和公众的重要桥梁，所有的咨询委员会会议都向公众和媒体开放。一开始，咨询委员会存在着一些问题，下议院环境专门委员会在 2000 年的报告中指出区域环境保护咨询委员会的起步“并不稳当”，受到了大量的文件、问题和信息的轰炸，在某一阶段几乎等于公开的暴动。不过，后来关系得到了改善，这些咨询委员会开始发挥有益的作用。区域环境保护咨询委员会每年都对环境局的表现进行报告，同时环境局对来自咨询委员会的反馈作出回应，以展示它是如何考虑这些评论的。除了法定的咨询委员会，环境局还建立了 26 个区域咨询委员会，代表众多不同的利益诉求。这些咨询委员会形成一种结构（专门委员会批评这种结构过于复杂），同时非法定的咨询委员会被咨询顾问小组替代，后者比区域咨询委员会更具有地方基础。[105] 环境局强调它对咨询和参与的安排是为了在咨询委员会的框架之外更为有效地开展工作，包括组织公众咨询等活动。

涉及审议时，还需考虑的一项重要因素是国际法，尤其是欧盟法律，它们在环境领域起到了特别重要的作用。[106] 这一点在有关决策参与和获得环境信息的法律要求中得到了体现。1998 年通过的《奥胡斯公约》（Aarhus Convention）对获取信息、决策中的公众参与及环境问题中实现正义等方面进行了规定，公约在获得环境信息方面规定了广泛的权利，同时要求公众参与环境相关的计划、项目和政策。[107] 许多欧盟立法还要求公众参与草拟某些环境方面的计划和项目，这一点在 2003 年欧盟为实施《奥胡斯公约》而制定的指令中有较为突出的体现。[108] 同样，欧盟对环境影响评估的要求也包括了公众参与和信息提供。[109] 欧盟法和英国的执行性规章还规定了环境信息的获取权。这些是在 1990 年以欧盟指令的方式引入的，并在 1992 年制定为英国国内规章，之后则替换成了更进 86
一步的《公众获取环境信息指令》（Directive on Public Access to Environmental Information）和相应的执行性规章。[110]

特定领域的欧盟监管法律文件也规定了对信息获取和公众参与的要求。例如由《1996 年综合性污染防治和控制指令》引入并通过英国规章予以实施的污染控制系统，就要求在申请许可的决定作出之前，应确保公众获得可靠的信息，同时在规章执行部分，这一要求进一步拓展了。[111] 规章为申请对环境局提起司法审查提供了依据，针对的是环境局未能公布关于可能产生的排放的内部报告这一情况。虽然最终未曾提起司法审查，但这一申请表明欧盟法律在要求环境信息获取方面的重要性，不过上议院绝大多数人认为它并没有阻止环境局对传统的、未公布的信息的依赖。当新的信息公之于众时，普通法对公平的要求也与此相关，不过在行为被认定违反普通法时，并没有相应救济途径。[112] 此外，规章还规定了就环境许可决定，向国务大臣上诉的权利。[113]

综上，环境局所采取的审议方法与本书讨论的其他监管机构具有共同之处，包括公开会议和广泛运用咨询委员会。不过，一项重要的区别是，环境局拥有更加成熟的信息获取以及公众参与决策的法定方案，这些都是欧盟法律要求的结果，并为公众知情权和法庭贯彻相关要求提供了重要途径。

结论

对环境局工作的分析可总结出四点初步的结论。第一个结论也许有些出人意料，即监管和运营职能并入一个机构，似乎并没引起任何问题；处理方式主要是在环境局内建立“隔离墙”，采用外部审计，同时将许多运营工作委托给其他组织。
87 议会专门委员会和其他部门近期没有对环境局内部的这种结合提出批评是值得注意的。有些批评针对监管机构和环境倡导者这两种不同身份组合所产生的紧张关系，不过本书所讨论的其他监管机构在这一点上是相似的；不管如何，这类批评似乎不可避免，但并不会造成严重问题。在这层意义上，环境局的成功似乎推翻了过于强调监管工作与运营或管理职能完全分离的重要性这一观点。

第二，环境局是采用合作方法进行监管的典型例子。相关事实不仅存在于它与利益相关者的关系以及对咨询委员会的运用中，而且存在于政府结构中。国务大臣拥有异常广泛的权力，包括向环境局发布指导意见，该意见甚至界定了环境局主要目标的内容。欧盟的地位近年来日益重要，它影响着监管体系的布局设计、确立标准，而不仅仅是作出了公众参与和信息公开的要求。环境法律相当复杂，吸收了各种不同的制度资源，这样一个具有丰富的决策和问责层次的网络与一个孤立、不受问责的监管机构形象相差甚远。

第三，环境局是一个社会性监管机构。人权的作用以及人权与可持续性的关系可能存在争议，但是与经济效率和消费者选择不同，可持续性显然为环境监管提供了关键目标。当然，环境局会运用经济性技术，在某些情境下根据制定法要求进行成本－收益分析，同时在利用排放和垃圾填埋的交易机制这方面属于先行者；但这些是实现社会目标的方法，而不是目标本身。分析监管机构社会性职能的一种方法可能是将它们视作对经济外部性的矫正，但是这种方法并不能完全考虑到所涉及的社会目标具有的丰富性和复杂性。

最后，针对沃格尔在 1986 年对英国监管风格的总结，如今显然需要做出重要的限定。正如一部杰出的环境法教科书表述的："非正式和灵活的基础仍然存在，但是方法无疑变得更加开放、中心化、法制化，也更具争议性，在过去 10 年左右尤其如此。"[114] 英国监管系统的传统特性在于依据裁量和个案决策，而不是基于规则，同时仅允许有限的公众参与。这两种情况的改变几乎可归因于欧盟法律渐趋增长的影响，它加强了

88 国内和国际标准的约束力，创建了一个日益基于规则的系统，同时通过信息获取、环境影响评估系统以及其他具体的监管要求，大为增加了公众参与的机会。当然，许多裁量得以保留，而且自我监管仍然留有余地，但是系统的根本性布局已经彻底不同于 20 年前。作为一个更具综合性的监管机构，环境局的设立可能促成了这一结果，但主要原因还在于监管系统以外的欧盟法律和政策的发展。

第五章

健康和安全执行局

健康和安全执行局（Health and Safety Executive，简称 89
HSE）与本书讨论的其他监管机构有本质区别。现实中，关于它的文献特别丰富，包括对机构的规则制定和执法实践的详细论述。[1] 它还有不同于许多其他机构的重要特征，特别是它作为监管机构，自 1974 年设立以来存续至今。[2] 最为重要的是，雇主和员工参与监管的三方参与原则贯穿在健康和安全执行局的工作中："健康和安全监管必须以三方参与并一致同意为基础，这是该机构最显著的特点。"[3] 此外，监管和自我监管并没有被看成两个相互独立的领域，自我或合作监管中的根本要素已经纳入法律体系的设计，使健康和安全执行局拥有比许多其他监管机构更为先进的参与和协商程序。[4] 通过三方协商机制和自我或合作监管，参与性以直接将受影响群体纳入监管过程的方式得以内在化。这可能也是该系统内机构稳定的重要原因。鉴于已有的大量文献，这一章将集中探讨机构的结构和它们与本书一般性主题的关系。

健康和安全执行局的起源

在健康和安全执行局建立之前，职业健康和安全监管所
90 依据的法律体系复杂而又缺乏连贯性：5 个政府部门和 7 个独立的中央督察机构分别适用 9 组不同的法律和 500 份法律文件。[5] 在 1970 年，罗本斯委员会受命对现有的法律进行评审，并发布了一份建议进行彻底改革的报告。[6] 报告提出：要实现改革，需要在自我监管的基础上建立一个更加统一和综合的系统；[7] 管理工作应交由单个组织承担，而“该领域的‘用户利益代表’，即雇主和员工的组织、专业机构、地方当局等，必须充分参与并能在新机构的管理中发挥有效作用”。[8] 机构应当与政府分离，并在日常运作中享有自治权，内部由一个各方代表组成的理事会负责指挥，部长负责宏观的政策指导及预算控制。[9] 该系统的一大作用，即重视改善与雇主和员工自身息息相关的职业安全条件这一主要职责，还将通过劳工中的职业安全代表来发挥。

政府决定把新组织的职责一分为二，并通过建立健康和安全委员会、健康和安全执行局予以落实。前者由三方构成，包括国务大臣任命的一名主席、咨询产业联合会（CBI）之后任命的三名雇主代表、咨询职工大会（TUC）之后任命的三名雇员代表和咨询地方当局之后任命的两名成员。健康和安全委员会的作用是在健康和安全执行局建议下以及咨询相关意见后向部长提议制定规章，同时也对健康和安全执行局进行总体的监督，而健康和安全执行局是监管系统中的检查

和执法部门。两者都是王室机构，其职员属于文官。这一结构是通过《1974 年职业健康和安全法》的执行确立的。当然后来发生了很大变化，原因尤其在于欧盟法律在这一领域再次凸显了重要地位；而组织职能重构是变化的主要形式，比如，轨道安全的职责自 2006 年 4 月 1 日起重新分配给铁路监管办公室（Office of the Rail Regulator）。[10] 重大的机构改革直到 2008 年 4 月 1 日才发生，根据一份行政令的规定，健康和安全委员会与健康和安全执行局合并为一个机构。[11] 不过，新安排保留了整合后的新的健康和安全执行局的理事会的代表特性，并以新的行政令要求维持三方参与的成员结构。[12]

健康和安全执行局的职能

在 2008 年前，健康和安全执行局与健康和安全委员会分 91
担其主要职能，即“保护雇员的健康、安全和福利，并保障可能受到工作活动中风险影响的其他人员的安全”。为实现这一目标，健康和安全执行局的职责包括：

（1）促使公众和组织——义务承担者和利益相关者——接受健康和安全的高标准；

（2）提高雇主和员工共同管理健康和安全的收益；

（3）调查事故，调查与健康和安全措施有关的投诉，以及执行法律。[13]

健康和安全执行局负责对核设施、矿井、工厂、农场、医院、学校、近海石油天然气设施、陆上化工厂和其他区域进行检查和执法，同时地方当局负责对办公楼、商店和其他服务部门进行执法。与其他监管机构采取的工作方式类似，石油、天然气等高风险行业实行许可制度，健康和安全执行局对经营者安全状况进行评估后方能授予许可。此外，该局还负责制定新的立法或进行法律修订，并制定实务守则。

整合后的健康和安全执行局的法定职能包括：帮助和鼓励人们进一步实现健康和安全的总目标，为开展研究作准备安排，以及向政府部门、地方当局、雇主和员工及其组织和其他相关者提供信息和建议。该局还要向国务大臣报告有关规章和机构职能行使的提议，同时除了个别情况下的执法，应遵守国务大臣对任何相关事务发布的指示。[14] 国务大臣可以同意健康和安全执行局对机构行使职能的提议并附上修改意见，也可以不提出修改。[15] 健康和安全执行局还有指挥开展事故及其他事件调查的权力。[16] 显然，部长对健康和安全执行局的权力是相当大的，当然，不包括个案中的执法决定。

处于监管空间中的健康和安全执行局：机构

92 正如上文所述，根据《1974 年职业健康和安全法》，成立了两个机构。在征求雇主及雇员代表组织、地方当局的意见后，任命一名主席和若干成员，组成健康和安全委员会。[17] 该委员会可以向健康和安全执行局授权并发布指示，对其进行监督。[18]健康和安全执行局是由总监（Director-General）领导的三人组成的法定理事会，主要职责是执行健康和安全的法律，其成员由健康和安全委员会经国务大臣批准后予以任命。[19]两家机构都是王室机构，由主计长兼审计长进行审计。[20]2008年4月1日，两家机构根据行政令合为一家，成为健康和安全执行局，由1名主席和7～11名其他成员组成。三方参与的成员结构仍然保留，不过如今只有1位成员是在征求地方当局组织的意见后任命的，而经征求苏格兰的部长、威尔士的部长或专业机构的意见后任命的成员达到4人。[21]

与健康和安全执行局有关的部长权力十分广泛。这些部长的职责在2002年被统一移交给就业和养老金保障部。霍金斯对这些权力做了概括：

> 政府一直是需要考虑的一股力量，因为它可以在很大程度上控制健康和安全执行局的活动。首先，它控制健康和安全执行局的资源；其次，它详细检查健康和安全执行局的工作计划……政府控制的第三种途径是健康和安全委员会［现在当然属于统一的健康和安全执行局的一部分］要为它的所有行为向部长负责……第四，原则上，国务大臣可以指示健康和安全执行局以特定的方式行动。[22]

2008年的行政令保留了国务大臣与新执行机构有关的实质性权力，部长可以同意或否决（附或不附修改意见）健康和安全执行局向其提出的有关职能行使的提议，同时还可以发布他（她）认为适于机构职能的指示。[23] 这些指示可能包括调整执行局的职能，尽管机构的新职能并不是以这种方式赋予的。作为一个非政府部门公共机构，健康和安全执行局要与它的资金支持部门进行预算谈判。

93 政府还在规则制定系统中起着关键作用。[24] 国务大臣有权制定规章来确立基本的监管要求，不过规章制定必须基于健康和安全执行局的提议，或事先咨询它的意见，之后还必须提交议会审议。[25] 基本监管要求以外的其他重要规章由国务大臣依据《1972 年欧洲共同体法》制定，这也反映了欧盟在这一领域的关键作用。[26] 健康和安全执行局的实务守则需经国务大臣批准，而实务守则在监管系统中也发挥着重要作用。[27] 在刑事诉讼中，法院可能会将未遵守已获批准的实务守则这一点作为违反《1974 年职业健康和安全法》或规章的证据，除非能够证明以同样有效的方式服从了法律或规章。规章和其他法律规定由健康和安全执行局通过检查的方式执行，若发现违反规章或法律规定的情况，执行局可以发布整改或禁止通知，并向刑事法庭提起控诉。当事人如不服改进或禁止通知，可以向就业裁判所提出上诉，但对许可决定的上诉需向国务大臣提出。[28]

除了国务大臣的一般性法定权力和部长在规则制定中发挥的中心作用之外，健康和安全执行局还由公共服务协议（Public Service Agreement）和作为综合支出审查程序一部分的部门战略目标纳入了更广泛的政府结构之中；总体目标得到确立，六个更具体的指标监督进展；结果公布在定期报告中。[29]

举例而言，就业和退休专门委员会（Work and Pensions Select Committee）曾批评了一个致力于减少工伤和身体不佳导致的工作日损失的指标，因为许多达成这一指标的因素都超出了健康和安全执行局的控制范围。[30] 当然，执行局也向政府提供广泛的建议和证据，如核能的安全影响。[31] 就业和养老金保障部与健康和安全执行局达成一致并发布的一份《框架管理声明》确立了它们基于法定职责运行的大体框架，其中包括了计划、预算和控制程序的细节。有关解释声明产生的争议，就业和养老金保障部在咨询健康和安全执行局、财政部和内阁办公室意见后予以解决。[32] 还有大量的机构协议、协约和谅解备忘录投 94
入使用，以确立执行局和其他组织的关系。[33]

从上面的讨论中可以明显看出，欧盟在这一监管领域同样起着至关重要的作用，正如优化监管执行局和国家审计署在执行汉普顿原则的报告中所提出的，“事实上，大多数健康和安全立法源自欧盟的指令。健康和安全执行局在这一领域的许多工作会受到欧盟政策的影响，并涉及将欧盟指令转化成英国法律”。[34] 欧盟的框架指令在职业健康和安全法体系中居于中心地位，在下文将要论述的一则案例中，欧盟委员会于 2007 年向欧洲最高法院起诉，指控英国法律违反指令，法院最终认定英国法符合指令。[35] 健康和安全执行局还在欧盟关于新的职业健康和安全法律的谈判中起着重要作用，通过它的谈判角色，与其他成员国以及欧盟职业安全、卫生与健康咨询委员会（Advisory Committee on Safety, Hygiene and Health at Work）的非正式联系建立起来。[36] 和环境保护一样，这一领域也有对应的欧盟机构，即欧洲职业安全和健康局（European Agency for Safety and Health），它收集和分享知识与信息，以促进风险预防的文化。欧洲职业安全与健康局也采用了类似健康和安全执行局的三方参与形式。[37] 与环境局的情况相同，政府、欧盟与健康和安全执行局共同承担制定政策的职责。

最后，健康和安全执行局与地方当局分担执法责任，执行局通过制定政策确定了它们行动的框架。2004 年，健康和安全执行局与地方当局签订了一份高层的《意向声明书》，试图完善双方的合作关系。声明书的签订是因为就业和退休专门委员会认为不同当局在执法中缺乏一致性，建议赋予健康和安全执行局更多的干预权。[38]《2006—2007 年度报告》认为，随着工作焦点转向实地服务的完善，且执行局与更多的地方当局签订了意向书，意向书的目标基本实现。一个经推选产生的地方政府工作小组与当时的健康和安全委员会建立了每年举行两次会议的机制，健康和安全 / 地方当局联络委员会（Health and Safety/Local Authority Liaison Committee）也运行良好。[39]
95 优化监管执行局和国家审计署的报告指出，尽管仍有改进的空间，但总体上，健康和安全执行局与地方当局的合作关系有极大提升；地方当局已将健康和安全执行局视为最佳的全国性监管机构，是切实合作、提供服务的伙伴。[40]

处于监管空间中的健康和安全执行局：义务

《1974 年职业健康和安全法》和规章将主要义务施加于雇

主、员工和其他人，而不是健康和安全执行局。[41] 鉴于不同立法形式共存，法律势必变得复杂，就业和退休金专门委员会在 2008 年指出，“法律在适用方面的复杂性是证人们在支持现有的健康和安全框架的同时提出的少数关切之一”；考虑到《罗本斯报告》将法律的简化和统一作为核心主题，这一结论很有讽刺意味。[42] 事实上，《1974 年职业健康和安全法》也异乎寻常地规定了简化和统一法律的目标，要求法律条款的生效能使现行的规定“逐步由与第一部分的其他条款结合运用的规章和经批准的实务守则构成的系统所取代，并且用于维持或完善符合或基于那些规定的健康、安全和福利标准”。[43] 这也被认为将形成一个更简单和灵活的体系。当然，复杂性应部分归因于整合欧盟法律的要求。

因此，更恰当的立场是着眼于健康和安全执行局自身政策发展以及目标和指标的确立，而非检验其法定义务。这其中又分为多个层次。处于最高层级的是已经提到的公共服务协议。2004 年的版本确立了一大目标，即通过逐步增强工作场所的风险控制，在 2008 年之前改进英国的健康和安全状况，这一目标以更加详细的技术说明具体化。[44] 健康和安全执行局通过一份包含 10 项内容的战略声明和一个 44 项内容的行动计划制定了更为精细的绩效指标，实施的进展则记录在定期报告中。在 2008 年，《公共服务协议》由旨在通过逐步增强工作相关的风险控制以提升健康和安全成果的《部门战略目标》（Departmental Strategic Objective）替代，后者包括了 5 个更 96
为具体的进展指标。[45] 显然，这也再次体现了健康和安全执行局与中央政府的紧密关系。

健康和安全委员会，也即现在的健康和安全执行局，在政策制定方面同样扮演着重要角色。它在2004年发布了一份重要的战略性文件，并在2009年咨询相关意见后进行了更新。[46]第一份战略性文件确立了健康和安全执行局的中心愿景："我们所期望的是健康和安全作为文明社会的基石得到承认，同时实现世界领先水平的公共场所健康和安全记录。"[47]这一愿景被划分成若干子目标，例如开拓新的方法，以保持强有力的健康和安全文化，"使健康和安全得到更高层次的认可和尊重，成为现代化、有竞争力的企业和公共部门的有机组成部分，成为对社会公正和包容的重要贡献"。[48]2004年版战略性文件特别强调了基于权利和社会团结的社会属性，这一点在更新后的2009年版战略性文件中延续下来。但是，新版的战略性文件不是复述上面的愿景，而是提出预防英国工作场所中的死亡、伤害和疾病的任务。在提升健康和安全上放缓脚步意味着"维持现状显然在道德、法律和经济上都是不能接受的"，并且"所有工人都拥有在健康和安全风险得到合理控制的环境中开展工作的基本权利"。新版的战略性文件确立了以下四个目标：减少工作相关的死亡、伤害和疾病事件的数量，就健康和安全的真正含义达成广泛承诺和共识，激发健康和安全系统中所有相关主体寻求改善健康和安全绩效的方法，确保那些未尽义务者受到问责。[49]

这份战略性文件还包括了大量关于如何达成目标的内容，并制订了两个"战略项目"（"适合工作、适合生活、适合将来——三适合”和“重大危害”）和四个“战略赋能项目”（strategic enabling programmes，地方当局与健康和安全执行局并肩协作、工人参与、企业参与以及执法）。更多关于计划和达标进展的细节在每年的业务计划中，以《2009—2010 年业务计划》为例，该计划涵盖了机构工作每一方面的主题，确立了相应的战略目标，并提议了应采取的行动。[50] 由此，健康和安全执行局已经在公共服务协议和部门战略目标构成的一般政府战略中，确立了自己的主要目标和指标。

尽管健康和安全执行局作为一个机构延续至今，但过于苛刻的监管要求和执法所招致的批评使得它在某些方面依然存在争议；然而这些争议与其说是针对健康和安全执行局，不如说更多与地方当局的执法和保险要求相关。因此，考察 97
对机构工作的外部检查是有价值的。议会专门委员会在检查健康和安全执行局的绩效，进而对其绩效作出合理评估这一方面发挥了重要的作用。2000 年，环境、运输与地区事务委员会（Environment, Transport and Regional Affairs Committee）指出，证人们赞扬了健康和安全执行局高质量的工作，包括它独立于政府，并运用协商的方法，“显然在雇主、员工和其他组织眼中，健康和安全执行局有很高的信任度”。[51] 不过，执行局需要更好地安排工作场所伤害的报告事宜，同时应继续关注伤害预防，进行更多调查。执行局还应审查其咨询委员会的成员资格和结构。[52]

2004 年，就业和养老金委员会进行了一次更加细致的调查。[53] 就业和养老金委员会担忧执行局在达到指标这一方面没有进展，并建议将检查员的数量增加一倍，这方面的资源不应转移到教育、信息和建议相关的职能中去。安全方面的代表应获得新的权力，并且，应将更多资源投入职业健康工作。需要一种涵盖一切的新战略，以应对不断变化的工作领域，完善与员工（尤其是那些未加入工会的员工）的协商机制。[54] 不过，就业和养老金委员会还是对整个立法框架的基本原则表示了极力支持，尽管委员会认为健康和安全执行局“轻忽……更进一步的监管解决方案”的战略是错误的，而且还需在罚款的幅度和摒弃官方豁免制度上跟进立法。[55] 而政府在回应时拒绝了那些要求增加资源的建议，并声称资源并没有从检查和执行活动中转移出去。[56] 就业和养老金委员会在 2008 年的进一步调查中仍然支持健康和安全执行局的工作。就业和养老金委员会的调查认定立法框架是恰当的，不过由于法律规定不够明晰，一些雇主和咨询者对其中的要求做了过度解读。[57] 就业和养老金委员会再次批评了检查的弱化（工作场所平均每隔 14.5 年才被抽查到一次）和资源的缺乏，**听到证人还在重复上一届委员会调查健康和安全执行局资源分配问题时就提出的许多批评，我们很是失望。我们普遍注意到，健康和安全执行局没有得到充分的资金支持，其在职权范围内有效实施监管的能力也因此削弱，这已成为受到普遍关切的问题。**[58] 就业和养老金委员会还认为健康和安全执行局扩张过度，在处理职业健康方面的事
98 务时捉襟见肘，同时新的职责对其资源构成了太大压力，并有转移其注意力的风险。从就业和养老金委员会的角度看，健康和安全执行局还应该更努力地促进工人的参与。政府对此的

回应仅仅是指出健康和安全执行局要有工作的先后次序，但是并不承认存在支持增加检查的充分理由。[59]罚款的最高水平这一难题也最终通过《2008年健康和安全（违法行为）法》［Health and Safety (Offences) Act 2008］有关提高罚金额度的规定而得以解决。

国家审计办公室和公共账目委员会也对健康和安全执行局的工作进行了审查。在2004年，健康和安全执行局就"改善建筑业的健康和安全"发布了一份报告。[60]报告指出，需要更准确地评估健康和安全执行局战略的影响，同时通过更好的措施将高层次的指标转化成更低层次、更直观的措施，还需要更及时的跟进和后续的评估。在随后的报告中，公共账目委员会提出了类似的建议，但也指出健康和安全执行局在涉及主要利益相关者的事务中应采取更目标明确和更具战略意义的方法。[61]《汉普顿实施报告》对此大为赞同，认为健康和安全执行局是一个透明且负责的监管机构，并表扬执行局注重结果导向，所采取的方法也具有普遍一致性和恰当性。[62]

综上，议会对健康和安全执行局的详细评审发现，尽管法律过于复杂，但立法的一般框架是普遍令人满意的；同时这一机构面临资源匮乏的问题，但是并没有受到针对组织和管理的严厉批评，那些提交的证据通常也持支持态度。事实上，这些结论与传闻中那种偏执的和超发展的健康和安全文化的描述形成鲜明对比，而那种文化正是健康和安全执行局决意抵制的。利益相关者之所以相对满意，很大原因在于健康和安全执行局所采用的安排，以及前任委员会在决策时注重广泛的参与。不过在考虑这些之前，有必要先了解一下健康和安全执行局实施监管的不同理由。

健康和安全执行局及其监管模式

促进效率和消费者选择的监管

第一个问题是考虑健康和安全执行局所采用的方法是基于经济成本与安全措施收益之间的权衡，还是对应受保护而免遭工作场所危险侵害之权利的较不功利的应用。健康和安全执
99 行局的主要作用之一是迫使雇主履行所承担的义务，特别是《1974 年工作健康和安全法》第 2 条的规定——“在切实可行的条件下，雇主有义务确保所有的员工在工作中的健康、安全和福利”。该条引起了极大争议。符合“切实可行”这一条件，是否意味着可以在安全措施成本和伤害成本之间进行普遍的成本－收益分析？如果可以，也就表明监管机构基本是采用经济分析的方法来决定雇主是否违反义务。对这一观点的支持态度可以在爱德华兹诉国家煤炭局（*Edwards v National Coal Board*）的判决中看到。[63] 在该案中，法院认为正确的方式是在风险总量和避免风险的措施成本（金钱、时间、麻烦）之间进行权衡。不过，法院还是强调，只有在它们之间存在严重的不对称时，雇主才可以利用这一条件。最近，上诉法院认为根据法律第 2 条，事故发生的可能性是在诉讼中判断是否有罪的部分要件。但是，法院的观点再次与雇用中的成本－收益分析大相径庭，仅仅关注极端案件中义务限定的范围。法院也

明确指出“切实可行”并不构成抗辩理由，只是对一般义务的限定。[64] 在一个涉及危险物品控制且相关规章表述有所差异的案件中，上诉法院认定义务是绝对的，只是对完全的预防义务有一个有限的限定。[65]

这一问题在2007年诉至欧盟最高法院，其时，欧盟委员会请求欧洲最高法院宣布英国的法律没有遵守相关欧盟指令对雇主施加的绝对义务。[66] 尽管佐审官（Advocate-General）并不认可欧盟指令可以引入严格责任体系，但他认为英国法律对雇主义务的限定牵涉到了维护员工健康的成本和员工健康受损的严重性及程度之间的平衡措施，这已超出了风险预防在技术上是否可行的问题。在“似乎优先保护劳动者个体而不是商业企业的欧盟体系”中，这种方法是不被允许的。[67] 不过欧洲最高法院否决了委员会的请求，并指出，就英国来说，“切实可行”这一系争条件是排除了任何对雇主经济地位的考量，单纯针对环境的客观评估。它总结道，委员会并没有清楚地表明这一系争条件是如何违反指令的。[68]“切实可行” 100
这一条件与在责任确定中引入完全的成本－收益分析是不同的，它是一个基于效用的裁量，从而在极端案例中设定责任的边界，仅此而已；同时，正如我们即将看到的，在健康和安全执行局的工作中，它通过一系列并非基于效用的裁量进行补充。

当然，风险评估是健康和安全执行局工作的关键，但不能等同于成本－收益分析；这种评估是对危险的确认，和之后对伤害的可能性及其可能产生的结果的评估。

> 我们所使用的风险评估本质上是一种辅助我们理解风险的属性和程度，从而为决策提供帮助的工具，它可以让我们根据既有的数据来推测我们将遭受的损害，或通过大量科学信息和判断形成对风险的预估。这一政策过程把基于科学的风险判断，与控制风险的方法的政策考量结合在一起。[69]

正如我们所见，政策考量以社会为导向，而且本质上无法量化。事实上，健康和安全执行局还明确地在管理严重风险的过程中采取了基于公平的考量。[70] 当然，和其他监管机构一样，健康和安全执行局针对它的政策提议也会运用监管影响评估的方法，同时其他形式的成本－收益分析也对它的决策产生影响。不过，执行局指出其中的局限，“因为人们的健康和安全以及他们的社会关注并不是可以买卖的事物，尽管货币价值被认为是如预防死亡、个人损伤、痛苦和不幸遭遇的关键”，但“最终的决定可能会从更大的政治和公平角度来考量成本是否与收益总体相称”。[71] 这一情形体现了监管机构在更广泛的社会关注背景下运用经济研究的方法，但运用这一工具并不表明机构采取了完全基于经济的方法或者以效率为目标。鉴于这里的“消费者”是劳动者和普通民众，他们既不能在安全事务中有效评估自身的利益，同时由于在工作场所中的权力差距也不能自主选择，因此消费者选择的重要性仍然是有限的。

现在再来看监管的风格。健康和安全执行局和其他监管机构一样，将所采用的重大举措作为监管改革项目的一部分。

由此，执行局发布了三份简化计划，例如 2005 年的计划确立了到 2010 年使企业的行政负担减少 25% 的指标，2007 年的计划指出健康和安全执行局有超过 50% 的表格已不再使用。执行局承诺全面运用基于风险的监管方法和更全面的良好监管原则。上文提到，《汉普顿实施报告》表达了对健康和安全 101
执行局的大力支持，报告认为机构已认识到最小化企业负担的需求，并已通过“三适合”（Fit3）项目，采用了基于风险的方法，虽然可能还需要更好地利用风险相关信息。[72] 不过，转向更多地依赖自我监管会产生一些矛盾：“小企业对回到指令性监管的需求日益增长，这与自我监管的方式背道而驰。多数的大公司都反对这一建议，因为它们并没有面临同样的问题，而且更习惯自我监管的方法。”[73] 此外，在有权获得一定保护的观念和基于风险的有选择性的方法之间也存在矛盾，尽管将实现该权利的义务交由雇主而不是机构自己承担，可以缓和这一矛盾。

与环境局类似，健康和安全执行局对优化监管执行局提倡解除企业负担表达了一些关切：“虽然认识到改善健康和安全的级别可以促进企业的效率，但健康和安全执行局、环境局工作的重点必须是保护公民。优化监管执行局推动、贯彻监管改革的合理愿望需要承认并不总是有一种‘放诸四海而皆准’的方法。”[74] 更为积极有益的方面是，健康和安全执行局如今与优化监管执行局的关系良好，尽管人们普遍担忧健康和安全监管的要求过多（经常涉及地方当局和私人而非健康和安全执行局）。在 2008 年，就业和养老金委员会总结指出立法是恰当的（尽管有一些中小企业认为立法难以理解），同时称赞健康和安全执行局在减少企业行政负担上所付出的努力。[75]

监管和人权

与前一章讨论的环境权利相比，健康和安全的人权确立很顺利，争议较少。欧洲理事会的《欧洲社会宪章》规定了获得安全和健康的工作条件的权利，同时由各缔约国发布规章，通过检查的方式开展执法，并与雇主和工人组织进行协商。[76] 1996 年修订的《欧洲社会宪章》对于这一点进行了进一步的阐述，要求各国在职业安全、职业健康和工作环境方面有连贯的国内政策。然而，英国只是签署了这一版本的宪章，尚未批准其生效。事实上，英国的问题在更早版本的宪章中就存在。
102 在 1997—2000 年的考察期之后，鉴于北爱尔兰检查人员数量明显不足，欧洲社会权利委员会（European Committee on Social Rights）认为英国并没有遵守宪章的要求（牵涉到北爱尔兰的健康和安全执行机构）。针对这一问题，在 2006 年，英国政府表明北爱尔兰检查员的数量问题已有了“极大的改善”，欧洲社会权利委员会也认定英国符合了宪章的要求。[77] 但英国检查员人数的整体减少已经成为议会专门委员会持续批评的主题，而又一次令人困惑的是，英国在何种程度上转向一个日益基于风险并且注重执行针对性的体系，才符合欧洲理事会的要求？[78]

更为相关的国际文书包括《国际劳工组织公约》（International Labour Organisation Convention）第 187 号有关职业安全和健

康的协议，英国已在 2008 年 5 月批准生效。[79] 该协议要求通过制定国内政策促进安全和健康的工作环境，通过与最具代表性的雇主和工人团体的协商来建立和发展有关职业安全和健康的国家系统和项目，以及各种制度保障，包括一个处理职业健康和安全问题的国内三方参与的顾问机构。健康和安全执行局就公约在国际劳工组织中牵头进行谈判，当执行局认为国内法律已经符合公约要求后，可赞成批准生效。

最后，《欧盟基本权利宪章》也在这一领域确立了相关权利。其中第 31 条是关于获得公平公正的工作环境的权利的，具体表述为“每一名劳动者都有在他或她的健康安全和人格尊严受到尊重的工作环境中工作的权利”；第 32 条针对年轻人规定了进一步的保护。《欧洲共同体工人基本权利宪章》（Community Charter of the Fundamental Rights of Workers）的第 19 条也规定了保护。正是由于这些权利保障制度的确立，欧盟法律在职业健康和安全这一领域才格外重要，而随着《里斯本条约》（Lisbon Treaty）的签署，这些条款可能具有了更加重要的意义。

在健康和安全执行局自己的决策方法中，基于权利的考量应达到何种程度？执行局强调它在决策时所运用的准则之一是“公平”准则（其他准则还有基于效用的准则和基于技术的准则），该准则以每个个人都有无条件地获得某种程度的保护的权利为前提。这一准则产生了正常生活中被普遍接受的、适用于所有人的标准，或者参考其他前提可以确立的保护预期。[80] 同样，健康和安全执行局的《保障工人参与集体宣言》 103

（Collective Declaration on Worker Involvement）在一开始便阐述："全部劳动者有权在影响他们健康和安全的所有风险得到适当控制的场所中进行工作。"2009 年修订的健康和安全执行局战略以类似的表述重申了这一权利，因此，这一权利现在被称为"基本"权利。[81]

可能有人会有疑问，这种考量在何种程度上可以兼容审议的方法，而下文我们也会看到，审议方法对于健康和安全执行局的决策过程而言是非常关键的。[82] 答案自然是，审议是决定一项权利的确切内容以及适宜与否的必要方法。此外，平衡三种互相竞争的原则也必须通过审议，而且，健康和安全执行局已经就如何操作发布了指导意见。除了下文所要讨论的程序性安排，正如执行局所阐述："这一框架基本是对处于上层区域［严重的］的风险运用基于公平的准则，而基于效用的准则主要运用于中层或下层区域的风险，同时基于技术的准则在这三个区域对其他准则进行补充。"[83] 值得一提的是，目前健康和安全执行局将一个有关"增进正义"（Enabling Justice）的小节编入业务计划，这一小节主要涉及政策执行；执行局还将其纳入了年度报告，目标是"促进一个正义、公平的社会，并为所有企业的经营提供公平正义的环境"。[84] 显然，这可以被视为保障实体性权利和程序性权利的承诺。

监管和社会团结

在健康和安全执行局所采用的方法的潜在价值中，显然存在着强大的基于社会团结的要素。在上文讨论的基于公平的准则中，关于“标准须在正常生活中被普遍接受，且适用于所有情形”的要求就包含了社会团结的要素。[85] 健康和安全执行局的战略包括在健康和安全方面实现更高水平的共识和尊重，从而“为社会正义和包容做出贡献”，同时下议院的就业和养老金委员会承认在健康和安全中社会和道德因素的重要性。[86] 健康和安全执行局再次强调了风险评估的定性分析的性质以及将其用于支持而非主导决定的重要性，因此对社会的考量可以 104
纳入这一过程，尽管执行局认为更广泛的分配问题和对利益和危害的整体权衡更适合在政治系统中作出决定。[87] 健康和安全执行局还认为，在有充分理由相信可能发生严重损害时，即使该损害发生的可能性很小，且科学信息极为模糊以至于无法足够确信地采用全面风险评估来估量预测的结果，也应当援引预防原则。[88] 最后，健康和安全执行局自然特别关注如何保护最容易受到伤害的劳动者，例如低技术工人和流动工人。[89]

审议

自从《罗本斯报告》发布以来，职业健康和安全监管中审议和反思的形式受到了特别强调。[90] 首先，健康和安全执行局实现公开的通常做法是针对多个方面承诺透明。执行局发布了《减少风险，保护公众》（*Reducing Risks, Protecting People*），这份细致的文件确立了决策的整体框架，以及在达成决定和管理风险时运用的准则和价值。[91] 该文件是执行局在发布了一份关于咨询的讨论文件并收到回复后草拟的。文件的结构是先设定目标，尤其是“公开检查健康和安全执行局监管和风险管理的方法，以及背后的理念”；然后描述决定中的关键原则和影响因素，以“使影响我们风险决策的因素透明化，并说明这些因素如何形成我们监管和实务的形式和内容”；最后确立达成决定的平台和风险评估的框架。[92] 与其他监管机构发布的有关决策透明化的文件相比，这一文件在公开方面更进一步，尽管目前它还需要更新。

健康和安全执行局还针对公开作出了一系列承诺，包括促进利益相关者的参与。这些承诺已经取得巨大成效。依据优化监管执行局和国家审计办公室的观点，“通过对健康和安全执行局活动的相关信息进行评审，我们走访的利益相关者组织的观点，以及我们对健康和安全执行局工作人员（包括检查
105 员）与更广泛的企业和公众的互动方式的观察，我们认为健康和安全执行局是一个透明且负责的监管机构”。[93] 委员会和健康和安全执行局都发布过行政公开的政策声明。[94] 健康和安全执行局所承诺发布的内容包括重大决定所依据的事实和分析，对健康和安全执行局之外的人员产生影响的内部指导文件的复本，会议议程、文件和纪要的复本，以及服务标准、成本指标和结果的信息。唯一值得注意的是没有承诺公开向部长提供的建议。在委员会政策声明的草案中有一个章节涵盖了这一点，并附有一个“与部长意见达成一致即可插入本准则”的注释，但在最终版本中该章节被删去。鉴于上文对食品标准局所做的分析，健康和安全执行局与食品标准局采取的方法截然不同，因为后者会公布这些建议。当然，有关公开的承诺的

主要内容是为满足《2000年信息自由法》对于信息申请所作的要求；实际上，健康和安全执行局收到了比其他中央政府部门或团体更多的信息申请。关于这些申请得到怎样的处理的具体信息以及健康和安全执行局发布的相应方案，都公布在网站上。[95]

健康和安全执行局超越其他监管机构的透明性的另一体现则是委托（伦敦大学）宪法组（Constitution Unit）对执行局的公开程序和实践进行独立审计。[96]这显然有助于员工理解开放的政策以及如何适用这些政策，尽管宪法组仍建议机构在某些方面进行改进。报告指出："大部分的利益相关者认为健康和安全执行局在这方面做得很好，是开放和值得信任的。这些利益相关者包括雇主组织、行业机构和公司。"但运动组织、记者和专家顾问的质疑却越来越多了，他们中的某些人承认健康和安全执行局正努力变得更加开放，但认为执行局也受制于政府和雇主群体的压力。[97]

现有系统建立时的主要创新是《罗本斯报告》强调的三方合作机制，正如我们所见，在新设立的统一的健康和安全执行局的结构中仍然保留这一点。这一系统已受到批评，比如批评其没有考虑到雇主和雇员之外的公众利益。[98]在普遍的工作场所中，工会会员人数的减少也给系统运行造成了困难。[99]除了理事会的三方参与机制外，这一系统还以任命的安全代表和 106
安全委员会为基础，前者是由工会任命，后者则是在工会代表的要求下设立，由此系统融入了自我监管的要素。[100]显然这一系统会随着加入工会的雇员数量下降而产生问题，1996年制定的规章进一步扩展了协商的权利，不仅限于工会组织中的雇员。[101] 该规章针对加入了工会和未加入工会的情况，都规定了获得信息的权利。[102] 安全代表的职能包括代表雇员与雇主进行协商，对危害和上诉进行调查，并实施检查。[103] 安全委员会是根据工会认可的安全代表的要求成立的，负责对所采取的确保员工健康和安全的措施进行审查。[104] 就业和养老金委员会在最近的两份报告中建议修改法律，以增加安全代表的权力，赋予执法权；不过政府否决了这两份报告的建议。[105] 委员会还建议对规章进行修订，以允许所有雇员（包括已加入工会和未加入工会的雇员）有权通过推选的健康和安全代表进行协商；这一建议也被政府否决。[106]

健康和安全委员会与健康和安全执行局在 2004 年签署了一份《保障工人参与集体宣言》，并得到英国职工大会、皇家事故预防学会、产业联合会、小企业联盟和公司董事协会的背书。宣言的开头是这样的：“所有劳动者有权要求其工作场所中影响健康和安全的所有风险得到适当控制。”[107] 它指出，雇主应就健康和安全事务与雇员协商，通过改变工作模式达到显著减少危险的效果，同时举例说明了劳动者参与的新形式，并确立了一种增进雇员和雇主间合作关系的工作方案。接着它还建议通过加强指导、鼓励和立法来完善协商中的交流、
107 咨询和参与。[108] 比如，健康和安全执行局还就如何促进工人参与为自己的员工和地方当局制订了具体的指导意见，该意见也为雇员（包括为安全代表开发的网络工具）和雇主提供指导。[109] 正如上面所提到的，在不可能立即修订法律的情况

下，未来健康和安全执行局自身的政策制定将是最为重要的。

现在来分析一下健康和安全执行局及其咨询委员会的会议。自 2005 年起，就业和养老金委员会、健康和安全执行局理事会、咨询委员会的会议开始向公众公开（尽管仍可以举行不对外公开的会议），议程、资料和纪要都可以在网上找到。此外，这些机构还决定每年举行一次让利益相关者和监管机构展开讨论的会议。[110] 健康和安全执行局大量地运用咨询委员会，在 2009 年有不少于 38 个不同的咨询委员会在工作，它们中有一些还额外设立了下级委员会。委员会会平衡雇主和雇员代表的参与情况，以及适当的时候技术专家和专业人士间的比例，而且三方参与机制并不限于理事会的组成。这些委员会的作用是就政策问题提议标准，提供指导及评论，或针对一个特殊的新问题提议一种方法。2004 年的就业和养老金委员会的报告指出："许多参与调查的证人认为这些评论是健康和安全执行局三方参与方法的重要组成部分，同时担忧它们的作用正逐渐减弱。"作为回应，委员会提议对它们的有效性进行更广泛、更开放的评审。[111] 随着一些委员会的重组，这一提议得到落实，由此也产生了新的行政安排。专门委员会还发布了管理咨询委员会的指导意见，其中包括有关它们职责的信息，以及公开会议资料和记录的具体信息。[112] 其他的参与性组织包括一个小企业论坛，以及针对特别问题的国家和区域利益相关者协会。[113]

最后，和其他监管机构相似，健康和安全执行局不但通过自己的咨询委员会进行工作，也开展普遍的咨询；事实上，咨询委员会是咨询程序的关键组成部分。这又一次给优化监管执行局和国家审议办公室留下了深刻的印象：

> 健康和安全执行局展示了与包括企业在内的外部利益相关者进行的高层次咨询工作。关键在于，健康和安全执行局建立了由企业、工会和其他利益相关者代表组成的强有力的咨询委员会网络。从总体上来看，这些咨
> 108 询委员会根据行业或健康和安全问题组织而成，它们是健康和安全执行局与利益相关者就政策和执行问题打交道的主要方法之一。

这一报告认为健康和安全执行局非常善于与外部利益相关者打交道，尽管缺乏关于利益相关者参与评审、修改政策和规章的惯例或系统化过程。[114]

咨询过程涉及两个环节，在形成一份讨论文件后，接着由一份目标更明确的咨询文件设定选项；还会运用监管影响评估的方法，并举办互动研讨会。[115] 一个非常重要的例子是2007年修订的《建筑（设计和管理）规章》，优化监管执行局和国家审计办公室将其视为良好实务的典范，这类做法产生了大量的具有行业"主导性"的规章。[116] 在这个例子中，首先由健康和安全委员会发布的讨论文件确认这一领域的主要问题，并寻求修改规章的建议。基于回应，委员会决定有必要修改现有规章。健康和安全委员会的建筑咨询委员会下设的一个工作组专门负责制定具体的提议和咨询文件。随后，公布完整

的咨询文件，其中包括规章的草案和指导意见。健康和安全执行局与工作组举行会议，研究通过咨询征集到的新问题，并就其中产生的关注点与从行业借调的人员进行深入的讨论。咨询委员会还设立了一个更加深入的工作组，来协调针对新要求的行业指导意见。之后，咨询委员会开会讨论并起草一揽子规章（包括起草一份支撑规章的实务守则），经一致同意后转发给健康和安全委员会，在后者正式批准后提交给部长。议会也会针对新的规章开展讨论。[117] 这一流程相当冗长，从咨询文件发布到规章生效大约需要两年时间；但由于主题的重要性，这也被认为是合理的。

总的来看，在健康和安全执行局这一实例中，协商和公开中最重要的部分即该机构独特的三方参与结构，特别是咨询委员会的作用和为员工参与进行的安排。此外，健康和安全执行局还运用了与本书讨论的其他监管机构相似的技术，包括公开会议和征求意见，例如运用在制定总体战略的过程中。

结论

首先，健康和安全执行局显然不是以经济性监管为主的 109
机构。虽然执行局必须用到一些经济技术，例如作为监管影响评估组成部分的成本－收益分析，但它竭力强调决策中对社会和基于权利因素的参考。健康和安全是“文明社会的基石”或者“基本权利”，公平的考量在决策中起了主要作用，在某些条件下还会要求一种无条件的权利保护。而实施基于风险的方法可能与之产生矛盾，但不能因此确认雇主的绝对义务。对雇主的法定义务设定的“切实可行”的条件并不是要求在成本和收益间进行一般的权衡，而是仅在极端情况下为义务提供一定的条件。

关于健康和安全执行局的第二项突出的结论是该系统的相对稳定性。与本书提到的食品安全和环境领域的监管机构不同，这一系统的特别之处就在于它在 35 年前就已确立。鉴于劳动力的结构和组成的改变以及 1974 年以来产业组织的改革，这一点是令人称奇的。正如莫兰（Moran）所言，职业健康和安全“这个领域已经成功抵制了机构改革、增加层级监督和控制等举措”。[118] 他对这一现象做出了两种可能的解释：该系统在 20 世纪八九十年代的危机之前已经进行了改革，或者该系统已被那些受监管的企业所俘获。[119] 然而，他也指出，“在健康和安全方面抵制企业殖民化的关键因素是工会力量”，“虽然像环境压力组织这样的新行动者已经能介入高层政策领域并影响更大的监管系统架构，但试图进入工作场所的执行领域时，他们的影响力会减弱”。[120]

在维护系统稳定性中具有重大影响力的是该系统的三方参与属性，以及它对自我监管或合作监管形式的运用。除去为了与利益团体进行协商以及为了透明所采用的结构安排这一与本书讨论的其他监管机构类似的审议特点，健康和安全执行局还通过三方参与机制将主要的利益相关者纳入系统的中心，既包括该机构自己的理事会，也包括咨询委员会；同时在委托监管任务的法定监管框架内将公共监管与自我监管、合作监管相

互结合，并由监管机构监督。健康和安全执行局在某种意义上
将受监管影响的那些人“内在化”为监管系统的一部分，而不
是仅在达成决定时从外部收集证据；并且将他们自身的关键利
益放在决策的中心，这比其他监管机构的举措更加彻底。因
此，监管回应性比对监管俘获的担忧更加重要，尤其是三方参 110
与结构体现了多个不同群体的利益，而健康和安全执行局在其
中起到了“公正调解者”的作用。这些因素可以充分地解释监
管的稳定性以及主要利益相关者对健康和安全执行局普遍的满
意态度，而这与过度侵犯性的媒体宣传和琐碎的健康和安全要
求之间形成了鲜明对比。总之，作为一种合作型事业的监管是
健康和安全执行局工作的中心。

第六章

护理质量委员会及其前身

111 上一章讨论的健康和安全执行局是体现监管延续性的经典范例。而在健康护理（healthcare）和社会护理（social care）的监管中，情况正好相反，针对监管机构的改革极其频繁。在健康护理领域，上述现象尤为明显。自 1999 年以来，仅针对英格兰的议会立法就有九部，社会护理领域也经历了类似的过程，新的监管机构在开始运行后便着手进行重大的监管改革。改革的高潮便是护理质量委员会（Care Quality Commission，简称 CQC）的设立。作为合并设立的机构，护理质量委员会从 2009 年 1 月起取代了健康护理委员会（Healthcare Commission，简称 HC）和社会护理检查委员会（Commission for Social Care Inspection，简称 CSCI）。护理质量委员会将引入全新的登记系统（registration system），从 2010 年 1 月起，该系统将覆盖所有健康护理和社会护理服务的提供者，包括全民健康服务体系信托医院（NHS trusts）。由于这一部门刚刚建立，所以本章的介绍还会涉及护理质量委员会前身的工作，代价则是行文结构显得有些凌乱。这些前身机构的大量工作提供了丰富的经验，将由新成立的单一监管机构传承下去。

背景和历史

健康护理委员会

直到最近，健康护理在临床标准和通用标准方面所受的公共监管仍然非常有限。因此，"直到 20 世纪 90 年代，如下观念还完全不存在：护理标准应当是明确的，所有健康护理的专业人士都应设法达到这些标准，并且这些标准应适用于全民健康服务体系内的所有患者"。同时，"患有特定疾病或处于特殊状况下的患者应从健康护理专业人士组成的团队或者整个全民健康服务体系那里得到何种护理，对此还没有形成一致认可的标准。因为缺乏这样的标准，也就不存在评估和评价临床护理质量的基准"。[1] 不过，到了 20 世纪 90 年代中期，针对护理质量和质量保证的审计工作有所发展，卫生部也在改进绩效方面 112
发挥了更大的作用；1990 年建立的内部市场 * 提出了对规定

* 在健康护理领域引入"内部市场"模式源于 1985 年斯坦福大学教授恩索文（Enthoven）对全民健康服务体系进行调查后发布的《反思全民健康服务体系管理》报告中提出的方案。这一方案被英国政府采纳，并在四年后制定的《1990 年全民健康服务体系和社区护理法》（National Health Service and Community Care Act 1990）中正式确立。"内部市场"模式的基本理念是在未民营化的公共部门内，将一部分公共部门改造成需求方，另一部分改造成提供者，从而引入"公对公"的准市场竞争模式，以提升效率。就全民健康服务体系而言，最初的方案是将地区卫生当局（District Health Authority）这一服务的垄断提供者重组为代表当地居民的服务购买者，而公立医院及其医护人员、全科医生等变为向地区卫生当局出售服务的提供者。参见 Alain C. Enthoven, "Internal Market Reform of the British National Health Service", *Health Affair*, 1991, 10(3), 60–70。

更明确的标准的需求。与这里所要考察的这些机构相关的第一项重大发展是 1998 年发布的白皮书:《新的全民健康服务体系——现代，可靠》(*The New NHS — Modern, Dependable*)。白皮书提议在政府设立的国家服务框架内成立两家监管机构，国家临床优化研究所(National Institute for Clinical Excellence，简称 NICE)和健康改善委员会(Commission for Health Improvement)。[2] 前者将根据临床实验和成本－收益分析的结果(特别是药物相关的结果)制订临床指南，后者将监督确保护理质量的地方性安排，在护理质量不理想时有权进行干预。《1999 年健康法》(Health Act 1999)采纳了这些提议，一位著名的评论员认为该法由此创建了干预主义体系，并开创了“政府干预管理的新时代”，以此取代了过去的自我监管。[3]

2001 年，针对布里斯托皇家医院(Bristol Royal Infirmary)在儿童心脏手术管理方面的严重缺陷，伊恩 · 肯尼迪(Ian Kennedy)教授(后来担任健康护理委员会的主席)主持开展了公共调查，调查的最终报告提议对监管体系进行重大改革。这些提议的核心在于强调英国全民健康服务体系的管理完全不同于其监管，后者不应置于卫生部的日常管控之下，而应该由法定框架内的独立机构来执行。至关重要的是，监管方法应该以患者为中心，目的是确保英国全民健康服务体系的运作符合患者的利益。[4] 这似乎与保护消费者的经济性监管机构类似;但是，报告将其提议与经济性监管进行了区分:

> 我们所说的监管不是指各种经济性措施，例如市场

> 调节。相反，我们指的是确保和改善健康护理的安全和质量的程序与制度的总和，包括对健康护理专业人员及其任职机构的监管。[5]

这份调查报告提出的新安排使用了宽泛的监管概念："那些确立监督机制和执行标准并发布绩效信息的制度。"[6] 最近设立的监管机构应该更独立于中央政府，同时，应有一个覆盖全局的机构来整合和协调所有的活动，以避免布里斯托皇家医院调查中发现的责任碎片化问题。这便需要新设一个健康护理 113
质量委员会（Council for the Quality of Healthcare）。政府应该发挥战略作用，同时健康护理质量委员会应独立于全民健康服务体系；报告建议采用食品标准局的模式。[7] 健康护理质量委员会应该负责所有公立和私立健康护理组织的验证工作。[8]

白皮书中有些提议是通过《2002 年全民健康服务体系改革和健康护理专业法》（National Health Service Reform and Health Care Professions Act 2002）实施的，该法扩大了健康改善委员会的检查权力，使其涵盖私营部门向全民健康服务体系下的患者提供的服务，并让健康改善委员会的人事任命更加独立于国务大臣。[9] 然而，就在议会对法案进行审议期间，政府宣布了一项更为根本性的改革：设立新的健康护理审计和检查委员会（Commission for Healthcare Audit and Inspection），取代健康改善委员会和国家护理标准委员会（National Care Standards Commission，监管的是私人部门健康护理），也取代审计委员会关于健康的效益审计工作。[10] 这一改革反映了全民健康服务体系的供给越来越具有混合经济的特点，改革是通过《2003 年健康与社会护理（社区健康与标准）法》[Health and Social Care (Community Health and Standards) Act 2003] 实施的。国务大臣负责制定提供健康护理的总体标准，新设立的委员会负责监督这些标准的实施绩效。该委员会之后采用了更简单的名称“健康护理委员会”（Healthcare Commission），首任主席为伊恩·肯尼迪爵士。在健康政策日益强调市场供给和患者选择的环境下，这一基本模式被沿用至 2009 年。[11]

社会护理检查委员会

对居家养老院、照护养老院和儿童福利院的监管是不连贯的，监管职责由地方当局、卫生主管部门和卫生部三方分担。鉴于地方当局和卫生主管部门在这些领域有针对护理的统筹管理 * 职责，核心问题之一是缺乏监管独立性。1998 年，政府提议设立八个护理标准地区委员会（regional Commissions for Care Standards）作为独立的法定机构，将其监管范围扩大到地方当局的养老院（care homes），且对公共和私营部门适用统一标准。国务大臣将制定更加一致的新标准，并将更多地使用风险评估程序和向独立裁判所提起上诉的机制。[12]

---

* 统筹管理（commissioning）的目标是使当地居民获得最佳可能的健康结果，具体服务过程包括评估地方需求，确定优先事务和战略，以及代表居民向医院、诊所、社区健康机构等提供者购买服务。参见 https://www.nhscc.org/ccgs/（最后访问日期：2018 年 8 月 24 日）。

然而，长期护理皇家委员会（Royal Commission on Long Term Care）的《萨瑟兰报告》（Sutherland Report）更为超前。[13] 报告提议成立“国家护理委员会”（National Care Commission），战略性地审视整个护理系统，主要职能包括：监督系统运作，代表消费者，公布国家基准及监督其绩效，并鼓励发展更好的服务。国家护理委员会不参与日常监管，这部分职责将留给政府提议设立的护理标准地区委员会。[14] 114

事实上，政府最终宣布的改革方案并未采用先前提议的地区架构，而是决定由新设的国家护理委员会承担直接的监管职责。[15] 该方案通过《2000 年护理标准法》（Care Standards Act 2000）设立的国家护理标准委员会（管辖范围包括英格兰，但不包括苏格兰和威尔士）予以实施。国家护理标准委员会的职责范围涵盖儿童福利院、一系列私人健康护理服务、养老院（包括地方当局运营的养老院）和负责收养领养的地方机构。该委员会自 2002 年 4 月开始运作。

国家护理标准委员会在启动的头几个星期内便宣布将着手进一步的改革，并通过上文提过的《2003 年健康与社会护理（社区健康与标准）法》予以实施。私人健康职责被转移给医疗健康护理委员会，并新设了社会护理检查委员会，其职责涵盖了英格兰的所有社会护理服务，包括过去由社会服务检查局（Social Services Inspectorate）及其与审计委员会组成的联合调查团队进行检查的地方当局护理服务。新设的社会护理检查委员会于 2004 年 4 月 1 日开始运作，分别设置了 9 个地区办事处和 80 个地方办事处。然而，在 2005 年的预算演讲中，政府宣布，将在 2008 年前合并社会护理检查委员会和健康护理委员会。同时，社会护理检查委员会也不再保留儿童保育监管的职能（包括儿童权利总监这一重要职责），该职能转由《2006 年教育与督学法》(Education and Inspections Act 2006）设立的教育、儿童服务和技能标准办公室（Office for standards in Education, Children's Services and Skills，简称 Ofsted）负责。

护理质量委员会

这两家委员会之所以合并，依据的是《汉普顿报告》对监管机构合理化提出的建议（参见本书第十章），以及对卫生部各类延伸机构进行的评审。新的护理质量委员会（Care Quality Commission）还将接收精神健康法委员会（Mental Health Act Commission）的职责。[16] 正如我们后面将要看到的，在两家委员会合并之前发布的一份咨询文件采用了极为经济主义的方法
115 来定位未来的（有限的）监管。文件提议，各类服务的统筹管理是确保标准可靠性的主要方法，同时新机构的职责之一是受理服务提供者以存在不正当竞争为理由提出的上诉。[17] 卫生部在咨询相关意见后否决了后一项提议，取而代之的是设立非法定的“合作与竞争专家组”（Cooperation and Competition Panel）。卫生部强调，新设的护理质量委员会的作用是“提供独立的信息，保证安全和质量体系运作良好”，并确保“各类服务机构提供安全、优质的护理，并以尊重个人需要和权利的方式提供服务”。此外，该委员会还需提供可靠的信息，以便人们做出选择。因此，提议的监管职能同时包括了“保证安全和质量”

与“促进选择和竞争”。[18]《2008 年健康和社会护理法》（Health and Social Care Act 2008）采纳了上述提议，而护理质量委员会也于 2009 年 4 月 1 日开始运作，继续履行其前身的职责。

职能

监管机构的前身

健康护理委员会在年度报告中将其职能概括为：

（1）对健康护理条款进行评审和调查，包括为了提高经济、效率和效益而开展的研究；
（2）促进其他机构开展的评审和评估的协作；
（3）发布全民健康服务体系和独立部门的健康护理状况相关的信息，包括国家临床审计结果；
（4）评审与健康和健康护理有关的数据质量。

健康护理委员会还有一些职能只在英格兰行使，它们是：

（1）审查每个全民健康服务体系组织的绩效并作出年度绩效评级；
（2）通过登记、评估和检查来监管独立的健康护理部门；
（3）受理对全民健康服务体系机构提出的而没有在内部得到解决的投诉；
（4）公布全民健康服务体系工作人员和患者意见调查结果。[19]

另一个重要职责是依据《卫生守则》（Hygiene Code）处理安全、感染控制和卫生问题，《卫生守则》是根据《2006 年健康法》（Health Act 2006）颁布的。

116 社会护理检查委员会的职责在很大程度上取决于卫生部颁布的标准，这些标准对于被监管服务而言起到了《实务守则》的作用，同时也是许多监管工作的依据。社会护理检查委员会的监管对象涉及私人志愿的和公共部门的 27 000 项服务，包括居家养老院和照护养老院。委员会的职能是：

（1）对新的服务机构及其运营人员进行登记，确保他们适合机构运作；

（2）对登记的服务机构进行检查（每年约 48 000 次）；

（3）回应与登记服务相关的投诉；

（4）执行规章，包括必要时撤销登记。[20]

护理质量委员会

护理质量委员会具有以下职能：

（1）保证健康和成人社会服务的安全和质量（包括对公共和私人健康以及成人社会护理提供者进行登记，监督登记要求的合规情况，如发生违反登记要求的情况，则采取行动并实施进一步的检查、调查和服务评审）。与健康护理委员会不同的是，它不直接承担解决投诉的职能，这在《2008 年健康和社会护理法》通过时产生了很大的争议；

（2）对《1983 年精神健康法》的运行和相关职能的履行进行监督和持续的评审；

（3）对提供者和统筹者进行定期评审以确保服务使用者在做选择时有高质量的信息可依据，并公布关于健康和成人社会护理统筹组织的信息；

（4）尽量减少监管和检查的负担，例如协调相关检查活动，避免重复进行。

卫生部表示，护理质量委员会的首要关注点是“帮助保护和促进健康和社会护理服务使用者的健康、安全和福利”。[21] 该委员会的权力比其前身更广泛，包括暂停登记和向不符合监管要求的行为发出处罚通知。[22] 非常重要的是，护理质量委员会的登记责任将扩展到全民健康服务体系机构提供的护理服务，包括初级护理信托（primary care trusts）医院和全民健康服务体系基金信托（NHS foundation trusts）医院。这与作为全 117
民健康服务体系基金信托医院监管机构的“监管者”（Monitor）构成了潜在的重复，这些问题将在下一章中讨论。

处于监管空间中的护理质量委员会及其前身：机构

与本书前面章节讨论的监管机构相比，欧盟和欧盟法对于本章所述监管机构的影响有限得多。这当然不是否认欧盟法日渐增加的重要性（特别是在医疗健康领域）。[23] 而且，欧盟法的最低要求，如非歧视原则，适用于欧盟委员会确定的“具有普遍利益的社会服务”（social service of general interest）的概念。[24] 然而，鉴于欧盟在健康和社会护理方面权力有限，监管机构适用的标准主要来自成员国政府，而非任何超国家的立法。中央政府负责制定基本标准并且负责监督，因此中央政府的角色对护理质量委员会的工作而言至关重要。

监管机构的前身

首先来看健康护理委员会，它是依据《2003 年健康与社会护理（社区健康与标准）法》[Health and Social Care (Community Health and Standards) Act 2003] 设立的法人机构。[25] 健康护理委员会并非王室雇员或代理人，设有一名主席和一名首席执行官。《2006 年健康法》对人事任命程序进行了改革，设立人事任命委员会向国务大臣报告工作，不再完全由国务大臣决定人事任命。[26] 账目由主计长兼审计长审计。[27]

国务大臣在监管体系中处处发挥作用。例如，部长负责在咨询相关意见后制定标准，包括针对健康护理委员会下的健康护理机构的“年度健康检查”标准，并由健康护理委员会通过进一步深入检查进行补充。[28] 如果评审或调查显示存在某些
118 问题，健康护理委员会要向国务大臣报告，国务大臣可能会采取特别措施；在某些情况下，健康护理委员会还必须向“监管者”报告。[29] 健康护理委员会还有责任向国务大臣通报任何由或为全民健康服务体系机构提供的健康护理情况，并提出建议。[30] 国务大臣还可以制定规章来要求健康护理委员会发布有

关职能履行的准则，这些规章在发布前需要经过咨询，并征得国务大臣同意。[31] 健康护理委员会有义务与“监管者”进行合作。[32] 根据《护理标准法》(Care Standards Act)，健康护理委员会也承担了与私人服务有关的义务。[33] 健康护理委员会有责任在履行所有职能时考虑政府的政策，例如国务大臣可能发布指示。[34] 在健康护理委员会未能履行其职能时，国务大臣可以行使默认的权力 (default powers)，并可就任何与职能履行有关的事项启动调查。[35]

就组织结构的关系而言，健康护理委员会与卫生部签署了一份名为“管理声明”的正式协议，其中规定了委员会运作的财务框架；健康护理委员会还要就年度绩效评估与部长开会，主席和首席执行官也会与部长和官员举行定期会议。[36] 健康护理委员会的一项早期措施是与其他负责监管、评审和审计英格兰健康护理的机构达成合作协议，这也得到了卫生部和 (当时的) 内阁办公室监管影响小组 (Cabinet Office Regulatory Impact Unit) 的同意。[37] 这项举措的目的是使监管机构能够规划和协调活动并防止意外的冲突。合作协议的范围后来扩展至 21 个签字方，协调的进展会受到监督，并发布在健康护理委员会年度报告中的《带头协调和改善监管》(“Taking the Lead in Coordinating and Improving Regulation”) 这一节。但是，即便有这样的合作协议，下议院健康委员会依旧批评了不同机构之间欠缺协调的问题。[38]

社会护理检查委员会也是依据《2003 年健康与社会护理 (社区健康与标准) 法》建立的，其地位和结构与健康护理委员会相似。[39] 与健康护理委员会一样，它的很多工作处于国务大臣设定的框架内；根据《2000 年护理标准法》，国务大臣有权制定规章，推行他（她）认为适合施加于护理机构的任何要求，并确立最低标准。[40] 部长拥有与社会护理检查委员会相关
119 的广泛职能，例如该委员会有义务考虑国务大臣通知的政府政策，国务大臣还有默认的权力，即有权下令对委员会的工作启动调查。[41] 社会护理检查委员会还有与健康护理委员会合作的义务。[42]

护理质量委员会

有关护理质量委员会的法律条款在很大程度上重复了与其前身相关的法律条款。护理质量委员会是由国务大臣与人事任命委员会联合任命的法人机构，且不是王室机构（Crown body）。护理质量委员会还必须任命一个咨询委员会，护理质量委员会的账目由主计长兼审计长审计。国务大臣只有在确信成员不能或不适合履行职责、失职或者被取消公职人员资格的情况下，才可免除成员的职务。[43] 在这里，国务大臣的权力同样是广泛的，例如可以针对被监管活动以制定规章的方式施加要求、制定标准和设定年度评审所需的各项指标，这其中包括设定基本要求，护理质量委员会负责执行。[44] 甚至在护理质量委员会正式接收职能之前，针对初级健康护理信托（primary healthcare trusts）医院的定期评审还会因为所使用的质量指标需要部长批准而出现冲突。例如，护理质量委员会打算将静脉血栓栓塞作为其中一项指标，但遭到部长否决，目的是避免对

信托医院施加新的要求。[45] 护理质量委员会也有义务考虑国务大臣通知的政府政策。[46] 在议会辩论中，部长否认权力会使政府将政策强加给护理质量委员会，而是认为这样可以“确保独立委员会在政府政策的框架内运作”。[47] 护理质量委员会的核心任务是监督和执行登记要求，这些要求是由经过咨询的规章所规定的，将取代委员会前身所适用的标准。护理质量委员会将制定与这些要求相关的合规准则。[48] 国务大臣也可以向护理质量委员会发布指导意见，要求其避免施加不合理的监管负担。[49]

处于监管空间中的护理质量委员会及其前身：义务

监管机构的前身

《2003 年健康与社会护理（社区健康与标准）法》赋予健 120
康护理委员会的一般性职能如下：促进由全民健康服务体系机构和为其提供的健康护理的完善，设定应得到重视的标准，包括健康护理的可得性、质量和有效性，服务提供的经济性和效率，以及保护和促进儿童权利和福利的必要性。[50] 其他职能包括公布国家绩效数据，对所有英国健康护理机构进行年度评议，并对健康护理的提供情况进行全面评议。[51] 根据《2000 年护理标准法》，健康护理委员会承担了更多的义务，特别是向国务大臣通报独立健康服务的提供情况，并促进服务质量的提升。[52]

现在我们将讨论的重点放在健康护理委员会在履行义务

和职能时所采用的规范性原则上。这些原则是健康护理委员会根据政府在 2004 年公布的七项标准制定的。健康护理委员会在其战略计划中确立了六项目标：提升患者和公众的健康和健康护理体验；维护公众利益；提供权威、独立、相关和可获得的信息；促进那些意在减少公民健康方面的不平等的行动，并通过更加尊重人权和多样性的方式来改善人民的健康护理体验和获取这些服务的途径；带头协调和提高经济性评估和监管的影响与价值；创建提供国际级评估和监管的组织。[53] 到 2008—2009 年，这些宽泛的目标以六项战略目标和七项关键活动的形式得到保留，这些目标和活动各自又被分解为一些可衡量的变革行动。

根据《2003 年健康与社会护理（社区健康与标准）法》，社会护理检查委员会被赋予类似于健康护理委员会的职能和义务。因此，它具有促进完善英国地方当局提供社会服务的一般性职能，尤为关注的事项包括服务的可得性、可及性和质量。[54] 根据《2000 年护理标准法》，它的职能还包括促进登记在册的社会护理服务质量的提升。[55]

至于社会护理检查委员会本身的政策和优先事项安排的发展情况，必须结合广义政府政策的背景加以考察。在 2005 年就成人社会护理的未来发布的绿皮书中，卫生部陈述道，因
121 为一些用户容易受到虐待，自身又无法提出诉求，所以对监管的需求日益增长。现有的和潜在的用户很难在选择服务之前评估服务质量，如果结果证明质量很差，用户也难以改变服务；同时人们越来越多地使用自己的资源来支付社会护理的费用，

缺少地方当局或全民健康服务体系的支持。[56]在随后的白皮书中，卫生部提出了四个主要目标：更早地介入以提供更好的预防服务，给用户提供更多的选择和更大的发声机会，加大处理不平等现象的力度并提高社区服务的可及性，为有长期需求的用户提供更多支持。[57]在总体计划中，社会护理检查委员会确定了六个优先事项：通过更为重视用户的观点体现以人为本；通过监管的现代化推动服务的优化；通过检查、评审和绩效评估促进更好的结果；提供社会护理的专业意见，重视服务之间的协调性，并传播有助于选择和独立性的新型保健模式的信息；培养能力；显著提升效率和效益。这些总体目标随后发展出若干次级目标。[58]

护理质量委员会

在确立护理质量委员会的目标和应当考虑的事项方面，《2008 年健康和社会护理法》比之前的立法更进一步，这在前文已有所体现。这一点部分归因于上议院对法律草案的修正。护理质量委员会的主要目标是保护和提升接受健康和社会护理服务者的健康、安全和福利。它履行职能时的一般性目的必须是促进此类服务的改善，服务的提供应当注重用户需求和体验，并确保资源使用的效率和效益。[59]它必须考虑的事项包括公众的意见，用户及其亲友的体验，地方参与网络表达的观点（见下文），保护用户权利的必要性，采取的行动与风险符合比例并且只针对有需要的地方，“监管行动方式的任何发展”，以及履职人员的最佳实务（包括监管行动应该符合透明、可问责

和一致的原则）。如上所述，它也必须考虑国务大臣可能指示
122 的政府政策。[60] 委员会还需要发布关于用户参与的说明（见下文）。[61] 重要的是，鉴于针对缺乏监管协调的批评，它还需促进公共机构或其他机构进行的评审或评估的协调性。[62]

在 2010—2015 年的战略草案中，护理质量委员会为自己的工作确定了五项优先成果：确保护理以公民的需求为中心并保护公民的权利，倡导联合护理（joined-up care），及时行动以帮助消除低质量的护理，促进高质量的护理，以合作方式开展有效的监管。这份战略草案还列举了为实现这些成果建议采取的行动，以及用于评估成功与否的措施。[63]

各委员会及其监管模式

促进效率和消费者选择的监管

显然，健康护理委员会面对的外部环境是健康护理服务市场化程度大幅提高，表现为私人供给的增长，半自治的全民健康服务体系基金信托医院的建立（由其采购服务供给），以及将促进患者选择作为全民健康服务体系的中心价值。正如有关未来该领域监管的咨询文件所指出的，政府的观点是“提升人民控制能力的最简单直接的方法就是给予他们更多选择”。[64] 这一点在很大程度上已经实现，实现途径是建立本章所讨论的质量监管机构之外的其他机构，其中比较突出的是“监管者”（作为全民健康服务体系基金信托医院的经济性监管机构），以及非法定的合作与竞争小组（Coopenation and Competition Panel，负责处

理竞争纠纷）。健康护理委员会的监管风格确实遵循了监管机构通常的模式，强调最大限度地减轻监管负担并采用基于风险的方法。[65] 然而，以风险为基础的方法并非一帆风顺。在 2006 年，健康护理委员会不得不对半数被监管组织的自我评估（旨在减少对例行检查的需求）进行降级，因为这些评估过于乐观；这使得 15 家信托医院的最终得分降低。[66] 下议院健康委员会还批评健康护理委员会在年度健康检查中使用了“轻度”的自我评估，以至于该检查忽视了“令人震惊的致命的不安全护理案例”。[67] 我们将看到，自我评估也会给护理质量委员会带来问题。

健康护理委员会主席罕见地在公开场合批评了“优化监管”的动因。在一项对《布里斯托报告》的进展评估中，他针 123
对将监管视为天然地具有造成繁重负担的特性这一观点提出了批评：“一旦去除这些修辞，就所剩无几了……如果监管的目的是严格对待某一活动或企业，而不是监管对象眼中的繁重负担的来源，那么监管将是高效和有益的。”健康护理委员会应该“为其施加负担的合理性作出更好的证明，而不是抱怨尊重患者基本权利这一程序，毕竟这是出自法律的要求，与任何监管无关”。他声称监管的功用很难量化，在辩论中常被忽略。具有讽刺意味的是，“如果真的有以患者为中心的健康护理体系，我怀疑我们首先得到的信息将是公众和患者实际上要求更多的监管而非更少的监管！”。最后，他认为，关于监管应该“符合比例”的主张并没有对“合比例性”做出界定，“因为它不是一个客观的术语，而是一种修辞手法。显然，我们不是在进行理性分析。我们的讨论属于教条、意识形态或神学的范围”。[68]

对社会护理检查委员会而言，社会护理服务的提供处于高度市场化的体系之中，由一般竞争主管部门管辖的私人供应商和私人资助的供应起着非常广泛的作用。2005 年，在收到消费杂志《选择》(*Which?*) 提出的一项重大投诉后，公平交易办公室对市场进行了研究。该研究强调了最低护理标准、信息可得性、价格透明度、公平合同条款和适当投诉程序的重要性，从而表明这一领域适合范围有限、以市场为基础的监管观念。正如我们下面将要看到的，在有关合并两家委员会的意见征求过程中出现了采用这一监管模式的可能性。[69] 同样可能的是，护理的统筹管理由一般性的欧盟法和国内竞争法来规范。[70]

在监管风格方面，社会护理检查委员会也将“优化监管”作为主要原则。其中包括政府的良好监管原则和针对公共服务检查的原则，例如监管须与风险成比例，并鼓励护理管理者进行自我评估。[71] 特别重要的是转向自首（self-reporting）和更有针对性的检查，事实上，新规定已经允许这样做了。[72]

124 在合并两家委员会并设立新的护理质量委员会之前，政府发布了一份关于健康和成人社会护理之未来监管的咨询文件。[73] 这份文件规定了监管的有限作用，依据的基本是市场方法。“提升人民控制能力的最简单直接的方法就是赋予他们更多选择。政府改革公共服务的目标是，只要实际可行，私人服务使用者应能自行选择服务供给和服务供给方式，且能获得帮助自己做出选择的更好的信息。”[74] 这份咨询文件检视了其他领域的经济性监管，以评估这种监管适用于健康和社会护理的程度。文件确定了七大监管职能：独立的安全和质量保证，促进选择和竞争，保证统筹管理的有效性，信息披露和针对提供者的绩效评估，制定价格和公平分配资源，公有资产的管理，以及针对不幸和失败的干预。[75] 值得注意的是，上述内容没有提及落实人权、支持社会团结和包容。在这些标准的背景中，“持续改善安全和质量的主要动力将来自服务提供者本身及其员工，因为他们要对患者的需求、患者的选择和统筹组织的要求做出回应”。[76] 新监管机构的职能将包括受理服务提供者以违反竞争规则为由提起的上诉，并评估服务统筹组织是否为其社区确保了良好的价值。咨询文件的结论是这七项职能不需要由独立监管机构来履行，特别是在有着强有力且有效的统筹的公共服务领域或是质量受消费者选择驱动的竞争环境中。[77]

事实上，卫生部在回应公众意见时并没有接受更激进的提案。[78] 卫生部指出：“监管可以确保公共和私人资助的服务以尊重个人的需要和权利的方式提供安全、优质的护理。”[79] 尽管卫生部接受了七项监管职能，但是在回应中指出了护理质量委员会的作用与“监管者”实施的经济性监管之间的区别。卫生部拒绝了赋予新委员会以裁决竞争上诉职责的建议。[80] 新委员会的作用之一是确保患者和服务使用者参与监管，但委员会在这方面承受了相当大的压力。[81]

正如我们在上文所看到的那样，护理质量委员会有各种 125
目标和必须考虑的事项，包括其行动应与风险相称，以及需要保护和促进健康和社会护理服务使用者的权利。[82] 该委员会主席承诺将建设为“现代化的监管机构”，并采取基于风险、符合比例和强调重视监管负担的方法。[83] 然而，在 2009 年底，

“监管者”（参见第七章）在认定全民健康服务体系基金信托医院领导水平和患者护理水平薄弱引发重大失职后进行了干预，社会对此的关注度也极高。护理质量委员会在对这些医院进行突击检查后也发现严重缺陷，然而，基于部分的自我评估，这些医院却被评级为“良好”。在这些情况被公之于众，评估体系遭到广泛批评后不久，护理质量委员会主席引咎辞职。评估体系显然存在严重问题，新的登记要求的启用时间从 2010 年 4 月提前至 1 月。

监管和人权

健康护理领域是英国承担重要国际义务的又一领域。《欧洲社会宪章》在其序言条款中指出“任何人都有权利从任何措施中获益，以享受尽可能高的健康标准”，第 11 条提到了保护健康权。[84] 同样，《欧盟基本权利宪章》规定“人人有权获得预防性健康护理，并有权在国家法律和惯例确立的条件下享受医疗待遇”。[85] 联合国的《经济、社会和文化权利国际公约》也有同样的规定。[86] 欧洲理事会也大力支持参与健康护理的权利：“公民和患者有权参与那些影响健康护理的决策……这必须被视为所有民主社会的根本和不可分割的一部分。”[87]

为了践行战略计划中的一项承诺，健康护理委员会通过评估和其他活动来促进减少公民健康方面的不平等，并通过更加尊重人权和多样性的方式，改善公民的健康护理及其获取的
126 体验。[88] 委员会每年的年度报告都包括《关注不平等、人权和多样性》这一专题，其中阐述了为落实人权承诺所采取的措

施。此专题包括：一项为期三年的行动计划，其目标在于促进人权保障并减少健康和健康护理方面的不平等；发布有关种族、残疾和性别的平等计划；通过“包容性计划”进行平等影响评估，并根据多样性的六个维度开展影响评估。[89] 这一做法的背景是卫生部与英国人权研究所对健康护理中的人权保障作出了更普遍的承诺。[90]

2007 年，议会人权联合委员会审查了健康护理委员会关于人权的工作，[91] 并指出：卫生部已将尊重人权加入针对健康护理组织的核心标准，但尚未发布用于实践的指南，也没有敦促健康护理委员会不要仅将《人权法案》视为应遵循的大量规章之一，而**“要将该法创建的框架视为其全部工作的依据和基础”**。健康护理委员会应确保该法在其监管工作中得到明确适用，而新合并的委员会应在其所有工作中均采用人权框架。[92] 政府的答复指出，“希望《人权法案》的合规性成为［护理质量委员会］工作的重要组成部分，就像其前任监管机构一样”。[93]

对于社会护理检查委员会的工作来说，有关人权的国际承诺也极其重要。有一些权利是与老年人特别相关的。[94] 除了上述国际文书中所提到的之外，相关权利还包括《欧洲人权公约》规定的权利，而根据《1998 年人权法案》,《欧洲人权公约》规定的这些权利在国内法院具有执行力。这些权利主要是生命权（第 2 条），禁止不人道或有辱人格的待遇（第 3 条），尊重私人和家庭生活、家庭以及通信的权利（第 8 条），禁止在权利的享有方面进行歧视（第 14 条）。《欧洲人权公约》可能会产生要求公共当局采取措施保护人们权利的积极义务，例

127 如“采取有效的操作步骤来预防……虐待”。[95] 此外，一些儿童权利与社会护理检查委员会关联密切，儿童权利总监一职是作为法定职位设立的，并且充当了“儿童审计员”（children's auditor）的角色，确保儿童在接受护理时权利和福利得到保障与改善。[96] 然而，这些儿童权利的责任已经从社会护理检查委员会转到了教育、儿童服务和技能标准办公室。

英国法律的一个特殊的问题是，过去代表地方当局提供护理服务的私人养老院并不被视为可以适用《人权法案》规定的“公共当局”（public authority）。[97] 在有关这一问题的一个典型案件中，上议院多数方表明，在这些权利缺乏直接的司法执行制度时，这一任务应当由监管机构承担。[98] 如今，议会的制定法已经对该判决所产生的效力施加了限制，《2008 年健康和社会护理法》规定，依据制定法的规定，为地方当局提供服务的养老院属于公共当局，相对人可依据《人权法案》对其提起诉讼。[99] 然而，这一制定法所作的改变范围非常有限，并不适用于其他的服务，而且无论如何不能否定监管机构本身有责任确保养老院遵守《欧洲人权公约》的要求。

在社会护理方面，议会的各个委员会都特别重视保护老年人的权利。下议院健康委员会在 2004 年发布了有关虐待老年人的报告。[100] 其中一章题为“监管的贡献”，内容涉及对护理工作人员进行登记，以及当时的国家护理标准委员会有责任确保工作人员符合标准并通报诸如虐待等不被允许的情形。国家护理标准委员会是“防止弱势群体在社会和某些健康护理环境下遭受虐待的主要保护者”。[101] 健康委员会还强调新设的社会护理检查委员会和健康护理委员会之间需要合作。[102] 上文提到的议会人权联合委员会在关于健康护理中老年人应享有人权的报告中，还对养老院的监管进行了审查。尽管部长明确作出的人权保障承诺令人印象深刻（这对于政府采用社会护理方法来说至关重要），但是，人权联合委员会指出，虽然承诺包括了尊严与尊重，目前的核心标准并没有涵括人权。人权联合委员会建议，在有关养老院的标准中，应当更清楚地规定居住者的人权，并对健康和社会护理制定统一标准。[103] 根据人权 128
联合委员会的报告，社会护理检查委员会和健康护理委员会在执行《人权法案》方面发挥了重要作用。尽管社会护理检查委员会声称《人权法案》为委员会的众多价值观念提供了正当的理由，并声称在工作中采用了“基于人权的方法”，但是精神健康法委员会采用的更为系统的方法中仍有不少经验教训可供参考。因此，**“我们建议即将并入的健康、社会护理和精神健康检查局采用基于人权的框架，使该框架能够为该检查局的所有工作提供指导，从而更有效地履行法定职责”。**[104]

正如人权联合委员会明确指出的，同样合并到新的护理质量委员会中的精神健康法委员会采用了有效和系统的人权保障方法。2006 年，精神健康法委员会发布了《平等与人权战略》，目的是在整个组织中采用基于人权的方法，将人权作为两到三年工作计划的框架；它表示，“促进《精神健康法》所规定的个人人权是委员会的核心职能”。[105]

人权联合委员会在《健康和社会护理法案》的立法前报告中重新指出了人权在新设的护理质量委员会工作中的作用。[106]

它建议对法案进行修订，以便加强新监管机构的权力，以对护理提供者违反人权标准的行为进行检查；并且增加一项要求，明确对提供者的监管要考虑用户的权利。与这项工作一并开展的还有修改《人权法》的适用范围，将私人提供者纳入其中，因为**“有效的人权保护需要结合以不同方式运作的各种措施，进而使人权在适当情况下成为决策过程更为核心的考量因素”**。[107] 人权联合委员会批评卫生部对委员会过往报告中的提议反应冷淡，并提议在该法案中增加一项新条款，规定**“保护和促进人权应是护理质量委员会职能的核心”**。[108] 政府拒绝了这些提议，不过，上议院对该法案进行了修订，而且在《健康和社会护理法》中规定护理质量委员会必须考虑“保护和促进健康和社会护理服务使用者的权利之需要”，并明确指出涵盖了精神疾病患者和其他弱势成年人的权利。[109]

129 护理质量委员会在开始工作之前宣布的一项监管原则便是采取基于权利的方法。在它起草的《2010—2015 年战略》中，首要任务便是“确保护理关切人们的需要，并保护他们的权利”。它还指出，所有优先领域的工作将以平等和人权原则为基础，并开始就平等和人权计划进行咨询，除此之外，还要求服务提供者在工作各方面都考虑平等、多样性和人权。[110]

监管和社会团结

从以上讨论中可以明显看出，健康护理委员会采用了与经济性监管机构不同的监管方式，2005 年，在政府对健康和社会护理监管进行的更广泛的评审中，该委员会提交的那部分内容显然采用了基于社会团结的方式。其中强调，健康护理监管的核心目的是保证服务的安全和质量，这一目的绝不可从属于财政事务或公共资产管理，也绝不能和这些问题相分离。监管系统应关注患者和服务使用者的需求，而在目前的争论中，出现了遗忘这些内容的风险。“举例来说，将‘市场失灵’作为抽象经济事件的讨论没有明确认识到，健康护理是关乎患者的，且在政府资助的系统中，政府有责任防止公民的健康处于危险之中。”监管系统应该继续拥有全面的职权，以推动护理安全和质量、公共资金使用的改善；即使是私人资助的独立部门，剥削和信息不对称的风险也意味着核心标准及其监督仍然至关重要。这便要求加强监管框架和执法权力。[111] 此外，“监管系统的设计不能以响应失败为目的。它必须将预防失败作为目标，以一种综合方式应对质量和资金的使用问题”。[112] 毫不意外，这与经济性监管机构“监管者”向同一项政府评审提交的内容中所陈述的方法是截然不同的，我们将在下一章看到更为详细的阐述。一如上文所提及的，自健康护理委员会主席发布《布里斯托报告》以来，进展评估也明显采取了类似的做法。该委员会的主席批评了那种将监管视为许可制度的狭隘观点，即认为只要组织符合最低标准，就可被允许提供服务。这是“彻底的错误”，因为这一观点将监管看作外部强加的无关痛痒的负担，并且没有认清促进和鼓励改进（“监管者”的一 130
项任务）与实际性改进（对管理者和专业人士而言）之间的区别。[113]

鉴于这些政策声明，社会团结在健康护理委员会的工作中发挥了主要作用也就不是什么意外之事了。这与上述有关人权的事项有很大的重叠，但也应该指出，健康护理委员会在战略计划中强调了不同人群的健康状况不平等，以及健康护理在获取和提供上的水平差异。[114] 委员会的战略目标包括“促进减少公民健康不平等和加强尊重人的尊严的行动”。[115] 这份年度报告包括了一项“包容性计划”（Planning for Inclusion），该部分评估了健康护理委员会的项目对社会多样性的不同方面产生的影响。[116]

社会护理检查委员会基于人权的活动，与社会团结和社会包容相关的活动之间也存在相当大的重合。除了在一份讨论平等获得护理的重要性的文件中作了一般性的强调之外，委员会还在《2005—2008 年总体计划》中强调，将更多地促进特定用户群体社会护理中的社会包容，这些群体包括有心理健康问题的群体和少数族裔。[117] 委员会发布了一项平等和多样性战略，表明“促进平等、拥抱多样性，并确保社会护理使用者充分融入是我们的愿景和价值观的核心”。这一战略被纳入主流的总体计划中，涵盖了平等和差异性的六个方面，并辅之以单独的种族平等和残疾人平等计划。[118] 我们将在本章后面看到，社会护理检查委员会关于参与的安排也强调了社会包容。

鉴于护理质量委员会的前身对社会团结高度重视，委员会也必然继续将其作为自身方法的主要内容。法规已经明确，委员会的主要目标是“保护和促进健康和社会护理服务的使用者的健康、安全和福利”，并促进以关注使用者需求和体验的方式来改善服务及其供给。[119] 特别需要考虑的是使用者及其亲友的观点和感受。[120] 护理质量委员会在开始承担职责之前发布了《宣言》(Manifesto)，声明其愿景是高质量的社会护理，具体包括：

（1）帮助人们过上健康和独立的生活；

（2）协助个人、家庭和护理人员对其护理做出明智的决定；

（3）回应个人需求。

这确实符合护理质量委员会前身所采用的方法，而更多 131
的内容将在下文关于委员会工作中的用户参与这部分讨论。护理质量委员会在起草的《2010—2015 年战略》中突出强调了护理服务的公平获得，减少健康不平等，以及为弱势群体提供支持。同样由委员会起草的《平等和人权方案》也强调了人权和平等。[121]

审议

《布里斯托调查报告》中的一项重要主题是需要在健康护理领域采取更加注重以患者为中心的方法。因此，“所有有关全民健康服务体系的护理决定，患者和公众都有权参与”。[122] 这牵涉到两件事：参与监管机构本身的过程（“确保公众利益的首要也是最明显的手段是让公众充分和适当地参与那些制定和监督标准的机构决策”），以及监管机构确保患者正确参与全民健康服务体系的决策。[123] 毫不奇怪，这些主题对于伊恩·肯尼迪爵士担任主席期间的健康护理委员会的愿景而言也很重要。正如他所说的，"健康护理委员会采用的方法很简单，却很激进。这一方法的前提是服务的改善只能由那些提供服务的人和那些接受服务的人来实现"。他总结道："监管……可以引领以患者为中心的、安全和高质量的健康护理体系的发展。"[124]

正如我们所看到的那样，积极吸引患者和公众参与其所有工作是健康护理委员会战略计划的首要任务。委员会发布的战略内容包括健康护理委员会将如何找到让患者和公众参与的方式，以及如何帮助健康护理组织成功参与进来。[125] 除了使用咨询、研讨会和调查之外，参与方式还包括在地方一级建立社区小组联络网，代表少数群体发声。健康护理委员会还坚持要求患者和公众参与全民健康服务体系组织的年度健康检查。在考察上述各类活动时，我们还应考虑的背景是《2007 年地方政府和公众参与健康法》(Local Government and Public Involvement in Health Act 2007）的出台及影响，包括对公众参与健康服务供给方面的影响。[126] 该法取代了之前为每个初级护理信托医院和全民健康服务体系基金信托医院建立的患者和公众参与论坛系统，以及患者和公众参与健康委员会(Commission for Patient and Public Involvement in Health)，
132 并且要求地方当局通过合同的方式来建立公众地方参与网络(LINKs)。[127] 健康护理委员会积极与社区合作建立这一网络，并开发了与社区保持有效沟通的工具。[128]

就更为常规的咨询程序而言，以健康护理委员会的总体

计划为例，它组织了13次全国性公众咨询。作为评估和推动健康护理机构绩效改进而设计新系统的过程中的一部分，它成功地开展了英格兰有史以来规模最大的一次咨询活动。其中包括分发64 000份文件，概述提议的方法，并组织近400项活动，从各种组织那里回收了1 100多份反馈。[129]健康护理委员会的会议公开举行，并包含了公众和媒体提问时间，也有针对保密性材料开展的非公开会议。当然，健康护理委员会受到《信息自由和数据保护法》的约束，并且在2007—2008年度收到了456项公开具体信息的申请。[130]

社会护理检查委员会也致力于与服务使用者接洽，并确保他们参与受监管组织的工作。在总体计划中，社会护理检查委员会承诺借鉴服务使用者的观点和经验，并将所有的计划告知他们。委员会认为挑战在于找到确定人们意愿和观点的新方法，并确保这些内容得到更充分的考虑。[131]它任命了用户参与负责人（Head of User Involvement），并在各个地区迅速开展用户参与项目。这包括与用户主导的组织建立合作关系以试验服务用户参与监督的不同方式，并在监督中启用那些亲历社会护理服务的"经验型专家"。在2006—2007年度，这些专家参与了134次检查，第二年这类专家的数量从55人提高到211人。这是参与社会护理检查委员会决策的一种独特和直接的手段，其他监管机构似乎没有使用过。社会护理检查委员会还设立了"参与联络网"和服务改进理事会，以便那些有服务使用经验的人可以影响委员会的政策和实践。[132]

与健康护理委员会一样，社会护理检查委员会就起草的总体计划和改进检查的提议进行了广泛的咨询。其中包括使用调查问卷（得到了 3 447 份回复），为 320 人举办了一系列论坛，为 85 名来自服务提供者和用户组织的代表举办全国性研
133 讨会，以及为服务提供者举办的 18 次研讨会。[133] 值得一提的是，在这些活动期间，政府也开展了范围更广的咨询活动，包括使用审议程序。咨询程序涉及近 100 000 人，最后举办了一场 1 000 人参与的公民峰会。[134] 社会护理检查委员会的大部分会议在英格兰各地公开举行。当然，它还就监管机构的合并计划进行了广泛的公众咨询。

鉴于这两家监管机构的工作背景，有关合并的咨询和研讨会提出的一项重要主题是“患者和服务用户参与监管的重要性……参与应当以真实的介入为基础，采用各种方法来提升患者和用户之利益代表的公平性和合适性……”，也就不足为奇。[135] 这确实体现在新的法定条款中，其中包括比以前更为强烈地要求用户参与。如上所述，护理质量委员会必须考虑到“公众对健康和社会护理服务的看法”，“健康和社会护理服务使用者及其亲友的体验和感受”，以及地方参与网络的观点。[136]

更重要的是，护理质量委员会需要在咨询后发布《用户参与声明》。该声明必须说明护理质量委员会计划如何提高服务使用者及护理人员对委员会职能的认识，如何促进与服务使用者及护理人员讨论服务供给和委员会履职方式，如何确保服务使用者及护理人员的意见得到适当考虑，如何针对由服务使用者和护理人员落实或协助落实的委员会职能作出相应安排。[137] 这远远超过了针对其他监管机构在参与方面所提出的

法定要求。甚至在开始履行职责之前，护理质量委员会就参与声明的草案征求了意见。声明以“将意见纳入行动”（Voices into Action）为题发布，阐述了治理原则，包括继续使用“经验型专家”、专家工作组、正式和非正式咨询，以及与用户和护理人员团体分担职能；《将意见纳入行动》发布之后，还会有关于参与的详细工作计划，并且每年都会对参与工作进行报告。[138] 声明显然借鉴了护理质量委员会前身的经验，不过，对于护理质量委员会而言尤为重要的是，在开始工作时，从各个方面公开反思有关参与的安排情况。护理质量委员会还要监督服务提供者和统筹组织在多大程度上确保了用户和其他人的参与，这应该成为每个组织年度绩效评级的一部分。如果安排 134
得当，外部机构对服务参与进行的定期监管可以提供更多有助于反思的因素，这比本书所考察的其他监管机构的情况领先一步。[139]

结论

正如本章开头所述，在本书所讨论的各类监管中，健康和社会护理领域的监管是变化最快的。不过，在不断的改革中，我们可以看到一些贯彻始终的主题。

首先，尽管健康服务供给的市场化程度很高，而且对患者选择施加的压力不断增大，但是对该领域的监管基本上仍是社会性监管，尤其强调监管机构工作中的人权保障。事实上，与本书审视的其他监管机构相比，这一领域内的监管合理性更多依托人权保障。这一点在伊恩·肯尼迪爵士担任健康护理委员会主席期间尤为明显，他提出的监管机构的愿景与经济性监管机构截然不同。基于权利的方法和对社会团结的强调也是社会护理检查委员会的特征，并由法律明确为当前护理质量委员会的法定职责。设定最低标准这一不同寻常且有限的方法，以及政府咨询文件中提及的以竞争来保持质量，最终都没有被立法采纳。《2009年健康法》强化了基于权利和社会团结的方法，要求包括护理质量委员会在内的健康机构考虑全民健康服务体系的章程。该章程规定的第一条原则是：

> **英国全民健康服务体系为所有人提供全面的服务，**不分性别、种族、残疾与否、年龄、性向或信仰。它有责任为每个人提供服务，并尊重他们的人权。与此同时，它有更广泛的社会责任，通过提供的服务促进平等，并特别关注那些在健康和预期寿命方面落后于其他人的族群或阶层。[140]

很难想象对基于人权和社会团结的方法，还有比这一原则更明确的表述。

其次，与前几章所述的其他监管机构一样，护理质量委员会不是孤立行事，而是和其他的不同监管机构一起组建了一个网络，并由此推动了共同的监管事业。当然，最重要的是国务大臣的角色；部长制定的标准构成了健康护理委员会和社会护理检查委员会工作的基础，并且随着部长确立了登记的要

求，这些标准也将继续成为护理质量委员会许多工作的基础。根据其他一些法定条款，委员会也与政府保持着关联性，例如 135
要求考虑政府政策的条款。政府的广泛参与在这方面当然完全合法，理由既包括民主问责，也包括试图确保对复杂系统进行连贯的监管。重要的是，参与是公开的，其实现途径是采用发布的方法，以及基于咨询制定标准和其他规则。我们将在下一章看到护理质量委员会与其他监管机构之间存在的问题，尤其是 2009 年底发生的有关医院质量评估系统的事件，最终导致主席辞职。在全面登记要求生效后，这是否会有所改进还有待观察。

最后，护理质量委员会及其前身在组织用户参与他们自己的决定和受监管组织的活动时，采取了一种富有想象力的方式。这是伊恩·肯尼迪爵士发布的关于健康护理委员会作用的愿景的核心内容；在此，创新性的手段投入使用，例如参加社会护理检查委员会监管的“经验型专家”。特别重要的是，法定要求规定，护理质量委员会在其工作开始时须发布用户参与声明。事实上，发人深省的是，强有力的部长参与监管制度并不妨碍直接用户参与机制的共同推进；针对护理质量委员会的要求和由此产生的声明可能成为其他监管机构的典范。在这种情况下，通过部长参与实现的议会民主和通过监管机构自己的程序实现的参与民主，不是相互替代的方案，而是相辅相成的。

第七章

“监管者”：全民健康服务体系基金信托医院的独立监管机构

136 本章所要论述的监管机构与之前的不太一样。它的规模较小，初看上去好像仅限于对全民健康服务体系基金信托医院进行财务授权和监督。实际上，“监管者”*这一独立监管机构的职权范围远不止这些。正如其主席在一篇年度报告的前言中所指出的，“‘监管者’的存在可以提高各类服务水平。这可能看起来和我们的职能无关，但这是事实。而且，这或许正是议会在2003年立法设立全民健康服务体系基金信托医院和一家独立监管机构的目的所在”。[1] 这引发了关于“监管者”、护理质量委员会和全民健康服务体系内部统筹机构（commissioning bodies）之间关系的诸多重要问题。

---

* 本书中“Monitor”专指英国政府设立的全民健康服务体系基金信托医院的独立监管机构，译为“监管者”，而“regulator”则译为监管机构，以示区别。

背景

根据《2003 年健康与社会护理（社区健康与标准）法》，全民健康服务体系基金信托医院建立，由此产生的监督机构被称为“监管者”。[2] 根据卫生部的说明，整个过程是基于公共服务改革的四项准则：针对全民健康服务体系制定明确的国家标准和问责要求，卫生部向临床医师和一线医疗管理者下放更多权力，全民健康服务体系内的员工更具灵活性，为患者提供更多元化的服务并给予更多的选择。信托医院并不受国务大臣指示的约束，它们是“监管者”授权建立的；正如该机构名称所示，“监管者”还监督信托医院的绩效。比起全民健康服务体系内的其他机构，信托医院有更大的财务自由和管理自由，包括保留盈余或是投资新服务业的自由；原则上，还可以获取 137
私人资本的投资。统筹机构可以通过法定的合同，从全民健康服务体系基金信托医院这里购买服务。医院通过成立向院长理事会（Board of Governors）负责的管理委员会（Management Board），在地方承担责任。院长理事会有权指定管理委员会主席和非执行董事，并可在征得 75% 的理事会成员同意后罢免首席执行官。它代表的是利益相关者，包括由初级护理信托医院和地方当局任命的成员，以及由当地居民、患者、员工组成的“会员社区”所推选的成员。然而，很多人还是对当地问责机制的有效性提出质疑。[3]

基金信托医院看似拥有很大程度的自主权，但在实践中却很受限。[4] 例如，私人借贷受到限制；医院接收自费患者的数量设有上限，以防从自费患者处获得的收入占比超过获得基金信托医院地位之前。后者作为保障机制的一部分，旨在确保这些信托医院体系贯彻全民健康服务体系的原则；基金信托医院也需要支持全民健康服务体系的价值和原则，保障高水平的国家标准，以及确保资产没有被用作买卖、抵押或其他不利于公共利益的用途。[5]

政府原本是希望全民健康服务体系下的所有信托医院都可以在 4—5 年内变更为基金信托医院这一运营模式。这一目标已经调整为，到 2008 年，所有医院都可以申请基金信托。鉴于“监管者”拒绝了很大一部分的申请，这个目标将无法实现。2008 年的政策是让全民健康服务体系基金信托医院可以在接下来的三年提供所有的急性和心理健康服务，主要通过成功的申请者与非基金赞助的医院进行合并或者并购来实现。在 2009 年 8 月，225 个提供急性和心理健康服务的全民健康服务体系的信托医院中，有 122 个转变为基金信托医院。

“监管者”的职能

《全民健康服务体系基金信托医院指南》(*Guide to NHS Foundation Trusts*) 将“监管者”这一新监管机构的职能总结为：针对基金信托模式的申请者给予类似许可的授权，监督是否遵守授权要求，对授权进行周期性审查，采取措施减少违反授权的情况，就获得许可的机构的活动发布年度报告。[6]

在授权过程中，“监管者”最关注的问题是基金信托医院的成立是否合法，是否有可观且稳定的财务状况，是否管理得当。评估先是采用了卫生部提供的模板，在此基础上，“监管者”制定了一份《示范核心章程》(model core constitution)。早些时候，申请者被要求参与当地的咨询，并且申请必须获得国务大臣的同意。上述核心章程包括了针对治理的重要要求。[7] 监管机构还须符合其他大量的要求，包括有关财务可持续的规定，以及提供全民健康服务体系核心服务的要求。让每位申请者都能成功地通过评估是不可能的，在 2008—2009 年共有 43 个申请者，最终有 26 个获得授权。

“监管者”根据其设计的《合规框架》对基金信托医院的工作进行监督。所有的基金信托医院都被要求准备年度计划和季度汇报。[8] 基于这样的监管机制安排，可以开展风险评级，考虑的内容包括年度和季度的财务水平、管理水平和根据授权条款提供的强制性服务的水平。例如，针对风险治理的评级采用了类似交通灯系统的风险评级方式，绿色代表管理行为符合授权条款，橙色代表有一个或几个方面不符合，红色代表严重不符。[9] 对治理的评估纳入了临床诊疗质量，其中典型的例子是在降低耐甲氧西林金黄色葡萄球菌 * 检出率方面所取得的进展。[10] 医院在进行大型投资（总资产、收入或者总资本的 10% 以上）或者实施兼并行为时，应当告知“监管者”，并由“监

---

* 耐甲氧西林金黄色葡萄球菌（Methicillin-resistant Staphylococcus aureus，简称 MRSA），金黄色葡萄球菌的一种独特菌株，具有广谱抗药性，包括甲氧西林（Methicillin）及其他结构相同的β-内酰胺类和头孢类抗生素。MRSA 于 1961 年在英国首次发现，现时已广泛散播，也被称为“超级细菌”。

管者”在风险评级时评估这些情况的影响；有关基金信托医院合并的提议都须获得“监管者”的正式批准。在征求了全民健康服务体系的合作与竞争小组的建议后，“监管者”还可以适用竞争规则。

最后，“监管者”对违背授权要求的情形有广泛的干预权。这种干预可以通过医院自身的院长理事会来启动，因为院长理事会有义务将管理委员会违反授权要求的行动报告给“监管者”；还可以通过护理质量委员会的检查，或者通过“监管者”自身对某些信息的关注来实施。监管机构可以实施的纠正行为包括：要求增加额外的报告文件，下发正式或非正式的警告信，撤销部分或全部的管理委员会成员，或者要求重新选举院长理事会的成员，并最终建议医院的所有资产转移到全民健康服务体系内的其他机构名下。当信托医院无法履行财务方面的义务时，“监管者”可以解散院长理事会并撤销管理委员会，
139 令该信托医院停业。[11] 而在其他情况下，《2009 年健康法》赋予了“监管者”取消授权的权力，并规定国务大臣有权正式要求“监管者”采取行为，包括作出取消授权的决定；“监管者”若要拒绝执行国务大臣的要求，必须在七天内公开说明拒绝的理由。[12]

当然，“监管者”进行干预的第一步是要确保违规现象没有发生或者已得到纠正。例如，2008 年 2 月，对照耐甲氧西林金黄色葡萄球菌的年度指标，“监管者”认定八家基金信托医院存在严重问题。五家基金信托医院被发现明显违背了要求控制感染问题的授权条款，应予以最高级别的密切关注。在这

些医院同意执行纠正计划后，后期的评估表明这些问题降到了较低的风险等级。[13] 在其他的案例中，当发现严重的治理风险或者财务风险时，“监管者”会约谈这些违规者，并进一步采取改进措施。在 2008—2009 年，只有两次正式动用了干预权。[14] 在 2009 年末，“监管者”针对一家医院采取了正式行动以提高其绩效，所采用的方法是派遣外部的工作组和该医院的管理委员会一起工作。而针对另外一家医院，则是辞退了医院的主席。

处于监管空间中的“监管者”：机构

“监管者”是根据《2003 年健康与社会护理（社区健康与标准）法》成立的，尽管这些要求已经被整合到《2006 年国家健康服务法》（National Health Service Act 2006）中。该法将“监管者”定性为法人机构，成员不超过五名，由国务大臣在全民健康服务体系人事任命委员会的推荐下任命；机构不设独立的首席执行官。[15] 成员根据他们的任命条款任职，国务大臣有权撤销任何能力不足或者有不当行为的成员，当然还有其他撤职理由，这与护理质量委员会的情形不同。该机构的审计由主计长兼审计长负责，同时它不具有王室机构的性质。[16]

“监管者”在年度报告中强调：“尽管‘监管者’的独立性对于充分有效地履行法定职权来说至关重要，但是，我们也寻求与其他机构建立合作伙伴关系……”[17] 从很多方面讲，该机构都是本书所介绍的诸多监管机构中最具独立性的，例如，部长无权干预它的工作。但是，该机构的执行主席在《2007—2008年度报告》中表示：“令人非常沮丧的是，政府没有在2007年通过立法把‘监管者’改组为与其他监管机构
140 一致的完全独立的主体，但是我们会继续为此努力。”[18]“监管者”本来可能成为非内阁政府部门，这样就可以直接与财政部而非卫生部进行预算谈判。国务大臣确实在这个过程中具有举足轻重的作用（虽然比起在上文讨论的监管机构中所起的作用要小得多）。全民健康服务体系下的组织要申请获得基金信托医院身份，就必须取得部长的同意。而且，《示范核心章程》中的模板最初也是由卫生部提供的。一个特别的问题是，卫生部和“监管者”一度关系紧张。“监管者”的执行主席向全民健康服务体系的首席执行官表达了自己的不满，因为卫生部就感染控制、深度清洁和护士长等问题发给基金信托医院的书信中，使用了“指令性”和“冒犯性”的语气。他认为这些来信有违立法，且只能被理解为在发布指示，这些指示意味着基金信托医院“与卫生部直接形成了纵向管理（line management）问责关系”。尽管“监管者”的执行主席把这种紧张关系形容为由全民健康服务体系改革引发的一场争论，但是健康委员会指出，卫生部和“监管者”仍在就政府干预基金信托医院事务在何种程度上具有正当性的边界问题进行协商，它建议政府采取措施厘清这一问题。[19]针对这一问题，有评论家指出基金信托医院实际享有的自主性比原先所建议的少得多，“监管者”在其中可以起到重要的矫正作用，在医院和国务大臣之间形成缓冲。[20]

“监管者”和护理质量委员会之间的关系也尤其重要。“监管者”显然不再仅仅针对基金信托医院财务安排的监管机构，同时也承担监管医院治理质量的主要责任。正如上一章所提到的，根据《2008 年健康和社会护理法》，护理质量委员会也负责质量登记和检查，这一职责已经延伸到全民健康服务体系内的机构，包括基金信托医院。这导致了责任重叠和潜在的冲突。我们已经看到健康护理委员会和“监管者”采用的方法是完全不同的。

“监管者”和健康护理委员会达成了谅解备忘录，以此作为协商与合作的基础，向基金信托医院提供清晰、持续的信息。然而，由于由其负责登记的基金信托医院在遇到问题时，“监管者”有权进行直接干预，它与护理质量委员会在管理中的定位就在无形中变得越发困难了。“监管者”已经意识到这一潜在问题，在《2007—2008 年度报告》中，它对之后成为 141
《2008 年健康和社会护理法》的法案作了相关阐述：“当法案于 2007 年公布时，我们就向议会表达了我们的关切，即计划出台的法律需要更加清晰，特别是全民健康服务体系基金信托医院出现问题时，‘监管者’和护理质量委员会都有实施干预的权力这一方面。”“监管者”依然担心这两个监管机构的有关职责缺乏明确界定，但是相信能够与新组建的护理质量委员会建立密切的工作关系。[21] 向健康委员会提交的证据中也强调了这一点。根据“监管者”的执行主席所说，“监管者”和健康护理委员会之间已经和谐共处，双方都知晓各自职责所在。可是，护理质量委员会是一个“完全不同的、职权范围更广的机构”。在护理质量委员会开始和“监管者”主席共事之前早就安排了相关谈话，以确保“即便双方在登记方面都有一定的干预权力，也并不会导致他们对同一家基金信托医院下达相互冲突或者重复的命令”。[22] 相比之下，下议院健康委员会就没那么乐观，“是否有必要让基金信托医院接受两家独立机构的质量监督，这仍然是一个问题”，并且指出另一家监管机构——竞争与合作小组的设立还会让问题变得更加复杂。[23] 除了职责重叠的问题之外，健康委员会还发现职责存在空白地带：不管是“监管者”还是健康护理委员会或是它的继任者，都不明确具备确认创新和推广最佳实务的职权。[24]

在 2009 年初，严重的问题暴露了出来。健康护理委员会发布了一份谴责斯塔福德郡中部医院的报告，而这家医院在一年前刚获得“监管者”的授权。下议院健康委员会认为这简直难以想象，这件事表明这两家监管机构间根本没有就基金信托医院的情况进行沟通，健康护理委员会只是在偶然情况下才知道“监管者”已经决定赋予该医院“基金信托医院”的地位。[25] 部长的证据也表明，“监管者”在关于信托医院绩效管理方面应起到何种程度的作用是令人困惑的。[26] 健康委员会的结论是，该案例**“暴露了‘监管者’对授权的评估程序存在严重的缺陷”**，并且**“考虑到‘监管者’和护理质量委员会各自承担的角色，它们很可能存在职能混乱和职能冲突”**。[27]“监管者”表示它正在考虑从更广阔的渠道收集临床诊疗质量的信息，并且从正式渠道获取护理质量委员会对每项申请的意见。此外，它也会和护理质量委员会一起，采取进一步的举措来制定针对监督标准合规情况的具有连贯性的监管框架。2009—2010年度，它们将对治理指标和年度健康 142
检查使用统一的标准，并在护理质量委员会获得登记方面的职能之后，更新监管措施和协调方法。这样就可以明确护理质量委员会是质量问题的首要监管机构，而“监管者”则是医院治理问题的首要监管机构。两家监管机构签订了谅解备忘录，将其作为采用上述方法的基础。备忘录明确了合作的一般原则，包括两家监管机构之间的沟通，对基金信托医院的登记和授权以及违反监管要求的情形作了特别规定。[28] 在2009年末，本书上一章提到的一家经授权的基金信托医院被发现存在严重缺陷，根据护理质量委员会提供的质量信息，以及“监管者”对医院董事会效率的关切，“监管者”采取了正式行动。

最后，“监管者”与全民健康服务体系内的统筹机构也有关联，例如初级护理信托医院，后者自身也负责确保质量。我们在上一章里探讨过，在新的监管框架建立时，统筹机构的作用被认为是变革的关键驱动力。健康护理委员会也强调了对统筹机构开展监管性审查的重要性。在《2008—2009年业务计划》中，“监管者”表示将格外重视与统筹机构建立良好关系，从而创造条件改进基金信托医院的经营，鼓励创新，使统筹机构更好地发挥确保基金信托医院遵循授权条款要求的作用。[29]“监管者”希望，今后有越来越多的合规指标由统筹组织在地方层面进行规定，并通过合同管理过程监督指标完成情况。[30]

总而言之，“监管者”是复杂的监管空间的一部分，在关系网络中与其他多家机构相联系。在一系列初期问题出现后，各方已经采取行动，明确不同机构之间的行政权责分配。这是否有效还有待考证。

处于监管空间中的“监管者”：义务

制定法中没有明确说明“监管者”的目的。但是，“监管者”的一般义务是，其职能行使方式应与国务大臣的特定职责履行方式保持一致，具体包括：促进免费提供综合健康服务
143 （除非法律对于服务提供另有规定），提供特定类型的服务以符合英格兰境内所有的合理要求，以及确保向大学提供设备供临床教学和研究之用。[31]《2006 年国家健康服务法》中对经国务大臣同意后给予基金信托医院地位的申请和对获得授权的申请作出规定。该法的附表中还罗列了所有基金信托医院的章程中应当包含的基本要求，包括代表公众、员工和患者的医院成员的资格，以及基本的治理结构。[32]提出申请的基金信托医院需要就公众和患者的选民团体能否代表那些符合资格的成员这一问题开展咨询，并且对于有关申请的更一般性的条件也需要开展咨询。[33]法律还规定，基金信托医院章程的变更需获得“监管者”的批准，而且“监管者”在考虑了健康服务咨询机构的报告后有权变更授权。[34]

立法中包括了“监管者”对基金信托医院施加的实质性限制。“监管者”必须制定《审慎借贷守则》（prudential

borrowing code），以限制每家基金信托医院所允许的总借款额度，而且可以在咨询后对该守则进行修改。[35] 重要的是，《2006 年国家健康服务法》要求授权必须确保基金信托医院的主要目标是以在英格兰提供健康服务为目的，提供物品或服务。[36] 授权可以包括为来自自费患者的收入确定上限，并且基金信托医院不能在未经监管机构同意的情况下处置受保护的财产（指授权时指定属于提供核心服务所需的财产）。[37] “监管者”有权采取如下的方式处理未达成目标的基金信托医院：发布指示，撤销管理委员会董事或者院长理事会，以及最终解散该基金信托医院并将其资产转移给全民健康服务体系下的其他机构。[38] 基金信托医院之间或与其他的全民健康服务体系信托医院的合并，都需要得到“监管者”的同意。[39]

就“监管者”自己的政策而言，值得注意的是，在阅读其总体计划之后，我们可以比较明确地看到，被提及最多的不是直接监管干预，而是权力下放和激励措施。它的愿景被描述为：

> 在价格可以承受、**权力下放**的健康护理系统中，可由患者自主选择并由统筹组织向众多服务提供者购买优质的健康护理，这些服务提供者是在对专业管理和财务稳健提供激励的监管框架中运营的。

“监管者”的战略是实施符合比例的、基于风险的监管制度和严格的评估程序。[40]《总体计划》中明确的五项目标是：

144 实施符合比例的、基于风险的监管体系；实施严格的评估程序以确保基金信托医院成员组成合法、治理良好、财务稳健；促进领导有方的全民健康服务体系基金信托医院的发展；继续为建设价格可以承受、发达的医疗保健系统做出贡献和发挥影响，“对专业管理和财务稳健的服务提供者提供激励，使其具有创新性和回应性”；继续作为高绩效的组织而演进。[41] 每份年度报告开篇都会明确“监管者”的愿景、任务、战略，并且提供框架以便根据更具体的业务目标评估具体进展。更具体的计划则在明确来年将要推进之行动的年度业务计划中予以阐述。

“监管者”的确还处在运作的初期，但上议院健康委员会已经对其进行了审查。该委员会在 2003 年颁布的第一份有关基金信托医院的报告中没有提到“监管者”，毕竟当时“监管者”尚未设立，不过报告已经提出了一系列相关的问题，包括：承诺基金信托医院享有的管理自由在多大程度上是真实的，以及医院要同时向健康护理委员会和“监管者”负责，这导致了更加严重的官僚主义。[42] 健康委员会认为，还应该采取更大的举措确保基金信托医院的成员组成中有弱势群体的代表。[43] 在 2008 年的一份简短的报告中，该委员会对这一**“似乎备受好评”**的监管体系还是持赞赏态度的；然而，正如上文提到的，它担忧的是健康护理委员会和新组建的合作与竞争小组之间存在重复监管问题，且在确认创新和推广最佳实务方面缺乏明确的监管责任。[44] 考虑到上文提过的患者安全，这些问题将引发更为严厉的批评。

“监管者”及其监管模式

促进效率和消费者选择的监管

正如我们将在下文看到的，“监管者”的监管绝不仅限于财务监管，它还须检查医院治理和服务供给。然而，从另一方面看，“监管者”可以被视为以经济性方法进行监管的机构，它的特点是将强调激励作为主要监管工具，采用基于风险的方法，并强调符合比例的监管。

当然，对于有些工作，“监管者”必须采取更直接的经济手段，有些方法更像是金融服务管理局（Financial Services
Authority）的行动方式。该方法可以是在成立基金信托医院 145
时确保这些医院财务的可持续性，以免医院因贷款过多或者其他财务活动而陷入危险境地。比如根据国务大臣的要求，每家基金信托医院都在自己的守则中规定了“审慎借贷限额”，以免医院超额借贷而对服务构成风险；一旦风险因素增加，“监管者”可以降低借贷限额。[45]概括来讲，重点是监管框架如何为基金信托医院提供激励。根据“监管者”的总体计划，它的目标是“构建透明有效的监管框架，**以激励全民健康服务体系基金信托医院的管理更专业，财务更稳健**，能够顺应患者和统筹管理机构的需要，提供创新性的服务”。[46]这可能会导致它与全民健康服务体系下的其他机构关系紧张，因此，向健康委员会提交的一份学术性证据指出：

> 基金信托医院显然获得了一系列的激励措施，能够

> 对自己的活动、事务和……盈余承担比过去大得多的责任。如果愿意，基金信托医院可以更多地关注它们的内部程序和决策路径，这显然确立了一种自利模式，即医院对自己的信托边界负责，该边界以外的便是外部问题：那超出了它们的职责范围。[47]

在考虑与当地健康社区的关系时，上议院健康委员会总结道，尽管在过去进行了成功合作的各个社区中，情况依然会如此持续下去，但是有证据表明，在其他一些领域，基金信托医院的存在可能会导致紧张关系和不满情绪。[48]

从监管的风格来看，“监管者”在很大程度上需要采取符合比例且基于风险的监管方法。“监管者”的所有文件都强调了这一点。[49] 在第一份年度报告中，“监管者”称其“基于风险的方式”是与《汉普顿报告》紧密对应的（见第十章）。[50] 这一监管方法以经咨询后发布的《合规框架》为基础，并以医院自身承担遵守授权条款的主要责任为前提。《合规框架》的三个主要组成部分是：用于设定风险等级的年度评估，它是监管性审查采用何种频率和程度的依据；一年内的监督安排，针对最低财务风险的医院，监督频率可以由最初的每季度一次减至每半年一次；必要时进行干预。风险评级主要用于财务、治理和强制性服务三个领
146 域。借贷限额也会随着财务风险评估结果的不同而变化。更进一步的要求包括，医院管理委员会自我证明已建立监督和改进质量的制度。[51]“监管者”发布的年度或季度报告涵盖了医院的绩效和风险评级。《合规框架》认为这种方式属于“回应型监管”

（responsive regulation）；"'监管者'希望在'无意外'的理念和开放交流的基础上，建立基于信任的监管框架"。[52]

"监管者"积极采用了政府的"优化监管"倡议所建议的方法。事实上，与之前讨论的其他监管机构相比，"监管者"践行优化监管倡议的力度更大，这部分反映了它作为新兴机构的特点。从另一个角度讲，"监管者"展示的监管方法多数基于经济性监管而非社会性监管，这一点在"监管者"于2005年向政府提交的《健康和社会护理监管的更全面评审》（Wider Review of Regulation of Health and Social Care）中得到了极为明确的体现。这份评审报告与前文讨论的健康委员会提交的内容形成了鲜明对比。[53]"监管者"所设想的系统是充分实现购买者和提供者的分离，以及独立提供者的多样化的系统。提供者和支付系统都将受到独立监管机构的监管，并由消费者检查团（consumer inspection inspectorate）根据国家的医院治理标准衡量其表现，但是支付和提供将在不受直接政治干预的"运营"空间中进行。[54]然而，因为在信息问题和垄断性质的购买者方面会发生严重的市场失灵情况，公共服务精神和基于信任的社会准则仍有存在的余地。[55]确立监管和检查的关键理由是市场失灵，同时从市场失灵出发，可能可以确定监管和检查的目标。这些方法大致可以归入保护消费者和确保系统有效这两大类，但应通过直接改善市场构成的结构和功能的方式来找出市场失灵可能在何处发生。而基于市场失灵所确定的七个目标*分别是：防止患者接

* 以下仅罗列了六个目标，疑为作者笔误。

受不合格的护理，使患者有能力做出重要选择，确保可持续能力，保证在财务出现问题的情形下获得必要服务，鼓励竞争以提高质量并提供更多选择，证明收费的准确性和真实性。[56]

在“监管者”看来，质量和经济问题的监管应该分设不同的监管机构；因为一家监管机构同时负责这两类事务的监管会导致内在的利益冲突，导致为了保证提供者的稳定性而牺牲患者护理，或将提供者的稳定作为权衡取舍对象的风险。此外——

> 经济问题和质量监管所需要的技术不同，它们之间真正的协同作用相当有限，而且让一个“超级监管机
> 147 构”在健康护理领域构建广泛的技术基础，以求有效开展质量监管和确保系统有效这两个完全不同的活动，是相当具有挑战性的。很大程度上正是基于这些原因，众多受监管的行业将系统监管和质量监管相互分离。[57]

这与健康护理委员会的观点截然不同。健康护理委员会认为，“质量监管”和“经济性监管”的分离通常没有益处，且监管职能是要同时考量质量、经济和财务因素的。权衡取舍是必要的，但最好是由“一个有全局视野而非仅对某一方面负责的监管机构来进行”。[58]“监管者”认为经济性监管机构还应该负责全民健康服务体系中的竞争问题。[59]正如我们在前章讨论护理质量委员会的设立问题时所提及的，“监管者”的观点占了上风。政府认可了这样一套类似的监管职能，并且分别设立了质量和经济性监管机构，不过竞争问题交由全民健康服

务体系内新设的非法定的合作与竞争小组（Cooperation and Competition Panel）处理。“监管者”将执行由全民健康服务体系听取合作与竞争小组的意见之后对基金信托医院制定的《合作和竞争的规则与原则》（Principles and Rules of Cooperation and Competition）。然而，正如下文所述，质量监管和经济性监管的责任分配并没有明确的分界线。

监管与人权

质量监管和经济性监管分离的结果之一就是，“监管者”在保障人权方面只起到有限的作用。正如我们在前章所讨论的，保障人权属于护理质量委员会负责的事务。有一些需要“监管者”处理的问题（诸如治理质量和服务获取）是与权利相关的，但是它们更适合归入下一个小节的讨论中。

监管与社会团结

正如本章开头所提到的，“监管者”的报告中有不少内容强调它不仅仅是基金信托医院的财务监管机构，而且要负责监管医院的治理质量。这一点鲜为人知，就连利益相关者也知之甚少。[60] 鉴于基金信托医院依然是全民健康服务体系的一部分，这类监管具有社会团结的要素。“监管者”的执行主席表
示，人们期待医院“实现更为广泛的社会目标，诸如可持续和 148
多样性”。[61]《2006 年国家健康服务法》规定的“监管者”的一般义务是，履行职能的方式应与国务大臣履行具体职责的方式保持一致，其中包括促进综合健康服务的免费提供（除非关

于服务提供另有规定）。[62] 在成立第一家基金信托医院时，对其作出的安排中便包含了广泛的保障措施。这些保障措施包括：要求基金信托医院支持全民健康服务体系的价值和原则；保障全民健康服务体系中的服务符合较高的国家标准；确保全民健康服务体系的首要目标是向患者提供可免费使用的全民健康服务体系的服务，并确保患者根据需要而非支付能力获得治疗；防止资产被用作买卖、抵押或其他不利于公共利益的用途。[63] 更多具体的保障则包括要求为全民健康服务体系的患者提供在其授权中所定义的“受监管的服务”（regulated services），以及未获监管机构同意不得擅自处置这类服务所需的“受监管的资产”（regulated asset）。[64] 基金信托医院还被禁止股份化，也被禁止取得普通商业公司的地位。更加重要的保护措施是设置自费患者上限。这一制度禁止基金信托医院从自费患者处获取收入的占比超过 2002—2003 年的占比，如果是精神健康信托医院，这一上限为零。[65]

尽管保障措施如此广泛，但是它们依然没有消除对基金信托医院可能会给全民健康服务体系的其他领域造成影响的担心。上议院健康委员在 2003 年评审中多次发出风险警示：存在向其他组织转移资源的危险，而这些组织并不对某一社区的健康需求承担战略分析的职责；存在从业绩较差的医院抽离资源的危险；优先获得资金（包括盈余）会产生从全民健康服务体系中最急需资金的部分吸走资源的影响。[66] 在 2008 年的报告中，健康委员会指出当前的进展喜忧参半；有些人担忧基金信托医院对地方健康经济产生的影响尚不明朗，而在基金信托医院出现之前就已存在的良好关系仍在延续。然而，在其他领域存在着紧张关系，而且除了精神健康领域外，基金信托医院对于在医院外提供更多的全民健康服务体系护理的贡献非常有限（尽管这也可以归因于根据结果付费的制度）。[67]

现在来讨论“监管者”在确保基金信托医院符合质量标 149
准方面的职责。2006 年修改后的《合规框架》更加强调提供优质护理和符合国家标准的义务。这项义务包括：对强制性服务的提供进行风险评级；自我证明已经建立了监督和改进质量的制度；有明确的方法根据国家核心标准和指标对服务绩效进行监督，指标中应包括在绩效不佳时采取监管干预的准则。[68] 在服务质量低下时进行干预的例子包括：降低上文所述的耐甲氧西林金黄色葡萄球菌检出率，以高度标准化的死亡率和老年人住院时间长度为判断基础进行的干预，发生违反整形治疗的国家等候名单指标的情形时以及等候名单管理制度可能失灵时的干预。[69]

最后，“监管者”工作中的其他治理内容也可能产生社会团结的问题。早前曾提到，建立基金信托医院的关键主题应该是通过成员社区促使医院向本地人民负责。弱势群体的参与得到了一定强调。2003 年健康委员会的报告指出，有关本地问责机制的安排相当令人困惑。[70] 在 2008 年的报告中，健康委员会列举了几个良好实践的案例，但结论是新的治理安排迟迟未能实现效益，而且也缺乏有力的证据证明其有效性。健康委员会还对“监管者”直到 2008 年都没有对院长理事会成员发布指导感到“惊讶又担心”。尽管存在这些问题，但《示范核心章程》中对治理和地方参与是有要求的，而基金信托医院的申请必须以该章程为基础，同时《合规框架》还规定了“监管者”在治理失灵时进行干预。还需要注意的是，制定法规定了在授权时可以要求基金信托医院采取措施保障社区成员出任代表，并且满足报告要求以证明《合规框架》中对代表的成员身份作出了规定。[71]

审议

此处的审议针对三个独立的问题：利益相关者和公众参与“监管者”本身的决策，“监管者”负责监督基金信托医院的本地问责机制，全民健康服务体系中公众和患者参与的更宽泛的安排。

150 作为上文所述监管手段的一部分，“监管者”承诺通过“在‘没有意外’（no surprises）的理念以及公开交流的基础上建立基于信任的监管框架”，形成“回应性监管方法”。[72]这是它实施年度风险评估、全年监督和干预的依据，并且用以向医院管理委员会和员工、院长理事会成员，以及初级护理信托医院等的数量有限的目标受众提供评级，但是这些评级可能也是其他利益相关者感兴趣的。在最初的总体计划中，“监管者”承诺更加重视基金信托医院的绩效报告，还在业务计划中强调要发展和其他利益相关者群体的关系。[73]“监管者”已经着手加强和促进与统筹机构、健康顾问、议员的交流。[74]"监管者"还开展了众多的咨询活动，例如针对《合规框架》，它向利益相关者分发了2 000份咨询文件，收到100多份回复。[75]在对该框架进行修订时，"监管者"也开展了咨询。

"监管者"与其他的经济性监管机构一样不会公开举办会议，考虑到保密性财务信息的重要作用，这一点并不令人意外。不过，会议纪要会在网络上公布。"监管者"采用一种"外在主义"（externalist）的方法，主要是公众咨询和从外界收集证据，而不是像食品标准局和其他之前讨论过的监管机构那样采取开放会议的方式，或者像健康和安全执行局那样以三方成员制的方式直接在自身的决策框架中建立参与机制。

与前面几章所讨论的监管机构相比，这里的参与机制范围较小。这么做的部分原因是，"监管者"的角色主要是（尽管绝不仅限于）经济性监管机构，还有一部分原因则是，基金信托医院本身可以通过它们的成员制和治理技术向患者和公众负责。正如上文所述，"监管者"也负责这些制度的执法。因此，《2006年国家健康服务法》也对建立成员制和管理委员会作出了重要要求。[76]更多具体的条款则是在"监管者"根据卫生部的模板所制定的《示范核心章程》中规定的，所有基金信托医院的申请都必须采纳《示范核心章程》，将其作为申请书中包含的医院章程之依据，任何与《示范核心章程》规定不同之处都必须明确说明理由。《示范核心章程》主要包括了以下内容：建立由公众、员工和患者组成的选民团体（constituencies），规定与院长理事会和董事会有关的治理规则。例如，《示范核心

151 章程》规定院长理事会的会议必须公开举行，但会议可以以特定的理由将公众成员排除在外。[77] 不过，健康委员发现很多基金信托医院全部或者相当一部分的工作是以不对外公开的形式进行的，这令他深感担忧。“监管者”后来为这种做法进行了辩护。[78]“监管者”有责任确保基金信托医院符合上述要求，而这也被写入《合规框架》之中。[79]

最后，还需简要论述全民健康服务体系中的患者和公众代表制度，这些制度最近也经历了改革。[80] 针对基金信托医院不需要像其他信托医院那样建立患者和公众参与论坛的建议，2003 年健康委员会的报告提出了严厉批评。[81] 全民健康服务体系引入了论坛的模式，尽管政府在 2005 年的声明中指出不再针对急诊服务适用这一要求。然而，在题为“更强的地方之声”（A Stronger Local Voice）的咨询文件发布后，全民健康服务体系也发生了重大的改变。这份咨询文件提议废止患者论坛以及负责支持和管理这些论坛的健康领域患者和公众参与委员会，由每个地方当局管辖区域建立的地方参与网络取而代之。[82] 这一提议通过《2007 年地方政府和公众参与健康法》予以实施，该法为建立新的地方参与网络系统确立了框架，同时调整健康服务和地方当局的社会服务。[83] 地方参与网络将与它们所在区域内的服务提供建立联系，但是不是与具体的服务提供者建立联系，尽管基金信托医院属于该法调整的服务提供者的其中一种类型。现在评估这一改革的效果还为时过早，但值得期待的是，新的地方参与网络将如何与制定法要求基金信托医院具备的更加直接的地方参与方式互相作用。

结论

“监管者”与前面章节所述的监管机构之间在很多方面存在根本性的区别，而与后面章节中讨论的负责公用事业的经济性监管机构更为相似。“监管者”是一个小型组织，更强调激励机制的作用而非直接的监管干预；它还极为重视基于风险 152
的、符合比例的方法。相对来说，它并不太强调创新参与方法的重要性，部分原因在于这依托于基金信托医院的自行发展，而且“监管者”认为自己风险评级的目标受众数量有限，仅针对基金信托医院的管理委员会和高层员工、院长理事会的成员，以及规模更小的初级护理信托医院。[84] 值得说明的一点是，根据《2009 年健康法》，“监管者”必须考虑前章末尾所讨论的《全民健康服务体系章程》，而这带来了很多非经济性的考量因素。

相较于社会性监管机构，“监管者”所运用的监管方法和程序更类似于经济性监管机构。但是，监管的实质内容并不仅仅是经济问题或者财务问题。正如“监管者”所强调的，它在评估治理安全以及服务供给的质量方面也扮演了重要角色。就后者而言，“监管者”可能会与护理质量委员会（与其前身不同，护理质量委员会负责对包括基金信托医院在内的机构行使登记和执法职责）的工作重叠，导致如下问题：是否有必要建立（或者在新的委员会承担登记职能后保留）第二个类似“监管者”这样的监管机构。正如我们早先看到的，“监管者”对此持赞成态度，因为经济性监管要求的技能和质量监管大不一样，并且单独一个监管机构很难具备这两项任务所需的广泛的技术基础。有的监管机构是把两种职能结合在一起，下一章我们要讨论的就是一个采用这种结合的显著例子：通信监管办公室。通信监管办公室既是经济性监管机构，又承担了与公共服务广播相关的重大社会责任。将差异如此之大的职责结合起来，可能会使监管机构在决策过程中对不同机构价值观的权衡变得更有效率，更加透明。但是，因为"监管者"强调独立性这一特征和财务监管在其工作中占主导地位，根据财务专业能力和透明度的重要性，我们有充分的理由证明它作为独立的小型监管机构的存在价值。这与环境局和水务监管局承担不同职能类似。我们在第四章中了解到，很多相关的问题都是以行政手段解决的；经历了最初的困难后，"监管者"和护理质量委员会目前也正在厘清不同监管机构之间的关系。但是，这在实践中会产生何种影响还有待观察。

第八章

通信监管办公室

本章将要考察的是通信监管办公室（Office of Communications，简称 Ofcom）。这家大型监管机构承担了诸多不同的职能，范围异常宽泛，包括针对通信（现在采用电信这一符合欧盟要求的术语）的经济性监管、保护广播标准和隐私领域内的人权、提供普遍服务，* 以及保护公共广播服务的价值。 153

通信监管办公室的起源

通信监管办公室的设立与通信、广播和相关领域的监管机构的整合相关，迎合了通信服务中逐渐兴起的融合趋势。一直到 20 世纪 90 年代末，人们普遍认为英国通信监管体系过于复杂。在这一领域，我们可以找出不少于 14 个法定监管机

---

* 普遍服务（universal service），由政府制定政策，由企业负责执行，确保所有用户都能以合理的价格获得可靠、持续、基本的产品或服务。

构或自我监管组织。其中重要的主体包括：电信办公室（Office of Telecommunications，简称 Oftel），它成立于 1984 年英国电信私有化之时；独立电视委员会（Independent Television Commission），负责监管商业电视台。后者还受到广播标准委员会（Broadcasting Standards Commission）的监督，该委员会负责受理针对不公平对待、低俗内容的投诉，而英国广播公司则由自己的董事会负责监管。广播行业设有独立的广播电台局（Radio Authority），但是频谱管理则是由无线电通信局（Radiocommunications Agency）承担。此外，一般性的竞争执法机构也可能参与某些经济性监管，而其他领域则接受不同形式的自我监管，包括广告标准和网络监管。

在不同的媒体传播形式日渐融合的背景下，人们认为，当对传播方式的选择和传播内容的性质不再密切相关时，对它们进行分别监管也便不再有意义。[1] 2000 年末，政府发布
154 了一份重要的白皮书——《通信的新未来》（*A New Future for Communications*），着手解决这些问题。[2] 这份白皮书预测，不同媒体的融合已箭在弦上；政府的目标应是实现英国的竞争力，确保人们普遍获得对各种最优质服务的选择，以及确保公民和消费者的权益受到保护。[3] 白皮书建议新设统一的监管机构以取代现有的五个机构，负责整个通信部门的监管，这一新设机构应当拥有竞争立法的执法权，并有专门的权力促进通信行业的有效竞争；它应当保障人人可以获得服务；它还应当促进多元化和差异化，并保障广播质量。[4] 后者的实现应从监管的三个层次着手，第一层次是为所有广播公司设定基本要求，

而仅适用于公共服务广播公司的第三层次则通过自我监管落实。公民利益保护有赖于精确和公正的内容标准，而消费者利益的保护则基于为监管机构保障消费者权益所确立的一项首要要求。[5] 监管英国广播公司的职责将在该新设监管机构和经过改革的董事会之间进行分配。

更深远的变革背景是欧盟电信自由化。[6] 2003 年，欧盟开始实施一项新的一揽子监管方案，旨在通过技术中立且更为清晰的监管原则回应上述的融合趋势。这些原则既包括竞争和许可要求的自由化，也包括保障普遍服务；一揽子监管方案主要由成员国的监管机构实施。这进一步促进了英国的改革，对于确定新设监管机构的任务来说也具有重要意义。

英国政府就白皮书中的这些提议广泛征求了公众意见，包括发布一份法律草案。《2002 年通信监管办公室法》(Office of Communications Act 2002) 的通过起到了奠基性的作用，该法没有规定新的监管职能，仅仅设立了通信监管办公室作为新的监管机构。将落实监管改革主要内容的《通信法案》(Communications Bill) 引起高度争议，这些争议多数不是针对新监管机构的监管原则，而是与公共服务内容的自由化和公共服务广播的所有权制度有关。这又进而影响了通信监管办公室拟承担的义务。在《通信法案》的立法程序后期，由议会两院组成的联合委员会对这一特定的影响进行了审查，而该委员会的主席普特南勋爵曾经担任电影制片人。[7] 值得注意的是，尽管白皮书既提到了公民利益，也提到了消费者利益，但是前者并没有在法律草案中得到特别体现；“我们收到的证据反映了如下关切，即公民的民主、社会和文化利益，155 这些与广播内容相关的最为显著的利益并没有在确立通信监管办公室的总体义务时得到应有的重视”。[8] 联合委员会建议，新设的监管机构应当承担同时保护公民利益和消费者利益的双重首要义务。[9] 在法案通过的最后阶段，普特南勋爵动议的一项修正案将这种双重义务纳入了法案。双重义务的意义将在下文讨论。[10]

同时，人权联合委员会也对法案进行了审查，并对其中一些内容提出了若干重大的关切。事实上，该法案的特殊之处在于，它没有充分说明，依据《1998 年人权法案》第 19 条的规定，该法案与《欧洲人权公约》之间不存在矛盾，因为法案的规定与欧洲人权法院有关政治广告的判例法之间存在潜在的冲突（见下文）。[11] 人权联合委员会的关切主要涉及《欧洲人权公约》的规定包括第 6 条获得公平听证的权利、第 8 条私人生活获得尊重的权利、第 10 条自由表达的权利和《〈欧洲人权公约〉第一议定书》第 1 条和平享用自己财产的权利。然而，这些批评无一触及新设监管结构的核心问题。在《通信法》通过后，通信监管办公室于 2003 年末接管了现有监管机构的工作。[12]

通信监管办公室的职能

为了落实《通信法》确立的六个方面的义务，通信监管办公室明确了如下的主要职能：

（1）确保电磁频谱的最佳使用；
（2）确保电信服务（包括高速数据服务）覆盖整个英国；
（3）确保提供优质和具有吸引力的各类电视和广播服务；
（4）维护广播节目的多元性；
（5）为观众提供充分的保护以防粗俗或有害内容的侵害；
（6）为观众提供充分的保护以免遭受不公平对待或隐私遭受侵犯。[13]

值得一提的是，《邮政服务法案》（Postal Services Bill） 156
赋予了通信监管办公室在邮政服务监管和保障普遍服务方面的新职责；出于其他原因，这部法案在2009年夏季被撤回，但是很可能会重新提出。此外，《数字英国》（*Digital Britain*）这一最终报告（下文还会讨论）提议，通信监管办公室应当获得打击网络侵犯版权行为的新职责。

处于监管空间中的通信监管办公室：机构

通信监管办公室是依据《2002年通信监管办公室法》设立的，《2003年通信法》（Communications Act 2003）赋予其职能。通信监管办公室是一个法人机构，不具有王室地位。[14]它不同于早期采用的由总监个人行使权力的公用事业监管模式，也不同于其他如美国联邦通信委员会（US Federal Communications Commission）之类的监管机构所采用的委员会制监管模式。相比之下，它所采用的模式与私营部门的做法更相近，且类似于金融服务管理局；因为它不是一个非内阁层级的政府部门，所以员工不属于文官，这样它也就更容易招募来自产业界的雇员。通信监管办公室的理事会包括一名首席执行官、其他执行成员还有非执行成员，当前，理事会共有九名成员，其中六位是非执行成员。成员依照各自的任命条件履职，在其出现破产、行为不当，或存在其他不能或不适合履行职务的情形时，由国务大臣予以免职。[15] 这种模式同时避免了总监个人负责制模式的权力私有化和委员会负责制模式下的利益交易。然而该模式的危险在于：没有为外部利益的代表提供足够的空间，以及非执行理事需要确保通信监管办公室适应所处环境，负担沉重。[16] 通信监管办公室还被要求考虑有关公共团体事务管理的总体指导要求和“良好公司治理的公认原则”，特别是 1998 年公司治理委员会发布的《公司治理联合准则》（Combined Code on Corporate Governance），该准则在更新之后继续强调了私营部门模式。[17] 通信监管办公室的账户由总计长兼审计长进行审计，国家审计署也对通信监管办公室的设立
157 开展了有价值的研究。[18] 立法还要求通信监管办公室成立“内容监督委员会”（Content Board，大部分成员来自通信监管办公室外部）来管理广播内容，和同样有自己独立成员的消费者调查小组（Consumer Panel）。[19]

就通信监管办公室和政府之间的关系而言，并不存在部长向通信监管办公室发布指示的一般性权力，通信监管办公室也不需要承担考虑政府政策的一般性义务。但是，政府拥有干预通信监管办公室之监管的诸多具体权力。例如在有关电信和

频谱的问题上，国务大臣可以基于国家安全的利益、与其他政府的关系，发布总体或特定指示，从而对通信监管办公室产生约束力，以保证国际义务得到遵守或公共安全、公共卫生得到保障。[20] 部长还拥有对频谱管理发布总体或特定指示的一般权力。[21] 国务大臣通过发布行政令，确立了履行欧盟义务所必需的普遍服务要求。[22] 国务大臣还可以就广告内容和方法发布指示，正如我们将看到的，这对于影响针对儿童的食品和饮料广告的决策而言具有重要意义。[23] 正如通信监管办公室所强调的，在保障公民权利事务上，它和政府之间的关系极其紧密。[24] 因此，不论是公共服务广播的审查还是宽带普遍接入的工作，最终都是以告知政府所作决定而非通信监管办公室自身的直接监管干预而告终（尽管存在着这类干预，例如由于公共服务广播的审查，减少对独立电视公司的监管要求）；而这一过程是高度透明的，所有向国务大臣提出的重要建议都会对外公布。[25] 在其他领域，工作必须与各利益相关者合作开展，例如通过由通信监管办公室领导的利益相关者联盟（Consortium of Stakeholders）推动数字形式的参与。[26]

当然，通信监管办公室的工作很大程度上也取决于欧盟制定的规则，以及与欧盟成员国之间更广泛的合作。正如上文提到的，2002 年一揽子监管方案包含的各项欧盟指令规定了电信基础框架；这些指令阐明的要求可适用于许可、反竞争行为的干预、普遍服务以及其他事项。各成员国监管机构负责执行，但是欧盟法对各国的自治程度构成了重要约束。[27] 欧盟委员还会发布关于执行一揽子监管方案的年度报告，报告主要

158 包括检查成员国监管机构的工作以及评估它们的独立性。[28] 通信监管办公室在欧洲监管机构组织（European Regulators Group）中扮演着重要角色（该组织代表的是欧盟成员国电信行业的监管机构，通信监管办公室是2006年该组织的轮值主席），并与政府合作制定这一领域的欧盟政策。虽然欧盟在电信领域具有特别大的影响力，但它在广播领域也有一定影响。例如，在《视听媒体服务指令》（Audiovisual Media Services Directive）起草期间，通信监管办公室针对将电视广播监管扩展到点播媒体领域的规定进行了艰难的游说，并成功地限制了新指令的适用范围。[29]

处于监管空间中的通信监管办公室：义务

通信监管办公室在多个领域承担着众多不同的法定义务，据估计不少于263项。其中最主要的一般性义务是增进公民利益和消费者利益，对于后者，可以在合适的情况下通过促进竞争来实现。[30]《2003年通信法》还要求通信监管办公室在履责时保障各种事项，包括确保全英国境内有大量的电信服务商和高质量的广播计划，以满足公众多样的口味和兴趣。[31] 通信监管办公室必须考虑那些要求监管活动应当透明、可问责、符合比例、前后一致和有针对性的原则，同时还要考虑“任何其他促使通信监管办公室体现最佳监管实务的原则”。[32] 通信监管办公室还应当重视一系列其他的事项，包括促进实现公共服务广播目标的愿望，促进运用有效的自我监管模式的愿望，以及鼓励投资与创新的愿望。[33]《数字英国》报告提议再引入一项首要义务，以促进通讯基础设施领域的投资。[34] 2009 年度女王致辞 [*] 宣布的《数字经济法案》(Digital Economy Bill)要求通信监管办公室在履行保障公民利益的义务时，考虑在电信网络和公共服务媒体内容方面促进适当投资的必要性。

即便是针对这些法定义务的选择，也会产生冲突。在这 159
种情况下，通信监管办公室要优先履行欧盟法规定的义务，在两项主要义务发生冲突时需说明如何解决该冲突的理由。[35] 通信监管办公室已经意识到经常会遇到在两项义务之间进行权衡的问题，此时就需要与政府合作。[36] 其他的法定义务包括审查监管负担的义务、针对机构活动的重要变化进行影响评估的义务、发布并符合即时标准的义务和提升媒体素养的义务。[37]

《通信法》还规定了其他众多义务，它们适用于通信监管办公室在各领域内的活动；例如在电信领域执行欧盟法的法定义务，这些欧盟法的规定主要与许可相关，但普遍服务也是重要领域。[38] 在频谱管理方面，通信监管办公室义务的履行因为效用性、经济利益、创新性和竞争的要求而面临较大压力。[39] 在广播行业，也有与作为整体的公共服务广播和个人广播公司的职责范围相关的重要义务。通信监管办公室有义务执行基本

---

* 女王致辞（Queen's Speech），每届议会开幕式上由女王宣读的内阁所起草的致辞，以向本届议会阐述其施政与立法纲要。议会闭会时也有类似的讲话，内容为内阁庆贺自己在本届议会期间的政绩。

广播标准，包括发布保障目标（如保护 18 岁以下未成年人）得以实现的标准守则，确保播出新闻的公正性和精确性，保护公众远离暴力和有害的节目。[40] 在一些情形下，这一职责既适用于英国广播公司，也适用于各商业广播公司。[41]

这一节对通信监管办公室大量法定义务的讨论点到为止。在早前对一些监管机构的讨论中我们已经看到，由于缺乏一般性的法定义务，这些监管机构的运作存在着规范真空。对于通信监管办公室来说，情形则正好相反，法定义务数量多到令人困惑。在某些方面，这说明通信监管办公室在取代了五个不同监管机构之后获得了不同的职能，但是即使如此，一般性义务之间显然还是可能发生冲突，而消除这类冲突将是政策制定和其他决定的核心问题。[42]

通信监管办公室采用的一系列监管原则如下：

（1）在运作时不会倾向于通过干预解决问题，但在必要时，会迅速且有效地进行干预；

（2）当市场自身无法实现某一公共政策目标时，基于特定的法定义务进行干预；

（3）寻找最小侵害的监管方法；

160 （4）致力于确保干预在审议阶段和结论时都是基于证据、符合比例、前后一致、可问责和透明的；

（5）监管要有一份规定明确、接受公共评审的年度计划，对政策目标进行说明；

（6）对市场持续开展研究；

（7）在对市场施加监管前，广泛咨询利益相关者，并评估监管行为的影响。[43]

通信监管办公室最初的任务是“通过适当的、鼓励竞争的监管体系增进公民利益”，[44] 并从电信、频谱和公共服务广播三个方面予以落实。通信监管办公室在五个关键领域设置了一个三年战略框架，并以明确工作重点及其关键要素的年度计划细化具体内容，从而进一步细分了很多精细领域和优先顺序。

通信监管办公室及其监管模式

促进效率和消费者选择的监管

上文提到通信监管办公室的主要义务是促进公民和消费者的利益，而促进消费者利益的义务可以具体表述为：“通信监管办公室的主要义务是，在履行它的职能时……在相关市场中促进消费者的利益，并在适当的情况下促进竞争。”[45] 2006年通信监管办公室发布了一份消费者政策声明，强调政策目的是为市场运行提供便利、清除障碍，并矫正市场失灵，否则可能会妨碍监管机构获得有关消费者需求的信息。[46] 在执行竞争法方面，通信监管办公室还与一般性的竞争执法机构共同享有管辖权。[47] 这表明消费者的责任与电信和频谱管理职能更具关联性，而针对公民的义务则适用于广播内容。[48] 然而，正如我们将看到的，随着竞争方面义务的适用覆盖了通信监

管办公室的全部职责范围，职责间的分工变得更为复杂，相同
161 的情况也发生在促进公民利益的义务上。保障消费者义务的尤为重要的要素是矫正市场失灵，当然，这一要素也具有强烈的社会取向。[49]

也许频谱监管领域是最为强调效率最大化的领域，通信监管办公室已将该领域的目标明确为确保市场扮演强有力的角色，尤其通过频谱拍卖和频谱交易来实现。因此，2004 年，监管机构发布了《频谱框架审查报告》(Spectrum Framework Review)，阐明了如何借助市场力量，实现频谱资源的最大化使用，确保频谱使用更具灵活性，并附有频谱投放、交易和自由化项目的执行计划。报告宣布将拍卖若干频谱，不久之后便启动了频谱交易。[50] 更多的拍卖相继出现，不过 2008 年宣布的、规模最大的一场拍卖因受到一些移动运营商的诉讼而推迟。通信监管办公室还计划拍卖通过数字电视切换而增加的频谱资源。

在电信方面，基于效率和用户选择的方法的主要例子是对英国电信（British Telecom，简称 BT）运营有重大意义的《电信战略评审》(Strategic Review of Telecommunications)，[51] 这项评审的目标是让英国电信的竞争者有效接入它们无法轻易自建的电信网络，并促进电信网络之间的竞争。通信监管办公室确立了六项反映其方法的目标：降低呼叫和其他服务的价格；鼓励更多的创新，例如网速更快的宽带；为供应商和投资商提供更具有确定性的监管；通过激励和惩罚，在需要监管的地方将重点重新确定为提供更及时的救济措施和平等对待各运

营商的周密的时间表；在有效竞争领域消除监管；确保消费者保护。最终，英国电信与通信监管办公室依法达成了可强制执行承诺（enforceable undertakings），并将其作为参照竞争当局做法的替代方案。它们承诺公司新设独立营运的商业部门——英国网络基础设施公司（Openreach），负责网络接入，从而在切实公平的基础上支持所有通信供应商的活动，包括英国电信。该新设公司也提供可普遍使用的产品和服务，包括英国电信接入网络的使用。

作为通信监管办公室最成功的倡议之一，《电信战略评审》非常清晰和明确地以实现分配效率、生产效率和动态效率为基 162
础。[52] 此外，这份报告的成果呈现为一份与英国电信签订的新监管合同；正如我们在第一章看到的，这里所体现的监管观念是以经济性监管而非社会性监管为特色。[53] 报告还强调缩小监管的范围。[54] 这份报告在 2006 年又催生了进一步的成果，即废除了英国电信线路租赁和通话的零售价格控制。

尽管这一重要评审报告涉及的是电信领域，但是通信监管办公室在广播行业也承担经济性监管的职责，并且拥有重要的事前监管权力。[55] 广播领域同样广泛涉及竞争问题；例如对批发数字电视广播平台的竞争进行评审，针对电子节目指南制定公平、合理和非歧视性地对待广播公司的守则，并且在 2007 年宣布对付费电视市场进行一次重大评审，评审持续至今。通信监管办公室还负责对英国广播公司的新服务和既有服务的调整开展市场影响评估，英国广播公司信托会（BBC Trust）将评估结果作为是否批准这些活动的初步依据。2006

年，针对新的点播服务，这类评估首次开展。

也许这一领域内最令人感兴趣的是通信监管办公室按照《通信法》的规定，对公共服务广播进行连续性评审时所采用的方法。[56] 有关公共服务广播的法定要求特别强调了采用基于社会团结的方法（见下文）。然而，在公共服务广播的首次评审中，通信监管办公室采取的方法是以限制公共服务广播的范围扩展到存在市场失灵的领域为基础的。这需要“深刻地理解市场基于自身机理运作将带来什么，以及理解有必要采取政策来应对的市场失灵的性质和规模”。[57] 依据监管机构有正当理由干预的不同情形，市场失灵被分成了两类；某些干预是帮助市场提供**消费者**想看的节目，某些干预是帮助市场提供作为**公民**的我们希望尽可能多的人看到的节目。随着数字化技术的发展，可以提供的选择越来越多，干预的首要理由被削弱，以至于“对公共服务广播持续投入的理由仅是保证通过干预使得英国公民享有充分的电视服务”。[58] 因此，像通信监管办公室在首次评审的最终报告中陈述的那样，尽管通过公共干预去实现
163 社会目标仍有必要，但“随着数字化进程的推进，我们不认为持续性的消费者市场失灵会在成熟的、充分数字化的世界中成为公共干预的主要理由”。[59]

这一方法为公共干预基于公民身份的理由而支持公共服务广播留下了相当大的空间。不过，这一方法并没有表面上看起来那样欢迎非经济价值。这一方法假定监管始终是次优的解决方案，那种基于独立的、文化的或社会的理由而将监管视为市场**替代方案**的观点没有立足之地。因此，随着市场的自由

化，干预的社会理由已日渐过时。强调消费者选择和市场的结果之一是该评审报告提出，考虑到由于竞争的不断激化，商业广播公司更加难以提供公共服务内容，可以通过公开招标程序选定一家“公共服务发行商”（public service publisher），与英国广播公司形成竞争。这一观点遇到了政治上的反对意见，不同意以原始形式实施。但是，2009 年发布的第二次评审报告继续强调合并其他广播组织以在公共服务内容的提供上同英国广播公司展开竞争的重要性。[60] 但是这份报告不再像以前一样明显强调市场失灵，其中的方法显然基于观众（不能简单地将他们定性为消费者）对公共服务广播的未来提出的看法。因此，该报告很少提及市场失灵的内容；咨询文件的附件关注了广播领域的市场失灵问题，但强调“对公共服务广播的干预理由并不完全取决于可量化的、偏好导向的市场失灵。因此，围绕公共服务广播的水平和性质产生的更广泛的决定便具有了政治属性，决定的作出需要基于更广泛的背景而不仅是表达出来的偏好”。[61] 所以，尽管市场失灵可能在一些条件下成为公共干预的先决条件，但它并没有为干预应采用的形式给出任何明确的指导。

最后，就监管风格而言，《通信法》要求通信监管办公室在所有情况下坚持“监管活动的原则是透明、可问责、符合比例、前后一致的，且只针对有必要采取行动的情况”，并且考虑“其他所有对于通信监管办公室而言能够体现最佳监管实务的原则”。[62] 通信监管办公室必须审查其职责的履行情况，以确保没有施加不必要的监管负担或维护负担，并考虑自我监管能在何

种程度上确保义务的履行，以及移除或减少监管负担的适当
164 性。[63] 通信监管办公室要对那些显著影响企业或者公众的提议进行影响评估。[64] 最初的法案提到“确保运用轻度监管（light touch regulation）的义务”，联合专门委员会在起草《通信法案》时对此给予了严厉的批评。联合专门委员会的批评如下：

> 在调查过程中，我们越来越确信，通信监管办公室有关“轻度”监管的口头承诺，很有成为新监管机构的颈上枷锁的危险。每当通信监管办公室认为强硬且坚定的监管行动势在必行时，都会被“确保运用轻度监管的义务”这一规定无情打脸。[65]

尽管草案根据委员会的建议进行了修改，通信监管办公室仍然强调“我们的整体目标是在运行中**不倾向于实施干预**，但是，一旦需要干预，我们将坚定、迅速且有效地进行干预”。[66] 同时，监管原则要求通信监管办公室采用最小侵害的监管方式以实现其政策目标，并努力确保干预是有证据支持的、符合比例的、前后一致的、负责任的和透明的。[67] 最后，通信监管办公室实施了详细的年度简化计划，采取了一系列措施来减少具体的监管负担。[68] 显然，通信监管办公室是在充分践行政府提出的“优化监管”倡议。

监管和人权

通信监管办公室承担的另一项主要义务是“在通信事务

中增进公民利益”。[69] 这显然包括了人权应得到保护方面的公民利益。我们早前看到人权联合委员会对《通信法案》的很多方面提出了批评。首先是程序上的权利，很多委员会的批评涉及《欧洲人权公约》第 6 条获得公平听证的权利，尤其是在对服务供应商进行处罚和吊销许可的权力方面。[70] 这方面的程序问题有些复杂，各行业都不尽相同。就电信而言，按照欧盟法律的要求，该行业享有就案件实体问题向竞争上诉裁判所（Competition Appeal Tribunal）提起上诉的完整权利，每年裁判所都会受理几起这类案件。[71] 此种上诉权同样适用于基于竞 165
争的广播决定，[72] 还可以就其中的法律问题向上诉法院提起进一步的上诉。[73] 当监管机构依据《竞争法》（Competition Act）行使共同管辖权，也存在着类似的上诉权。[74] 这类上诉发挥了重要作用，因此在一起案例中，上诉法院指出了这一上诉权的范围，它允许竞争上诉裁判所以自己的意见取代监管机构的意见，还可以审查根据《欧洲人权公约》第 6 条提出的主张。[75]

但是，不涉及竞争的广播案件中就没有这样的上诉权，尽管这些案件事实上会涉及重大制裁，包括巨额罚款和最终撤销许可；而唯一的救济措施是申请司法审查。通信监管办公室针对内容案件和内容相关案件中的法定制裁制定了相关程序，这使得广播公司可以在制裁作出之前获得合理的陈述机会；同时，通信监管办公室的理事会授权内容制裁委员会（Content Sanctions Committee）行使制裁决定权，以避免自己因担任自身案件的法官而受到指控。[76] 这些程序的起草是为了满足《欧洲人权公约》的要求，尽管英国法院目前至少在某些问题上承认司法审查符合《欧洲人权公约》第6条规定的充分救济，但是这些程序是否能够成功满足《欧洲人权公约》的要求仍有待观察。[77]

至于实体性人权，尤其是《欧洲人权公约》第8条关于私人生活获得尊重的条款，以及第10条表达自由的条款，它们无疑在广播内容监管的决定引发的问题中处于核心地位。这些权利构成了重新起草通信监管办公室《2004—2005年广播守则》（Broadcast Code in 2004-2005）的部分基础，该守则指出："特别是《欧洲人权公约》第10条所规定的表达自由权，这项权利包括观众接受创造性的材料、信息和观点而不受干预，但需接受法律规定的和民主社会中必要的限制。"[78]《2004—2005年广播守则》中与人权尤其相关的条款涵盖了18岁以下未成年人保护，伤害和犯罪，宗教，公平，以及隐私的内容。与这些内容有关的决定公布在通信监管办公室经常发布的《广播公报》（*Broadcast Bulletins*）中。

内容监管还有一个不太显眼的领域也是尤为重要的。正如上文所述，在议会通过《通信法案》时，国务大臣考虑到
166 与政治广告相关的欧洲人权法院的判例法，因而没有发布该法与《欧洲人权公约》保持一致的说明；《通信法》对政治广告予以禁止的条款对这类广告作出了非常广泛的定义。[79]在一起重要的案件中，国际动物保护者协会（Animal Defenders International）的广告申请被实行自我监管的广播广告审批中心（Broadcasting Advertising Clearance Centre）拒绝，理由是违反了《通信法》第321条对政治广告的规定。当协会通

过司法审查寻求救济时，上议院也认为拒绝该广告申请的决定符合《欧洲人权公约》的要求，因而维持原决定。[80] 尽管案件没有直接涉及通信监管办公室，但禁止播出政治性广告的保证义务直接由通信监管办公室承担，且这些由《电视广告标准守则》（Television Advertising Standards Code）规定的规则也是由其发布的；因此，这一人权问题显然与该监管机构相关，且将来会有进一步的发展。[81] 在通信监管办公室履行有关广播内容的义务时，《人权法案》在其作出监管决定的过程中起到了十分突出的作用，这一点远非其他任何一家监管机构能及。由于相关问题包括在了对表达自由权的详细研究中，因此，这里仅做了简要的总结。[82]

除了内容监管，公民权利的保护在限制媒体的所有权方面也发挥了重要作用。《2003 年通信法》之所以引起诸多争议，是因为该法促成了这一领域的自由化，尤其是解除了原先禁止欧洲经济区（European Economic Area）以外的企业或个人获得英国广播许可所有权的限制，而且允许独资拥有若干第三频道（Channel 3）执照。政府指出，它的政策是“尽可能地放松监管”。[83] 起草法案的联合委员会认为通信监管办公室并没有充分关注媒体多元化的要求，对广播供应商合并的控制也只由普通的竞争法来规范；于是委员会提议在有关多元化的问题产生争议时采用公共利益标准。[84] 政府最初持拒绝态度，但是后来的法律修正案成功将该标准纳入《2003 年通信法》，不过公共利益标准的运用高度依赖国务大臣的裁量。[85] 通信监管办公室的职责就是在部长决定是否将合并问题交由竞争委员

167 会处理之前，对其中涉及的公共利益考量发布一份报告，而它已经就如何开展这一工作制定了指导意见。[86]合并问题涉及市场的运行、维护市场内的消费者选择，以及公共利益，但是通信监管办公室的职责仅限于考虑公共利益。对于准确报道新闻和在报纸上自由发表意见的需求，以及对多元化、各种档次的广播的需求，以及恪守通信监管办公室的《标准守则》，诸如此类的内容都在立法中进行了规定。[87]因此在这里，通信监管办公室的职责是保护公民权利，竞争主管当局和国务大臣则承担对竞争市场进行监督的职责。

监管和社会团结

电信服务和广播服务的使用是通信监管办公室的工作核心，是其履行义务以增进公民利益的重要方式。因此，《通信的新未来》白皮书中专辟一章，围绕确保普遍获得电视、广播、电话和网络服务展开。[88]促进服务使用和包容也是通信监管办公室年度计划的重要内容，且在通信监管办公室对促进公民利益的义务进行解释时，服务使用也是核心问题[89]。

通信监管办公室工作的主要内容是通过发展电信的普遍服务，确保服务的使用。因此，《通信法》要求国务大臣发布一项普遍服务的行政令，确保欧盟法确定的义务得到遵守。[90]这里提到的欧盟法义务包括最低限度的服务须达到规定的质量，并且价格是各地使用者普遍负担得起的。这些服务包含了提供功能性网络接入（functional internet access）的连接权，不过还不包括宽带。通信监管办公室可以规定如何指定普遍服务提供者，并设定普遍服务的条件来确保遵守行政令。[91]
通信监管办公室已经采取了这些做法，它要求英国电信和金斯
顿通信（在赫尔区）提供特定的服务。普遍服务条款是上文讨
论的《电信战略评审》中要考虑的事项之一，但是通信监管办
公室也针对此问题单独征求了公众意见。在这次征求公众意见
的过程中，监管机构审查了可负担性、断开连接、公共电话
亭、残疾用户的服务使用、功能性网络接入和履行普遍服务职 168
责的成本等问题。通信监管办公室基于社会公平和经济考量为
普遍服务提供了正当的理由。[92] 它决定接受一个以低收入群体
为对象的特定税收方案，取代原来的方案，并改变英国电信的
信用管理程序，以减少断开连接的情况。经过征求公众意见，
通信监管办公室同意地方当局继续保有对从某一处移除最后的
公共电话亭的否决权。它还同意了为残疾用户提供服务，并考
虑当普遍服务的成本超出了公司所得的利益时，服务成本可以
由英国电信负担。[93] 随着英国电信的零售价格控制于 2006 年
被取消，进一步的措施包括承诺保护低消费用户和保持各地居
民税统一。[94]

接下来要考虑数字服务中的包容性问题，尤其是高速宽带供给范围的扩展。这一问题并不在欧盟的普遍服务要求中，但是在审查这些要求的谈判过程中，英国促成了对欧盟立法的修订，允许各成员国主管当局将移除对窄带连接的原有限制，以适合市场需要的带宽接入功能性网络作为普遍服务要求的一部分。[95] 通信监管办公室实施了一个数字包容项目，并且针对如何推动这一项目征求了公众意见。[96] 然而，主要重点已经转

移到了政府，值得关注的是，承担这一职责的部长卡特勋爵曾任通信监管办公室首席执行官。2009 年，商业、企业和监管改革部与文化、媒体和体育部联合发布了最终报告《数字英国》。这份白皮书涵盖了网络接入和普遍服务等问题，以政策的方式要求普遍服务的带宽在 2012 年达到每秒两兆的速度，到 2017 年新一代宽带网络覆盖率至少达到 90%。实现后一政策目标所需的资金来源于对所有固定铜线使用者征收的税费。与之相关的措施是对通信监管办公室的主要义务进行修订，增加了在通信基础设施方面促进投资的义务。[97] 为了强调对数字包容的承诺，政府在 2008 年首次任命了负责数字包容的部长。2009 年，通信监管办公室对既有的普遍服务责任及其成本开展了全面性的评审。[98]

对于通信监管办公室在广播方面的职责，我们需要再次思考一下公共广播服务的意义，因为监管机构在这一有助于社会团结和包容性的领域承担着重要的义务。《通信法》规定了
169 公共服务广播的目标，包括提供相关的电视服务以确保有题材多样的电视节目可供观众选择，尽可能地提供可以满足不同观众需求和兴趣的服务，提供的服务能够在性质和题材间取得适当的平衡，并维持较高的总体标准。[99] 进一步的要求包括反映和激励文化活动，提升公民的理解水平，推进有关公共事务的公平开放的讨论。[100]《通信法》还规定了商业的公共服务广播公司的公共服务范围。[101] 通信监管办公室定期就公共服务广播公司履行公共服务的整体情况发布报告，并通过一个由广播公司提供节目政策的年度声明的合作监管系统，对个体广播公

司的一般和更具体的服务范围进行监管。如果广播公司没有满足上述服务范围，通信监管办公室会向其发布指示或者施以更具体的监管。[102]

如上所述，通信监管办公室对公共服务广播进行了两次评审。尽管第一次评审的出发点是市场供给应成为提供这项服务的第一选择，但是就公共服务广播所确定的各项目标而言，市场供给无法满足以公民为中心之目标的需要。这些目标包括：了解我们自己以及他人，增加我们对世界的理解；反映和强化我们的国家认同；增进我们有关艺术、科学、历史和其他主题的兴趣和学识；支持建设宽容和包容的社会。这些目标要求为所有公众提供高质量的节目。[103] 它们为大力支持英国广播公司通过收视费（liscence fee）获得资金，第四频道发挥独特作用，以及最终报告所提议的公共服务发行商奠定了基础。[104] 在 2009 年的第二次评审中，很多建议是由观众的看法决定的，而不是通过考察市场上的消费者偏好；而且评审再一次确认了公共服务广播广泛的社会目的和特性，并为建议提供了基础。[105] 根据评审，公共服务广播对观众而言依旧是重要的，且不能只由市场提供。这并非应对市场失灵的方法，而是通信监管办公室的法定职责所在；毕竟，《通信法》并没有规定，增进公民利益的义务仅仅适用于消费市场经过检验证明存 170
在不足的地方。[106]

通信监管办公室还采取了很多基于社会团结的监管干预。一个富有争议的例子是强化儿童食物和饮品广告的规定。[107] 之所以这么做，是因为在通信监管办公室开始运行不久，文化、媒体和体育部国务大臣致信通信监管办公室主席，提到她认为当前规范儿童食品和饮品广告的守则存在不足，需要进行评审，她希望了解通信监管办公室在这一领域的计划。[108] 我们需要知道的是，部长有权在这一领域就广告的内容、形式和方式向监管机构发布指示，而通信监管办公室必须遵守指示。[109] 通信监管办公室的第一次评审并没有建议立刻采取政策行动，但是政府在《选择健康》（*Choosing Health*）白皮书中对此给予强烈批评，声称“我们期望通信监管办公室对食品和饮料的广播电视广告、赞助和推广收紧规则的提议开展咨询……”。如果监管机构不能对食品促销的属性和权衡作出改变，政府将自己采取行动。[110] 食品标准局也制订了一份营养度量计划（nutrient profiling scheme），供通信监管办公室决定哪些食品是不健康食品时参考。通信监管办公室在 2006 年初的最新提议中罗列了备选方案，并且在健康倡议人士威胁提起司法审查后又重新发布了进一步的方案，如今监管机构还承诺提前考虑任何新的提议。在 2006 年 11 月，通信监管办公室宣布，将禁止在为孩子制作的或可能对孩子产生吸引力的节目中播出不健康食品和饮料的广告；这一限制最终在 2007 年初予以实施。[111] 在这一案例中，我们清楚地看到部长的举措和行动如何影响一个专业的监管机构，使得后者在属于自己的专业领域但又具有更广泛社会意义的社会问题上采取行动。这当然是合法的，但是由于责任重叠，也会有问责混乱的风险；重要的是，这一案例中，部长干预是向公众公开的，同时最终的决定权留给了监管机构。

最后，《通信法》还要求通信监管办公室提升媒体素养。[112] 171
在最初关于这一问题的咨询文件中，通信监管办公室将这一素养定义为“以多种形式获取、分析、评估和产生通信的能力”，强调在市场环境中选择的能力。[113]然而，在咨询中，通信监管办公室更加强调批判性的分析和品味、审美辨识能力、创造力和权利意识；在最终的声明中，定义修改为“在多样化的环境中获取、理解和创造通信的能力”。[114]这方面的工作部分涉及社会排斥，并涉及支持老年人和弱势群体获得新的通信技术体验，但重点仍是培育市场主体的选择权，例如通过一个共同的标签框架来实现。这一主题下的工作会持续推进，通信监管办公室着手制作一份《英国媒体素养审计》;《数字英国》的最终报告提议从媒体素养这一宽泛的目标转向“数字参与国家计划”（National Plan for Digital Participation），并借助通信监管办公室领导的利益相关者联盟以及与政府合作予以落实。[115]

显然，在通信监管办公室的工作中，服务使用问题占据了重要地位，这也反映了该机构在增进公民利益方面承担的责任。也正因此，该机构的监管目标中包含了重要的社会团结要素，因此，它绝不仅仅是一家经济性监管机构。这一结论既适用于电信领域，也适用于广播领域。

审议

法定义务和基础性原则之间存在大量潜在的冲突，这也使通信监管办公室的审议程序变得尤为重要。与上文讨论的众多监管机构相比，通信监管办公室的不同之处在于，它的理事会会议并不公开举行，尽管简短的议程和会议纪要会对外公开。起草《通信法案》的联合专门委员会在其报告中就指出，文化、媒体和体育委员会曾经两次建议通信监管办公室的会议公开进行；尽管联合专门委员会并未声称这是法定要求，但它敦促通信监管办公室尽快认真考虑确保广泛的公众参与，方式包括召开理事会成员与公众之间的会议。[116] 在上文讨论的针对儿童食品和饮料广告的决定中，有人将通信监管办公室与
172 公开举行会议的食品标准局做了比较。[117] 但是，通信监管办公室理事会要处理更多的保密信息，监管的是一个特别容易产生诉讼的行业，而且这一领域从未像食品监管那样，出现严重的信任危机以至于需要强调监管的公开性。《通信法》要求通信监管办公室设立内容委员会（Content Board），这一部门相当重要，因为大多数（非全部）涉及内容的决定都委托给了这一委员会。[118] 该委员会还会举行非公开会议并公布会议纪要和议程。《通信法》还要求建立消费者调查小组，主要处理与电信相关的事务，该小组现在被命名为通信消费者调查小组（Communications Consumer Panel）。[119] 该小组独立于通信监管办公室，并会将它的观点公之于众。《通信法》要求该小组应包括能为某些特定群体的利益给出明智建议的成员，这些群体包括生活在城市和农村地区的人们，小微企业，以及弱势群体（如低收入者、残疾人和老年人）。[120] 通信监管办公室还被要求为英国不同地区和老年人、残疾人建立若干咨询委员会。[121] 有证据表明，尽管咨询委员会努力提升自身的

作用，但它并没有像通信消费者调查小组那样在通信监管办公室的工作中产生足够的影响力。[122]

通信监管办公室的审议安排在两方面有着独特之处：征求公众意见的规模和对自我监管的运用。在某些情况下，咨询是《通信法》所要求的，例如在开展影响评估时和有关消费者的事务中[123]。然而，通信监管办公室已经远远超出这些法定要求的范围。在成立后的头三个月里，通信监管办公室便发起了不少于 37 次征求公众意见（尽管其中有 9 次是由通信监管办公室所取代的监管机构发起的，23 次则是《通信法》所要求的）。[124] 征求公众意见的步伐没有停止，根据《2008—2009 年度报告》，通信监管办公室在该年度发起了 63 次征求公众意见，其中包括 48 个影响评估。[125] 很多咨询有两到三个阶段，不过通信监管办公室并没有延续其前身电信办公室的做法，而是为对已经提交的回应作出评论的咨询，提供第二轮程序。这些回应的数量因咨询的性质不同而有所差别。因此，在通信战略评审的每个阶段，除了公开会议中所表达的观点，还收到了大约 100 份回应；而在《广播守则》的评审中，除了某一组织开展的明信片活动，还收到了超过 950 份回应。在第二次公共服务广播评审中，通信监管办公室在第一阶段的咨询中就收到了 270 份正式答复，第二轮则收到 250 份；在单 173
一议题的宣传活动中还收到了大量明信片。相比之下，2007—2008 年的四次咨询没有收到任何回复。在某些情况下，例如通信监管办公室年度计划的咨询中，征求公众意见还会辅以公开会议，并采用诸如观众研究和圆桌讨论这样的方法（在公共服务广播评审中尤其如此）。通信监管办公室已经发布了有关征求公众意见过程的指南，并对其进行了修改。[126] 但必须补充的是，通信监管办公室通过大型征求公众意见程序从一般公众那里获得的回应价值如何，这一点是存疑的，因为这些回应仅仅是由意见表达而非理性分析构成。[127] 尽管如此，无论是规模大小还是覆盖范围，通信监管办公室对咨询的运用令人印象深刻。

最后，《通信法》规定，通信监管办公室要考虑"促进自我监管有效形式的发展和运用的愿望"。[128] 消费者焦点有一份报告，尽管在其他方面都对通信监管办公室的工作高度赞许，但引用了消费者利益相关者对通信监管办公室提出的仅有的重大批评，认为通信监管办公室过度依赖自我监管，甚至在成功概率非常小的情况下也使用自我监管。由此可见，这一点是存在争议的。[129] 通信监管办公室已经发布了促进有效合作和自我监管的标准。[130] 这些标准具有很强的限制作用，它们要求新的方案符合良好操作标准，具体包括：公众意识、透明、有意义的行业参与、足够的资源、清晰的流程、执行守则的能力、对绩效的审计、救济系统、独立成员的参与、目标的定期评审和没有共谋行为（不过并不是每个案例都必须使用全部这些标准）。相比自我监管，这更像合作监管，这样的做法在一些重要案例中也尤为明显。一个有争议的决定就是将广播广告内容的审查委托给实行自我监管的广告标准管理局（Advertising Standards Authority）。[131] 这一决定还附有重要的保障措施：建立由独立人员担任主席的广告咨询委员会，将非专业人员和专家引入行业准则制定主体中；作为最终手段，维护通信监管办公室要求修改广播电视广告准则的权利并保留其对修改准则的提议予以否决的权利；要求更明确地界定将要委托外包的广告监管职能，以及由通信监管办公室保留的职能。

更进一步的例子涉及高费率服务（premium rate services）的监管，《通信法》授权通信监管办公室确定要求这类服务的运营商遵守实务守则的条件，守则由通信监管办公室批准，但由实行自我监管的电话信息服务标准监管独立委员会 174
（Independent Committee for the Supervision of Standards of Telephone Information Services，简称 ICSTIS）负责管理，通信监管办公室也可以行使兜底权力（backstop power），自行发布规则。[132] 然而，在电视竞争中滥用高费率服务的重大丑闻曝光后，这一监管系统被指责是无效的。随后，系统经历了重大改革，电话信息服务标准监管独立委员会被重新命名为话费监督（Phonepay Plus），并和通信监管办公室达成了新的正式框架协议，其中包括要求一名通信监管办公室的高级成员为两家主体间的关系提供支持，并有获取信息的权利；话费监督的成员由代表通信监管办公室的任命委员会任命；通信监管办公室可以向它发布指令，此外还能提前保留由通信监管办公室作出决定的事项。通信监管办公室还同意并批准了话费监督监管的范围和采取的战略性方法。[133] 这些方法再一次体现了合作监管而非自我监管的特性。而在由通信监管办公室与互联网服务提供商协力打击网络版权侵权这一新的提议中，侧重合作监管的特性依然存在。[134]

结论

通信监管办公室在许多方面都和本书前面讨论的监管机构之间存在巨大差异。它承担重要的经济性监管职责，这意味着，从第一章所讨论的两种监管认识来看，通信监管办公室所具有的特征源自它将监管视为对私人自治潜在的干预，而不是一种合作型事业。事实上，通信监管办公室遭受的批评（尤其是在成立初期）主要是太过关注消费者，而且以牺牲适当促进公民利益为代价，采取了过于经济性的方法。[135] 通信监管办公室的理事会结构与金融服务管理局类似，且基于私营部门的良好实践，这正是这一方法的体现。因此理事会中没有利益相关者的代表，也不公开举行会议。取而代之的是，通过大量运用咨询来实现参与；由于咨询活动规模庞大，通信监管办公室已经吸引了广泛的关注。在这一模式下，参与并没有成为该监管机构的核心工作；从某种程度上来说，这是一种“外部参与”，其方式是邀请外部的利益相关者和一般公众提供信息，而通信监管办公室将这类信息作为“基于证据”而作出决定的过程的一部分。[136] 通信监管办公室对自我监管的承诺也表明
175 了将监管看作对私人自治的干预这一认识，自我监管如果可行，通常会被视为优于公共当局实施的监管；尽管我们能看到这一承诺在实践中受到了极大的限制，同时在更具争议性的领域，往往使用合作监管而非自我监管。

尽管这一模式有其重要性，且事实上多数员工也致力于解决经济性事务和消费者问题，但是，通信监管办公室不仅仅

是一家经济性监管机构，它在落实人权保护（例如通过包含保护隐私的广播标准）以及通过关注服务使用（特别是数字服务使用）和高质量的公共服务广播来促进社会团结方面也承担了重要的职责。在这些领域，它与前文讨论的监管机构类似，因为它的重要职责往往是与政府共同承担的，而且，事实上不论是公共服务广播的评审还是服务使用工作，都导向了由政府而非监管机构作出的重大决定，特别是《数字英国》报告中的那些决定。有一些证据表明，通信监管办公室基于公民身份的监管目标在该组织中日益得到承认，例如2008年公布的一份讨论文件就谈及通信监管办公室在增进公民利益方面的作用。[137] 尽管在适用于经济性监管的方法和适用于权利及社会团结的监管方法之间存在着紧张关系，但通信监管办公室的例子证明，在一个机构中将两者加以整合是可能的。事实上，这两种形式的监管都与所有监管职责相关。

第九章

公用事业监管机构：天然气和电力市场监管办公室、水务监管局和铁路监管办公室

176 这一章我将考察三个对公用事业负有监管责任的监管机构：天然气和电力市场监管办公室（Office of Gas and Electricity Market，简称 Ofgem）、水务监管局和铁路监管办公室。鉴于我已经在之前所著的一本书中很详尽地考察了这些机构，此处对每个机构的论述就不会像前面的章节那么详细。[1] 我会集中扩充旧作未曾涉及的内容，从 1998 年工党政府对监管公用事业开展的重大评审入手。有两个类似的监管机构被排除在外：一个是邮政服务委员会（Postal Services Commission，简称 Postcomm），它可能会被撤销，其职责将转移到通信监管办公室；还有一个是负责航空和机场监管的民用航空管理局（Civil Aviation Authority），它不算是真正的公用事业监管机构。[2] 本章结构与之前的章节相同，但是将在同一标题下对三家监管机构分别予以评述。

背景

保守党政府自 1984 年起开始推进主要公用事业私有化，促成了公用事业监管机构的形成。尽管公用事业监管机构也承担着促进竞争市场发展和监督市场运行的职责，此外还承担一些社会性监管职责，但它们主要的职责是对所负责的行业内存在的垄断要素实施经济性监管。它们的关键特征包括授予各个独立总监（Director-Generals）的监管权力，令人困惑的法定义务，以及对参与和透明提出的非常有限的要求。

工党政府在 1998 年进行的评审中提议对监管机构进行重 177
大改革。[3] 这些改革的基础是一种观点，即认为监管机构具有服务消费者的职责并致力于实现更广泛的社会和环境目标，包括致力于确保所有消费者都可获得服务。然而，社会目标是由部长而非监管机构决定的。[4] 提议的改革包括：从独立的总监转变为由来自不同背景的成员组成的监管委员会，使监管机构的义务统一为优先考虑尽可能通过竞争促进消费者利益，赋予国务大臣就社会和经济事务向监管机构发布指导意见的新的法定权力，建立单独的消费者委员会。监管机构还被赋予在它们负责的行业内实施一般竞争法的共同管辖权。

改革是通过《2000 年公用事业法》（Utilities Act 2000）启动的。立法者最初的意图是适用于所有的公用事业监管机构，但是议会在通过法案时进行了修改，使其仅适用于能源监管机构——天然气和电力市场监管办公室。之前由天然气供应和电力供应总监行使的监管权力被赋予一个新的天然气和电力市场管理局，仍保留天然气和电力市场监管办公室这一非内阁政府部门协助管理局。[5]《2000年公用事业法》在保护消费者利益方面为监管机构创设了一个新的重要义务，即尽可能促进有效的竞争。[6]该法还赋予国务大臣就社会和环境事务发布指导意见的权力，并要求监管机构参照该指导意见，建立一个独立的天然气和电力消费者委员会［即后面我们将看到的，一个名为"能源观察"（Energywatch）的组织，现已撤销］。[7]该法还采取了增加监管透明度的措施，例如要求每年在咨询后发布前瞻性工作方案，并就大量的决定说明理由。[8]

其他监管机构也进行了类似的改革。根据《2003年水法》（Water Act 2003），水务监管办公室重组为一个委员会——水务监管局。[9]这一改革中，在适当的情形下通过促进竞争来保护消费者的权益是若干目标之一，这反映了在供水和排污行业中，促进竞争会受到一定的限制；部长的指导意见也对消费者保护作出了类似的规定，包括设立一个独立的消费者委员会，并要求更加透明。在铁路方面，政府和铁路监管机构（Rail Regulator）的关系格外困难重重。政府曾经威胁铁路监管机构，如果它的独立总监启动可能阻止英国铁路网公司（Railtrack）进入破产管理的评审，政府将通过紧急立法限制独立总监的权力。《2003年铁路运输安全法》（Railways and
178 Transport Safety Act 2003）同样将铁路监管机构变更为铁路监管办公室。[10]这一改革中，促进竞争的义务只是监管机构承担的众多义务之一，这反映了在铁路行业内促进竞争的有限程度，此外国务大臣有更广泛的发布指导意见的权力（见下文）。

值得注意的是，最近监管机构在组织和职能上有了更深远的变化。总结如下：第一，随着组织的“董事会化”（boardization），监管委员会改组成类似私营部门的董事会，成员有兼职主席、首席执行官、执行董事和非执行董事；监管机构还要参照公司治理联合准则（Combined Code）。[11] 因此，尽管目标是确保拥有更广泛的专业知识，但监管机构并没有直接代表特定的利益。第二，监管机构在能源安全和可持续发展等领域承担了新的职责。第三，监管机构通过采用优化监管的举措，遵守了更严格的要求（在后续章节讨论）。[12] 最后，监管机构发展了自己的监管网络，整合了利益相关者、利益团体和被监管的公司；而在欧洲层面同样如此。[13] 下文将详细探讨这些发展。经过以上这些改革，公用事业监管与1997年它产生的时候相比已截然不同。

公用事业监管机构的职能

尽管三个监管机构有很多相似之处，但它们监管行业的性质有很大差异，有必要分别进行讨论。首先是天然气和电力市场监管办公室，它在自己的网站上作了如下陈述：“保护消费者利益是我们的第一要务。为实现该目标，我们会在适宜的情形下促进竞争，并监管负责运营天然气和电力网络的垄断公司。”其他的优先安排和影响包括“通过促进天然气和电力市场的竞争，帮助确保英国的能源供应，并监管市场以保证在网络中有足够的资本投入”，“致力于控制气候变化和其他有助于实现可持续发展的工作”，以及“考虑弱势消费者的需求”。[14] 天然气和电力市场监管办公室对存在垄断的领域（尤其是高压输电和大宗天然气运输）实行经济性监管，同时在监
179 督电力和天然气供应等竞争市场时实行经济性监管。它还对可持续发展承担着更广泛的责任，并且和政府一起关注减少燃料贫困问题。

水务监管局将其职能描述为确保水务公司以公平的价格提供优质的服务，采用的方法包括尽可能降低能源支出、监督和比较服务质量、检查公司的成本和投资、鼓励有益于消费者的竞争等。[15] 水务监管局特别关注的一个问题是通过为未来五年设定限额的定期评审，对垄断领域实行价格控制；迄今为止，为了促进和维护竞争而进行的监管仍是有限的。

最后，就铁路监管办公室而言，这个监管机构将自己的经济性职能确定为监管国营铁路公司对国家铁路网的管理（包括决定它的产出指标和资金要求），向铁路资产经营者发放执照，批准轨道、车站和灯光维修站的使用。在这一行业，针对各铁路运营公司使用英国铁路路网公司（Railtrack）网络的费用进行的周期性审查再一次显得特别重要。铁路监管办公室还负责铁路上的健康和安全，这是根据《2005 年铁路法》（Railways Act 2005）从健康和安全执行局接收的职责。[16] 需要补充的是，邮政服务委员会曾在保障邮政普遍服务和促进竞争方面承担主要职责，但是在通信监管办公室接收这些职能后，邮政服务委员会就被撤销了。

处于监管空间中的公用事业监管机构：机构

在早些年，公用事业监管机构采用了非内阁政府部门的组织形式［既不是通信监管办公室那样的公众公司（public corporation），也不是金融服务管理局那样的私人担保有限公司（private company limited by guarantee）］。[17] 这意味着它们没有来自资金支持部门的资助（它们的资金多数来源于行业支付的执照费），但其员工属于文官。

根据《2000 年公用事业法》，天然气和电力市场监管办公室作为下属行政机构，所行使的权力来自天然气和电力市场管理局。[18] 天然气和电力市场管理局代表王室履行职能，基于该管理局的政府部门地位，主计长兼审计长对其账户有管辖权。[19] 根据法定要求，天然气和电力市场管理局应设有一名主席和至少两名其他成员。[20] 国务大臣有权以无法履职或行为不当为由免除成员的职务。[21] 实践中，天然气和电力市场监管办公室已转向私营部门的公司治理模式，同时天然气和电力市场管理局现在由一名主席、四名执行董事和九名非执行董事组 180
成。天然气和电力市场管理局的义务包括经公众咨询后发布《前瞻性工作方案》。[22] 水务监管局有着类似的结构，也代表王室履行职能。[23] 它的董事会由一名主席、三名执行董事和五名非执行董事组成。同样，根据《2003 年铁路和运输安全法》，铁路监管办公室采用了委员会的组织形式，由一名主席和至少四名其他成员组成。[24] 目前董事会有一名主席、五名执行董事和四名非执行董事。铁路监管办公室的资金完全来源于许可费和用于健康和安全工作的收费。

接下来我们关注公用事业监管机构和政府之间的关系这一核心问题。鉴于在依靠私人投资的行业中，相关监管机构承担着经济职责，所以这个领域的明确性和一定程度的确定性是尤为重要的，因为它很有可能受到监管不确定性的妨碍。[25] 针对监管机构，上议院专门委员会发现“监管机构的独立性方面似乎鲜有问题”；监管机构都认为自己是独立的，通信监管办公室首席执行官甚至宣称“独立监管这一观点已几乎具有了准宪法的地位”。[26] 在监管机构和政府的政策产生冲突的地方，“可以感觉到，尽管政府和监管机构之间存在一定程度的紧张关系是有益的，但需要明确的机制来解决这样的冲突”。就天然气和电力市场监管办公室而言，一些证人觉得“‘非经济性考量正在侵入’监管机构经济性职责的边界”。[27] 委员会建议，政府必须明确自己所作出的政治决定和向监管机构发布的指导意见。[28]

关于监管机构和政府的关系问题，论及天然气和电力市场监管办公室时最具有话题性。2002 年，国务大臣运用法定权力发布了社会和经济事务指导意见，并于 2004 年能源白皮书发布后对指导意见进行了修订；2008 年，在前一年白皮书更新后，政府又开展了公众咨询。[29] 在新的指导意见草案中确立了新的社会和经济目标之后，政府宣称监管机构在形成一个
181 促进显著减少排放的能源系统中发挥着重要作用，包括为扩大能源输送能力和与新的发电厂连接进行及时投资，消除对分布式能源不必要的监管和市场障碍，进一步消除燃料贫困，确保

基础设施和网络具有足够的灵活性以适应未来的气候影响，确保供应安全。[30] 部长与天然气和电力市场监管办公室的董事会成员们至少每年举行一次会议，讨论监管机构如何采取行动和优先安排以完成政府指标，以及政府政策和工作机制在这些领域如何影响监管机构的工作。[31] 早期的指导意见还强调，政府希望对消费者和被监管公司实施的有重要财务影响的具体社会和环境措施，不应通过指导意见来落实，而需要特定的初级或次级立法。[32] 政府和监管机构还采取具体的联合举措，例如，就如何将新的可再生发电机和其他新的发电形式连接到输电网这一问题，天然气和电力市场监管办公室与内阁共同开展输送接入审查（Transmission Access Review）。

正如指导意见所明确表达的，气候变化政策是政府和监管决定关联最为密切的领域，另一个类似领域是有关燃料贫困的政策。[33] 英国政府在 2001 年公布了《英国燃料贫困战略》（*UK Fuel Poverty Strategy*），其中确立的目标包括 2018 年在英国全境内消除燃料贫困问题。[34] 天然气和电力市场监管办公室也发布了《社会行动计划》和《社会行动战略》，并在 2008 年发布了《燃料贫困行动纲领》（*Fuel Poverty Action Programme*）。减少预付费计量表的差异也包括在行动纲领中，并且正如我们将看到的，天然气和电力市场监管办公室在对供电市场进行审查时已经处理了这一问题。[35] 政府的其他措施还包括通过福利体系增加收入并改善住房。在 2008 年 9 月，政府宣布了一项 10 亿欧元的《家庭节能方案》（*Home Energy Saving Programme*），以帮助国内的消费者削减能源支出。[36]

我们应该还记得，对能源消费者来说，当时正值价格大幅上涨的时期。天然气和电力市场监管办公室的一项职责是确保市场正常运作，但就燃料贫困而言，这只有在更广泛的政府政策背景下才有意义。在这一领域，以零敲碎打的方式落实燃料贫困战略各部分的行为遭受了严厉的批评，以致环境专门委员会呼吁制定一项全面的燃料贫困战略和行动计划，以及一个提升能
182 源效率的国家计划。[37] 至此，政府（根据天然气和电力市场监管办公室的建议）负责制定政策，天然气和电力市场监管办公室负责执行已采取的方案，职责得以厘清。

对于水务监管局来说，《2003 年水法》同样规定了部长有权就社会和经济问题发布指导意见。[38] 2008 年发布的指导意见指出，“希望水务监管局为政府关键的优先成果做出重要贡献”，并每年报告如何致力于政策的兑现。[39] 该指导意见确立了五个旨在实现可持续性的指导原则，所有政策都必须遵循这些原则，而水务监管局的活动都要处于可持续发展这一框架内。[40] 进一步的主题则与社会政策相关，“为了保证所有消费者负担合理的成本，政府希望水务监管局认真权衡限制水价增长的需要和通过涨价筹集资金以提高服务水平的需要”。[41] 政府还希望水务监管局定期评审办公室针对弱势群体的义务的履行情况，并考虑政府采用的具有社会包容属性的方法。[42] 指导意见还有大量的条款涉及包括水质量在内的环境政策。我们还可以回顾第四章提到的，由于政府对质量标准提出的要求具有不确定性，水价定期评审中出现了困难，这些政府要求将取决于评审后确定的价格所能获得的资金。目前通过

内阁在定期评估它的水战略和水务公司的责任声明之前就阐明对标准的要求，这一问题得到明确解决；同时，环境专门委员会在针对水价评审进行检查时也不再像其前身那样对评审过程加以苛责。[43]

铁路监管中采用了类似但更为复杂的方法。正如上文所述，与任何其他监管机构相比，铁路领域监管机构和政府之间围绕铁路网的资金投入问题所产生的冲突更为直接和严重[44]。铁路监管办公室有更为普遍的参照国务大臣指导意见（不限于社会和经济问题）的法定义务，而新一版的指导意见于2007年发布。[45]与关于能源和水的指导意见相比，这一指导意见文本更为简洁，但是声明了政府在铁路领域关键的优先事项是为该行业维持一个高水平的安全标准，控制成本及在可用公共资 183
金范围内运营，满足乘客和货运用户的需求，致力于政府的可持续发展目标。指导意见特别强调预算管理和物有所值。相较于这一总体的指导意见，更重要的是在2004年《铁路的未来》白皮书发布之后确立的系统，国务大臣借白皮书为线路使用费的定期评审确定了政府战略（“关于他想要通过大不列颠铁路活动达成的目标的信息”）和可用的财政资源。[46]它们表现为“高水平产出规格”“可用公共资金的声明”。这实现了政府和监管机构之间更清晰的分工。上议院的监管机构专门委员会（Select Committee on Regulators）总结道，尽管职责分工“无疑是复杂的”，但并非不可取，并且这一系统似乎在发挥作用，现在应该让系统稳定下来。[47]

因此，现行的系统包含了一定程度的政府与监管机构的伙伴关系，天然气和电力市场监管办公室尤其如此。除此之外，关系的透明度也更胜从前，且责任的分配也更为清晰（尤其是在铁路监管方面），不过上议院专门委员会建议有必要就解决潜在的政策冲突构建有效且透明的机制。[48] 因此监管机构借由自己的咨询职能参与了政府政策的形成，并执行由此产生的方案。不过它们依旧极力保护自己的独立性（与它们受委托作出的监管个案决定相关），尤其是为了保持市场信心。

欧盟的存在又提高了复杂度，尤其是对天然气和电力市场监管办公室而言。在欧洲层面，能源政策实现了广泛自由化。[49] 能源政策的自由化尽管不如电信领域那么发达，但是在重要事项上有着相似性，尤其是各成员国监管当局组成的网络负责执行欧盟政策这一点，这些监管当局构成的电力和天然气欧洲监管机构组织（European Regulators' Group for Electricity and Gas）会向欧洲委员会提出建议，并由欧洲能源监管机构委员会（Council of European Energy Regulators）确保各国监管当局间的合作。天然气和电力市场监管办公室是英国主管当局，在上述过程中发挥着主导作用，包括担任上述监管机构集团和委员会的主席，并通过第三个能源一揽子方案协助处理自由化进程下一阶段中出现的复杂且具有政治敏感性的问题，一揽子方案包括成立新的能源监管机构合作组织。[50] 天然气和电力市场监管办公室已经单设了欧盟事务处（European directorate）处理这些问题。

由于水务方面还没有实现这样的自由化程度，所以欧盟在水务领域的影响力远没有在天然气和电力市场监管办公室工作中那么深远。不过本书第四章提到过，欧盟水质量和废物标准已经成为定期评审中决定公司投入要求的关键依据，同时，确立欧盟质量要求的基础受到了之前的水监管机构的批评。通过上文提到的义务声明中的组成部分，质量要求现在已纳入定期评审的早期阶段，并由内阁发布，以阐明评审的背景。现在的评审过程比初期更加连贯且更具有可预见性。 184

最后，相较于电信或能源，铁路行业的自由化程度更低；但是欧盟已经提出了若干重要的自由化倡议，例如关于国际乘客服务、货运服务和安全问题的倡议，并且铁路网接入的决定越来越受到欧盟法律的影响。铁路监管办公室和欧洲铁路局（European Railway Agency）在安全和标准化问题上有广泛协作，特别是在提升规则的透明度、鼓励欧洲建立更开放的铁路市场等方面。铁路监管办公室还协助交通部参与制订第三次欧洲自由化一揽子方案，该方案已于2007年正式被采用，目前正由成员国的法律予以实施。[51]

处于监管空间中的公用事业监管机构：义务

本章开篇便提到，1998年公用事业监管评审的主要目标是厘清一直以来复杂且不连贯的监管机构义务，并将促进消费者利益作为优先考虑的事项。随着三家公用事业监管机构在评审后修订了自己的义务，评审目标已部分完成，尽管这些机构所监管的行业的差异性意味着完全标准化是不可能的。[52]结果就是，义务会涉及大量不同的保护消费者的方式，既有竞争的方式，又有诸如保护普遍服务的其他措施。[53]

天然气和电力市场监管办公室的职责明确给予了保护消费者以优先地位，因此，《2000 年公用事业法》对天然气和电力市场监管办公室的职责作了修订，规定主要的目标是通过在恰当的情形下促进有效竞争，保护消费者利益。[54] 此后这一规定又由《2008 年能源法》进行了修改，提到了“现有的和未来的”消费者。职能的履行应是在考虑保证满足所有合理需
185 求，确保执照持有人能为自己的活动筹集资金，以及为可持续发展做出贡献之后，以最恰当的方式达成目标。[55] 政府已经承诺将天然气和电力市场监管办公室的职责修改为包括供应安全、减少碳排放等工作，而在 2009 年度女王致辞中宣布的《能源法案》对消费者利益的规定包括了这些事务；监管机构还必须考虑除竞争之外，是否有更好的保护消费者利益的方式。[56] 监管机构还必须顾及残疾人或慢性病患者、领取养老金者、低收入人群和农村居民的利益。[57] 其他的相关义务包括确保多样化的、长期可行的能源供应和考虑优化监管原则，如今还要负担一项开展影响评估的义务。[58] 天然气和电力市场监管办公室也有义务为重大决定说明理由。[59] 此外，它的执法权力包括对被监管公司课以巨额的经济处罚。[60]

和前章所讨论的通信监管办公室一样，除了由国务大臣提供社会和环境的指导意见，天然气和电力市场监管办公室的义务显然还为该监管机构安排义务优先次序、发展自身政策创造了一个重要空间。因此在 2009 年到 2014 年的总体战略和计划中，天然气和电力市场监管办公室为自己确立了七个方面

的工作主题：创新和维持竞争，有效监管网络，帮助实现可持续发展，帮助保护英国能源供应安全，在欧洲层面发挥主导作用，帮助解决燃料贫困，优化监管。[61] 这其中的每一方面都得到了相当具体的发展。尽管大多数工作都是在前两个与经济极为相关的工作主题下展开的，但这些主题的范围再次突显了天然气和电力监管办公室不单单是经济性监管机构。

水务监管局的义务包含在《2003 年水法》中，但为了完成对收费的定期评审，义务的落实延迟到了 2005 年。与天然气和电力市场监管办公室的单一目标不同，《2003 年水法》确立了四项目标：推进实现消费者目标，确保供水和污水服务提供者的职能恰当地落实到英格兰和威尔士的每个区域，确保公司有足够的资金支持其活动，确保经许可的活动正确地开展。[62] 消费者目标被确定为，通过在合适的情况下促进有效的 186
竞争，保护消费者的利益。[63] 水务监管局还要考虑残疾人或慢性病患者、领取养老金者、低收入人群和农村居民，以及那些所处场所不符合持证供水商供水条件的人。[64] 附带性义务是促进经济和效率、确保没有不当的偏袒、促进可持续发展、考虑优化监管原则。[65] 水务监管局还需要对重要的决定说明理由。[66] 它有权征收巨额的罚款。[67]

水务监管局根据《水法》的要求，在一项《前瞻性工作方案》中确立了自己的政策。[68] 在 2009—2010 年度到 2011—2012 年度的方案中确立了三个主要目标，包括保护消费者、提升价值和保障未来；方案随后描述了这些目标的实现方式——“将消费者置于我们工作的核心”成为它的优先事项，确保公司负有责任，以合理和透明的方式强制执行，逐渐引入有利于消费者的竞争，在竞争不能保护消费者的情况下采取有效监管，以及在国家和欧盟层面制定监管议程。[69]

最后讨论铁路监管办公室。鉴于铁路业务的性质和铁路监管的复杂历史，同其他公用事业监管机构相比，它的法定义务完全不同。正如上文所述，其中还反映了国务大臣的主要作用。已经大幅修改的立法为该监管机构履行职能规定了一项义务，要求以它认为最恰当的方式达成以下目标：推动完善铁路服务效能，以及保护铁路用户的利益；使铁路网的使用和发展达到它认为具有经济可行性的最高水平；致力于综合运输系统的发展和实现可持续发展；提升效率、经济和竞争；采取措施为多个运营商的线路提供便利；对铁路经营者实行最低程度的限制，并使它们能在合理程度的保证下规划将来的业务。[70]附带性义务包括考虑以下需求：保护个人免受危险，顾及与铁路服务条款相关活动的环境影响。[71]但更深层次的义务是参照部长的指导意见，所采取的方式不会导致执照持有者无法为自己的活动筹集足够经费，确保物有所值及考虑残疾人的利
187 益。[72]根据《2005 年铁路法》，铁路监管办公室还承担履行健康和安全义务的重要职责。[73]它有权课以罚款。[74]

如此复杂的义务模式显然需要监管机构予以明确并作出优先安排，尤其是要确保企业有能力谋划将来的发展。在 2009—2014 年战略中，铁路监管办公室确立了基于健康和安全、用户需求以及效率的愿景。它还阐述了实现这一愿景的方法、基于七个具体的战略主题的战略（包括聚焦于用户需求和

卓越的资产管理)，以及战略实现的途径。[75]

公用事业监管机构及其监管模式

促进效率和消费者选择的监管

将公用事业监管机构基本上视为经济性监管机构，这是再寻常不过的观点。正如我们将看到的，虽然实际情形并不像这个观点表述的那么简单，但这些机构的主要工作是促进经济效率和消费者选择的最大化。最初它们的职责是对仍存在垄断供给的领域实行监管，主要着眼点是在这些领域模拟竞争市场的效果，并尽可能降低消费者的支出，同时采取措施以激励对网络型基础设施（network infrastructure）的高水平投入。[76]随着竞争市场的发展，公用事业监管机构还承担起了监督这些市场的职责，而1998年公用事业监管评审之后进行的改革强调了监管机构在保护消费者方面的作用。上议院的监管机构专门委员会的评审发现它们在履行这类职责方面表现各异，天然气和电力市场监管办公室已经帮助实现了从垄断向完全竞争的天然气和电力市场的顺利过渡，然而在水行业里，竞争还根本没出现。[77]重要的是，监管机构都被赋予了执行一般竞争法的共同管辖权。[78]在同一份报告中，专门委员会认为监管机构已经成功运用了这些权力，并且应当保留这些权力。[79]

接下来分别考察各监管机构。天然气和电力市场监管办公室总体战略的首要主题是创造和保持竞争，包括对能源市场 188

进行监控。[80] 众多可选的例子中，尤为重要的一个例子是价格大幅上涨后针对能源供应市场开展的调查。[81] 在商业和企业专门委员会（Business and Enterprise Select Committee）自行开展了调查，而公众和国会议员开始重点关注市场运行的方式后，这项调查启动了。[82] 调查发现，竞争市场的基本结构是适当的，同时向有效竞争市场的过渡也是顺利和持续进行的；但调查也提出了诸多建议，旨在通过推动更活跃的用户参与来改善市场的运作。引入的措施包括使账单信息更加明晰、优化价目表上的信息、让用户在还有债务未偿清时可以更简便地更换供应商，以及针对销售和营销的更强有力的规则（几乎一半的顾客因为直销而更换供应商，却没有获得价格优惠[83]）。天然气和电力市场监管办公室还决定采用新的许可要求，即要求基于不同支付方式（尤其是预付费电表）的收费必须反映成本，并且禁止在任何向用户提供的条款和条件中有不合理的歧视，这对很多弱势用户来说是非常有益的。通信监管办公室还在寻求通过新的许可条件，以采取更有效的行动来对抗发电厂商的市场滥用行为；政府原则上同意这一措施，《能源法案》中也对此作出了规定。[84]

就垄断领域的监管而言，尤其是输送和运输领域，所采用的技术是基于最高限价模型（RPI-X）* 的价格控制方法；

* RPI（Retail Price Index），零售价格指数（即通货膨胀率），X 是政府针对企业规定的生产效率增长率，政府对 X 值进行周期性调整。由于零售价格指数对企业来说是外生变量，企业要取得较多的利润，只能努力使生产效率的实际增长率高于政府规定的 X 值。

这一控制方法是将允许的价格上涨与零售价格指数（retail price index）相关联，从而使被监管公司和消费者可以分享效率的提高。垄断领域的价格制定极其复杂，这在 1998 年评审之前就已经显而易见了。[85] 尽管天然气和电力市场监管办公室在 2008 年开展了最高限价模型系统的评审，以决定这一系统在现代条件下是否仍然适用，但这一限价技术仍是系统的基础。[86]

对于水务监管局来说，鉴于供水和污水处理方面的有限竞争，垄断监管始终是它工作的中心主题。它运用的是比较竞争技术，通过该技术评估不同供水公司的绩效，并基于大 189
量的定量和定性指标来激励这些公司提高绩效。这一技术被整合进五年一次的价格定期评审中，评审涉及在部长就兑现欧盟关于饮用水质量和环境改善的承诺所必要的措施发布指导意见后，对每家公司的计划进行具体的审查。评审过程中展开了细致的征求意见程序。[87] 由于在供水和污水处理基础设施中存在的主要垄断因素，以及全国性供水网络（national water grid）的缺失，未来水务监管局的主要任务可能仍是垄断监管。如上文提到的，由于该监管局在消费者供水市场允许更多竞争这一要求上一直进展甚微，上议院的监管机构专门委员会在 2007 年对该监管机构提出了强烈批评。对此，水务监管局开展了对这一过程的评审，而且是以政府的名义。[88] 环境委员会建议，鉴于极有可能引入竞争，以及供水效率、供水需求管理日益重要，有必要对水务监管局的作用和职权范围开展根本性的评审。[89]

与此类似，铁路监管办公室的大部分工作是设定国营铁路公司收取的铁路网使用费的价格，同样采用定期评审的方式。铁路监管办公室还通过它享有的共同管辖权负责竞争监管，例如利用共同管辖权向竞争委员会提供专营铁路车辆租赁的市场参考分析。它还负责决定铁路网使用的方式，而一个在竞争方面特别有争议的问题是开放使用，即监管机构授权一家运营公司与现任的专营许可持有人就某一特定路段开展竞争。尽管这是制度中非常边缘的内容，但它施加了有益的额外竞争压力。在一个案例中，铁路监管办公室这一授权遭到了现任运营商和政府的强烈反对；在这场针对它的授权决定提起的诉讼中，铁路监管办公室最终获胜。[90] 货运服务领域没有专营服务运营商，但竞争问题也很重要，包括向运营商发布删除或修改排他性合同条款的指示。

这里的讨论仅仅是给出公用事业监管机构为促进效率和消费者选择最大化所开展工作的类型的一个小小范例。这些目标在它们的工作中显然处于中心地位，不过如果存在垄断供应
190 情形，那么工作的重点将放在效率方面，以及确保尽可能降低消费者支出方面。就监管风格而言，所有的监管机构都表达了它们对践行“优化监管”原则的承诺。这类承诺的一个例子是运用影响评估。对于天然气和电力市场监管办公室来说，这属于一项法定要求。[91] 上议院的监管机构专门委员会发现监管机构已经将这些原则整合到了它们的政策制定过程中，但其中依然有空间来开展更多的成本－收益分析。[92] 监管机构也制订了简化计划，并陈述了它们落实优化监管原则的承诺。而

《2008 年监管执行和制裁法》要求监管机构不要施加和维持不必要的监管负担，并每年对负担的审查进展予以报告。[93]

监管和人权

许多社会和经济权利属于这些监管机构的工作范围，不过那些涉及网络接入和普遍服务的权利会在下文的社会团结部分加以讨论。[94] 规定了获得服务之权利的条款有：1961 年欧洲理事会《欧洲社会宪章》第 16 条规定的家庭享有社会、法律和经济保护的权利，以及《欧盟基本权利宪章》第 36 条规定的在国家法律和实践中承认和尊重具有普遍经济利益的服务的获取权，以促进欧盟的社会与区域凝聚力。[95] 用水权同样在国际上具有特别重要的地位。回顾一下第四章中，在污水处理方面，上议院在马思克（Marcic）案中指出的，水务监管局实施的法定监管方案是实现权利平衡的最佳方式，一边是《欧洲人权公约》规定的保护居住和安定享有财产的权利，另一边是社区利益。[96] 监管机构有义务根据公约规定的权利来平衡受保护的权利和与之形成竞争的利益。

再来看看监管机构在作出决定时必须考虑的其他权利。我
们在未来可能会看到越来越多的公司起诉监管机构违反《〈欧 191
洲人权公约〉第一议定书》第 1 条规定的案例，在这些案例中，监管机构的决定被认为限制了财产权利；英国机场管理局（British Airports Authority）就曾因为竞争委员会在计划中要求机场管理局变卖机场（以打破其市场支配地位）而威胁要提起这样的诉讼。[97]

最后，程序性的权利也与监管机构有着极大的相关性。目前，基于监管决定的上诉安排显得混乱不堪，一些行使共同管辖权的上诉由竞争上诉裁判所处理，针对课以财产性处罚提起的上诉则由高等法院负责，理由是它们在某方面类似司法审查，同时竞争委员会自身也会审理公司针对监管机构提议修改公司执照以及天然气和电力市场监管办公室有关批发市场的组织的决定提起的上诉。在其他情况下，司法审查是仅有的救济途径。[98] 较为有限的程序是否为遵守《欧盟人权公约》第 6 条（公平听证权）提供了足够的保护，这一问题存在争议。[99] 上议院宪法委员会发布的一份有关监管机构的重要报告建议，根据案情是非曲直，将一般上讼权交由监管上诉裁判所负责，但这正是政府没有落实的少数建议之一。[100] 仍有待观察的是，它是否将作为根据《2007 年裁判所、法院和执行法》（Tribunals, Courts and Enforcement Act 2007）成立的初级裁判所内部新设的综合性监管裁判庭（General Regulatory Chamber）的一部分，根据《2008 年的监管执行和制裁法》的规定审理上诉。

监管和社会团结

表面上看，保护基本权利的作用在公用事业监管机构中的适用性相对有限，不过这一作用与公用事业监管机构在促进社会团结和包容方面的作用有着高度重合，后一种作用得到了更充分的发展。自 1998 年开展公用事业监管评审以来，促进社会团结和包容的作用进一步强化，部长行使权力向监管机构发布的社会和经济指导意见中也承认了这一点，指导意见强调

了由监管机构和政府共同承担这一职责。特别重要的领域包括 192
服务使用、燃料贫困、气候变化和可持续发展。[101]

首先是天然气和电力市场监管办公室，立法要求监管机构考虑残疾人、慢性病患者、养老金领取者、低收入者和农村居民的利益。[102] 正如上文提到的，向监管机构发布社会和经济指导意见的权力在《2000 年公用事业法》中也得到了规定。[103] 2002 年的指导意见提及了与监管机构有关的政府的社会目标，并阐述了更多具体的社会和环境目标，包括确保在不同的消费者群体之间公平分配竞争带来的收益。[104] 政府在发布能源白皮书之后，于 2004 年对指导意见进行了修订，大幅缩减社会方面的目标，仅提到了公平使用、服务质量和在影响评估中纳入社会影响的考虑，并表示希望天然气和电力市场管理局采取恰当的措施，帮助政府完成改善燃料贫困的指标。[105] 最终，正如上文所讨论的，紧随着一份更深入的能源白皮书，内阁发布了针对咨询的新的指导意见草案。草案更具体地阐述了政府的社会和环境政策，附有清晰的指标；它还提到政府期望监管机构在协调工作中发挥主要作用，从而帮助低收入消费者从竞争性的市场中获益。这一工作包括监督市场运行，处理对低收入消费者有特定影响的问题，以及监督和报告能源公司的社会项目。[106] 新的指导意见会将政府的《英国低碳转型计划》（*UK Low Carbon Transition Plan*）纳入考虑。

天然气和电力市场监管办公室开展了一系列涉及社会问题的工作，其中特别关注低收入人群的能源使用问题。[107] 它所采用的方法包括：采取措施限制供应中断，试图确保预付费电表不会导致超出反映成本的额外收费，以及要求对弱势消费者进行特殊保护。一并而来的倡议是一份社会行动计划，最初是由天然气和电力市场监管办公室的前身在政府的要求下于1998年发布的。[108]倡议受到了贸易和工业专门委员会（Trade
193 and Industry Select Committee）的严厉批评，委员会对于该倡议是因政府向监管机构下达直接命令而发布的一份计划感到沮丧，同时对于计划有如此多的限制条件也大失所望。[109]天然气和电力市场监管办公室发布了一份意义更为深远的新计划，其中涉及的改革将通过许可证变更和新的实务守则，诸如改善负债用户在竞争市场中的服务使用等更广泛的结构措施，更深入的研究，以及进展的监督指标等予以实现。每年都会发布关于计划实施进展的报告。《社会行动计划》变成了在2005年开始实施的五年期的《社会行动战略》，它以监管义务的四个合规主题为基础，鼓励在能源供应商之间形成最佳实务，影响关于采取措施解决燃料贫困问题的讨论，以及如何尽力告知用户减少能源支出的方法。在天然气和电力市场监管办公室明确了许可范围后，许多供应商制定了新的社会性收费标准（social tariffs），并通过建立新的自我监管的安全网来预防弱势消费者的供应中断。[110]战略会定期更新，并继续开展进一步的工作来保护弱势消费者，例如，天然气和电力市场监管办公室在强调最佳实务的同时，点名批评在欠费与供应中断政策方面表现最差的公司。[111]

需要特别关注的一点是，对使用预付款电表的用户遭到过度收费的问题，专门委员会提出过严厉的批评。[112]如上文所述，对供应市场的2008—2009年度评审向供应商提出了新的许可要求，规定针对不同支付类型的收费都必须反映成本，且禁止不合理的歧视（社会收费标准是个例外）。本章前述内容中已经提到，燃料贫困是天然气和电力市场监管办公室与政府开展密切合作的领域，政府负责制定总体战略；《英国低碳转型计划》已经承诺政府通过立法建立社会价格补贴制度，并由天然气和电力市场监管办公室负责管理，但是监管机构不设定补贴水平。[113] 因此天然气和电力市场监管办公室在此的作用既有为政策制定提供建议，也有对由此产生的方案进行管理。

在可持续发展领域同样如此。可持续发展委员会（Sustainable Development Commission）批评天然气和电力市场监管办公室在能源市场和网络传输的许多方面存在问题，并建议将天然气和电力市场监管办公室的主要义务修改为包括减少温室气体排放的义务，还对价格控制评审提出了很多用于执
行的具体建议。[114] 实际上，《2008年能源法》就对天然气和电 194
力市场监管办公室的义务规定进行了修订，在“消费者”（根据该办公室的义务，消费者利益应得到保护）一词之前增加了“当前和未来”这一定语，并将致力于实现可持续发展的义务置于更重要的地位；关于供应安全和减少碳排放的进一步的义务则在后续立法中被引入。[115] 如今，天然气和电力市场监管办公室每年都会发布可持续性报告，并将“帮助实现可持续发展”纳入它的总体战略，作为专门的一节；尽管鉴于其当前的首要义务，它将这一战略解释为“尽一切力量确保减少排放是

高成本效益的，以减少消费者负担，特别是在燃料贫困领域”。[116] 这又是一个与政府联合行动的尤为重要的领域，联合行动的主要开展方式是政府制定广泛的政策，天然气和电力市场监管办公室则向政府提出建议。[117] 天然气和电力市场监管办公室与政府联合开展广泛的工作，为可再生能源发电机接入传输网提供便利。[118] 监管机构还以政府的名义管理多个方案，尤其是可再生能源义务证书制度（Renewable Obligation）。随着低碳战略日益重要，2009 年，该监管机构再次进行了组织结构调整，成立了新的负责政策事项的可持续发展司和一个新的事务部门——天然气和电力市场监管办公室 E 服务（E-Serve），负责管理环境和可持续项目。

水务监管局同样在社会和环境事务上受到部长指导意见的约束。2008 年经公众咨询后发布的指导意见，以及如上文所述的可持续发展问题对水务监管局的工作都尤为重要。[119] 与天然气和电力市场监管办公室一样，水务监管局很早便制定政策以减少供应中断，最终，《1999 年水业法》禁止住宅内的供应中断。[120] 政府发布规章，规定最为弱势的用户依据平均费用而不是他们的电表显示的数额支付水费，从而以更为直接的方式对负担能力进行干预。规章并没有发挥作用，部委对此进行评审；而修订后的规章于 2005 年发布，扩大了符合援助条件的用户数量。[121] 政府进行了一项独立的水费审查，出具的报告建议用水计量更多地采取一揽子保障负担能力的测量方法；报告提议，在解决负担能力的问题（包括低收入家庭的折
195 扣优惠）方面，水务监管局应发挥更加积极的作用。[122] 这个

提议得到了环境委员会的响应，委员会建议强化水务监管局的职权，使其可以要求供水务公司采取更多的积极措施，解决用水的负担能力问题。[123]

水务监管局的第二项义务是致力于实现可持续发展，并把这一点作为其所有工作的关键要素。[124] 实现这一目标的措施包括在水费的定期审查中为每一家公司制定一个框架，以纳入水务监管局提议的环境和社会成本，同时要求公司准备和发布未来25年的战略导向声明。水务监管局还发布了一份可持续发展行动计划和一项气候变化政策声明。当然，可持续性也是政府政策声明的核心，监管机构必须落实这类声明，尤其是在设定价格限制方面。[125]

就铁路监管办公室而言，铁路网显然是以提供服务为核心的公用事业最明显的范例；事实上，铁路网在很大程度上反映了公共资金对它的支持。[126] 铁路监管办公室和其他监管机构一样负有法定义务（该义务同样适用于国务大臣），需要考虑残疾人的利益，并考虑与提供铁路服务密切相关的活动对环境的影响。[127] 然而，保障社会使用（不同于监管机构通过不同企业之间的互通来确保使用这一任务）这一重要职责现在属于国务大臣的职责。如前所述，部长在有关铁路网准入费的定期审查中规定了必要的期望产出，还确定了必需的网络规模和服务的频率。[128] 取消客运服务在过去由监管机构负责，并可向国务大臣提出上诉；现在可以经征求意见后交由铁路监管办公室处理，但不能基于案件是非曲直向监管机构提起完全上诉。[129] 事实上，2004年政府的白皮书《铁路的未来》并没有设想缩减铁路网，所以自从引入新的安排，这一问题没有在任何重要的案例中出现。政府作用的增强直接表现为对维护网络和乘客服务的公共支出的需求大增，政府希望对这些内容的支出直接负责。[130] 此外，铁路监管办公室还制定了可持续发展政策。

综上，公用事业监管者并不只是经济性监管机构，它们大量涉及维护准入和普遍服务的社会义务，以及确保可持续发
196 展的社会义务。在某些情况下，这些义务更清晰地界定了政府的职责，如在铁路监管中对必要的网络产出的具体规定。在诸如气候变化政策的其他方面，与过去相比，监管机构比私有化早期的以市场为主导的阶段更深入地参与政府政策。上述两种情况意味着，与其他机构尤其是政府部门之间的关系愈加成为公用事业监管机构工作的中心。

审议

鉴于法定义务的复杂性，即便是在 1998 年开始的改革之后，审议程序仍特别重要。早些年，公用事业监管机构被批评工作隐秘和不负责任，尽管早在 1998 年之前，它们就采取措施增加透明度，特别是通过公众咨询这一方式。事实上，唐·克鲁克香克（Don Cruickshank）领导下的通信监管办公室在发展具有创新性的咨询程序方面走在了前列。[131] 正如上文所述，1998 年后的改革确实在一定程度上施加了更多结构化的程序要求，例如要求在公众咨询后发布前瞻性工作项目，

以及创造更多独立的消费者代表形式。

一个特别重要的领域是议会审查，与本书提到的其他监管机构相比，针对公用事业监管机构的议会审查得到了更充分的发展。其中，上议院专门委员会的作用尤为重要。宪法专门委员会在2004年发表了有关“监管国家：确保其可问责性”（The Regulatory State: Ensuring its Accountability）的重要报告，该报告聚焦公用事业监管机构的工作。[132] 报告对问责采用了复杂的“360度”视角，强调面向议会、法院、利益团体、被监管公司、客户和消费者及其代表机构、市民和部长的多重问责。[133] 委员会虽然注意到了监管透明度和问责的显著进步，但还是提出了许多进一步完善的建议，且大多数被政府接受。[134] 建议之一是设立新的议会联合委员会来审查监管机构，实践中则是成立了一个上议院专门委员会，该委员会在2007年发布了一份有关“英国经济性监管机构”（UK Economic Regulators）的报告，报告中便包括了公用事业监管机构。[135] 这份报告大力支持监管机构的工作，“我们的证据表明，总的来说，立法被认为效果良好，监管者和被监管行业都满意其规 197
定……大多数监管机构对自身职权范围的解释兼具适当性和有效性”。[136]

接下来讨论下议院审查。国家审计署和公共账户委员会也会在某些情况下对公用事业监管机构进行具体审查。在早期，国家审计署和公共账户委员会将公用事业监管机构视作一个小组，对它们的工作一并予以审查，但到后期，审查围绕监管网络的特殊问题展开。[137] 国家审计署和公共账户委员会还会考察个别监管机构的工作，例如邮政服务委员会、水务监管局以及天然气和电力市场监管办公室。[138] 其他专门委员会也会经常审查公用事业监管机构，上文在论及天然气和电力市场监管办公室时就提到，商业和企业专门委员会对属于监管机构工作的 2007—2008 年和 2008—2009 年的能源政策进行了评审。

接着再来讨论公用事业监管机构自己组织的审议，它们采用的模式和上一章讨论的通信监管办公室非常相似，而不同于本书更前面讨论的监管机构。董事会的会议是非公开的，尽管会发布会议纪要和议程，并公开举行除定期的董事会会议外的一些会议。事实上，邮政监管部门决定不再召开仅能吸引少数公众成员的公开会议，取而代之的是聚焦于那些受众更为明确的企业论坛和利益相关者会议。[139] 尽管现在监管机构采用委员会而非独立总监的形式，但在健康和安全执行局的模式下，机构中仍没有不同利益的直接代表，这些机构采用了包含非执行理事在内的理事会模式，对此前文已有论述。

正如通信监管办公室的情形，公用事业监管机构的主要审议方式并不是设置利益的直接内部代表，而是通过公众咨询，从利益相关者处获取证据。遇到重大决定则会采用多环节的咨询，并为随后的决定提供理由，这是早期公用事业监管机构在程序运用上的一大进步。上议院监管机构专门委员会指出：“被监管行业的一些代表告诉我们，交流渠道非常畅通，针对他们的咨询是充分的，且他们一直在参与决策事宜。”[140] 此外，“监管机构似乎很努力地完善它们的咨询程序，被监管行业的

证词经常评论监管机构推进的公众咨询程序是详尽、公开和持 198
续改善的”。[141] 不过，委员会建议监管机构持续寻找有助于改善程序的方式，特别是给予企业 12 周的合理时间以便企业反馈意见。[142] 也有一些批评指出，公开发表的公众咨询文件过多，据统计，2006 年天然气和电力市场监管办公室发布了 218 份咨询及其他文本，2005 年是 295 份，2004 年则是 290 份。[143]

本章考察的监管机构都广泛地运用公众咨询程序。例如，在传输网络的价格控制审查这一看似技术性的问题上，天然气和电力市场监管办公室发布了三份咨询文件，紧接着公布了最初提案、更新提案、许可条件草案和最终提案；期间还针对最初提案与企业举行了大量的会议，并召开了一次公众研讨会。在价格控制审查结束时，这一公众咨询过程远远超过了法定咨询所规定的限期。天然气和电力市场监管办公室在对是否可以改善这一审查过程作出决定后，还组织了一次对该过程的评审。[144] 水务监管局委托了一次独立的评审，而它在 2004 年发布的价格审查报告已经采用了这一方式；评审发现，这次审查过程达到了极高水平的满意度，大部分外部贡献者一致认为这是对之前的审查在透明度和开放性方面的一次重大改善。[145] 铁路监管办公室会在准备它的铁路网使用费定期审查中，也开展了大量的咨询。当然除了针对前瞻性工作计划和战略的咨询外，还会针对具体问题开展咨询，前一类咨询已经成为监管机构政策制定的标准化内容。

审议的最后一项也是很重要的内容与消费者代表相关，由于机构安排的差异性，这一部分的发展历程多有起伏。在

1998 年公用事业监管评审之后，更受青睐的方式是采用独立于监管机构的消费者委员会，并在能源、邮政服务和水领域建立了这一模式，建立了能源观察、邮政观察（Postwatch）和水声［Water Voice，后来变成了用水消费者委员会（CC Water）］等组织。此外，在铁路领域，根据《2005 年铁路法》建立的铁路乘客委员会［Rail Passengers Council，以乘客焦点（Passenger Focus）的形式运作］替代了早期的地区安排。[146] 然而，在能源观察和邮政观察受到一些严重的批评后，公共账户委员会开展了一项深入调查，认为它们的总体成就并不令人满意。[147] 有研究显示，在消费者委员会和监管机构之间存在一些紧张和敌对的关系，最为极端的表现便是邮政观察对邮政
199 监管部门提起的司法审查。[148] 其他对改革的影响包括《汉普顿报告》对监管合理化的迫切吁求（将在下一章讨论），以及对重整所有市场中消费者代表的总体性安排的呼声。

政府根据《2007 年消费者、房地产经纪人和赔偿法》（Consumers, Estate Agents and Redress Act 2007）发布的两个咨询文件将改革推向高潮。[149] 能源观察和邮政观察被撤销，相关职能并入了代表所有行业消费者利益的全国消费者会议（National Consumer Council），并命名为消费者焦点。在能源和邮政服务领域，立法要求监管机构规定服务标准，国务大臣可以要求服务提供者成为监管机构批准的补偿计划的成员；《2007 年消费者、房地产经纪人和赔偿法》确定了这类批准的标准，同时天然气和电力市场监管办公室成立了能源监察专员服务（Energy Ombudsman Service）。该办公室还在家用能源

消费者中组建了一个消费者小组。正如在前一章谈及电信时所讨论的，公用事业正趋于合作监管。[150]《2007年消费者、房地产经纪人和赔偿法》中的条款还规定在未来撤销用水消费者委员会，铁路方面的安排则没有变化。显然新的安排还需要时间巩固，然而它们已经受到了两个专门委员会的批评：上议院的监管机构专门委员会**“对新的安排会改善消费者代表情况表示怀疑”**；下议院商业和企业专门委员会认为新的安排是不透明的，而且有削弱天然气和电力市场监管办公室对消费者关切问题的觉察能力的风险。[151]消费者焦点一开始运作，便对许多监管机构的绩效（包括天然气和电力市场监管办公室、水务监管局）进行了评议，并得出了大体上赞许的结论；但同时指出了利益相关者的担忧，包括监管机构不恰当地相信市场机制在保护消费者方面的作用，过度依赖自我规制机制，与政府的关系并不明确，以及应在关乎生命的服务的负担能力方面采取更主动的方式。[152]

结论

和通信监管办公室的情形一样，这些监管机构非常不同于前文提到的监管机构。它们的董事会组织方式日渐接近私人部门，而且董事会的成员不会直接代表某些特定的利益群体，
尽管具有各种不同的专业知识是董事会的一大特点。相反，审 200
议是“外在的”，并通过广泛运用公众咨询程序，收集大量证据；并通过对关键问题进行多轮的咨询，发展出相当程度的对

话机制，审议看上去运转良好。但在消费者代表方面做得并不太好，这可以从组织架构的频繁变动窥见一二。尽管消费者焦点的报告大体上对监管机构是肯定的，但依旧有人担忧能源和邮政的专家消费者委员会的撤销可能导致缺乏聚焦点和专业度。

与前文讨论的其他监管机构相比，监管独立性对于公用事业的监管而言有更重要的意义，特别是在维护被监管行业中的私人投资的监管可预测性这一方面。虽然早期出现过一些问题（特别是铁路基础设施公司破产给铁路监管机构造成压力一事），但目前看起来实际情况不错。然而，监管机构的工作环境正在发生变化。这在能源领域最为明显，正如可持续发展委员会所说，天然气和电力市场监管办公室——

> 作为一个非常高效的监管机构，推动完善了能源供应者之间的竞争，并促进了消费价格的降低。然而，近些年的情况看起来有显著的变化，天然气和电力市场监管办公室聚焦于气候变化、能源安全，以及加速英国经济向日益重要的低碳经济转型。[153]

这一变化体现在与政府就政策事务进行的监管合作中，同时，监管机构受委托作出的决定都坚定地维护监管的独立性，也说明了这一点。

问题在于，能否以公开和可问责的方式对这种合作伙伴关系进行管理。有迹象表明，政府和监管机构之间关系的管理方式有了改进，尤其政府在铁路和用水方面对所要求的成果作了更明确的公开声明，同时在能源方面更进一步地使用社会和环境指导意见。事实上，监管机构的作用之一就是通过确保决定的透明性来“保持政府的诚实守信”。然而，可持续发展委员会和消费者焦点都指出，职责不清的现象依然存在。未来最大的挑战是构建一个清晰、透明的与政府合作的监管框架，在逐步实现上述目标的同时，维护监管机构在受委托事务上的独立性。

第十章

监管监管机构

201 本章将考察迄今为止政府针对前述监管机构采取的监管改革倡议。当下讨论监管改革的发展可能看起来会有些奇怪，因为在2008—2009年金融危机期间，人们认为金融危机爆发的部分原因在于监管不够严格，而监管改革的重要主题却是减轻监管负担。一位曾经负责金融服务监管的部长说过一段话，体现了这种新的心态："那些认为全球市场经济可以在没有监管或者仅有自我监管或轻度监管的情况下运行的人已经彻底失败了。"[1]一直以来，自我监管和轻度监管都是监管改革的核心主题。在关于银行监管的调查报告中，金融服务管理局主席建议采用比金融危机前的"轻度监管"更多干预的新方法，而不是减少监管。[2]因此，监管改革似乎是一种已经过时或者至少需要彻底改变的方法。[3]

尽管如此，仍然有两个原因表明本书需要进一步讨论监管改革。第一，对政府和其他机构监管活动的监管仍然很活跃而且不断增长，不仅英国国内如此，欧盟也是一样，这种监管如此广泛，甚至成为经合组织敦促各国政府采取行动的一部分。[4] 在英国，对监管机构的监管经历了多种形式，从放松监管到优化监管，再回到进一步放松监管。与此相关的另一点是，正如朱莉娅·布莱克指出的，“在加强政府监管机构对非政府监管机构的监管权……以及提升内阁办公室和财政部在推动和监督政府监管机构的作用方面，体现了集权化和统一化”，这再次引出了监管独立性的问题。[5] 通过对监管机构施加集权 202
化的要求，监管改革对监管型国家的图景产生了重要的影响；尽管我们已经看到，本书研究的所有监管机构在实施“优化监管”要求方面都采取了重要行动，但仍有迹象表明存在紧张局势。例如，在提交下议院监管改革委员会的证据中，环境局、健康和安全执行局以及食品标准局都对政府优化监管执行局的“倡议过载”（initiative overload）持批评态度。环境局还指出，执行局“未能实现恰当的平衡。它似乎被当下强调减轻企业负担的做法分散了注意力，忽视了如何使监管及其结果获得支持以及如何使监管最有效的问题”。[6]

本书进一步讨论监管改革的第二个原因是，我们需要考察监管改革的实体内容和程序机制是否充分回应了本书确定的不同监管理由和实践。有人认为，监管改革倡议只关心减轻负担，因此不会对其他监管理由和实践给予回应，从而落实《汉普顿报告》的建议；但事实上，监管改革还有其他主题，这些主题可能更适合本书考察的全部监管。监管改革的第二个主题是改进审议，第三个主题倾向于监督监管，确保监管符合人权、公平和可持续发展的要求。在描述英国监管改革的背景之前，略为详细地考察这些主题是有益的。

监管改革的模式

未能对本书指出的一系列监管问题给予充分回应的监管改革的一个例子是布朗文·摩根（Bronwen Morgan）曾细致分析的澳大利亚国家竞争政策。[7]该政策采用的方法在一些重要方面与这里使用的“减轻负担”术语是一致的，即根据最大化市场竞争的标准对监管策略进行成本–收益分析。结果是，这种方法——

> 将支持市场治理的推定制度化，导致官员们把以前通过需求、脆弱或损害等语言表达的社会福利改成或
> 203 “转译”成市场失灵或市场扭曲。这种转译不仅倾向于遏制某些要求正义的关键模式，尤其是那些依赖道德或分配价值的正义模式，而且官员们为确保实现“经过转译”的社会福利价值观而提出的**制度性**（institutional）解决方案反而导致它们在政治上处于弱势地位。[8]

在本书中，我们考察了那些所作决策兼具经济和社会价值的监管机构，因此任何通过制度变革“遏制”后者的努力都会令人担忧。这种方法的危险（不仅仅是在澳大利亚）在于，将监管任务视为制定规则的技术问题，并认为规则是对开放市场中企业竞争自由的限制，应当最小化。但是，正如本书所展

示的那样，事实上，监管决策涉及深层次的社会价值冲突，而不仅仅是技术过程的结果。

具体到英国，我们可以看到两个紧密相关、采用类似方法的监管改革主题。第一，尽可能采用评估企业合规成本的方法（“标准成本模型”），削减现有的监管规则，并为监管规则削减设定量化目标。第二，只有在通过某种形式的成本–收益分析被证明是正当的情况下，新的监管规则才能通过。尽管这两个主题在英国没有被完全接受，但它们为特定的监管观点，即此处所讨论的“减轻负担”的监管方法提供了基础。采用这种方法会产生两个主要问题：量化的问题，手段和目的混淆的问题。正如我们在下文将要看到的，如何量化监管**收益**的问题很难解决，使得量化很大程度上成为成本计算问题，而成本的计算显然会导致反监管的偏见。“将货币化的收益与货币化的成本进行比较，并将这种比较作为判断保护人类和环境的公共政策的标准，这种分析往往因偏重成本量化而陷入反对这些政策的境地。”[9] 这一点不足为奇。早期确定的许多监管政策可能都无法用这些术语进行量化，因此在成本–收益分析中被低估，而成本–收益分析已经成为“减轻负担”方法的某些重要形式的核心。

采用“减轻负担”方法的第二个问题是，将主要精力放在削减以规则**形式**表现出来的监管手段上，可能导致对不同监管**目的**的忽视。尤其在许多富有争议的文献中，削减政策成本和削减行政成本之间存在混淆。政策成本是实现政策目标的直接成本，服务于根据各种经济、社会理由作出的政治决定或由 204

监管机构自行确定的履行职责所需的决定。行政成本是行政开支，例如保存记录、检查和执行。比较复杂的文献，例如下文将要讨论的颇具影响力的《汉普顿报告》，确实有此区分，并且承认监管改革不应该削减监管机构可用的政策选项，而应该是精简行政成本并使监管更加有效，但是这种区分很容易淹没在视监管为负担的辩论中。而且，正如鲍德温指出的，将政策成本和行政成本分开可能是不现实的。[10]

然而，减轻负担并不是监管改革倡议中唯一的方法。除此之外，还有一种更加审慎的模式，这种模式鼓励严谨性、透明度和决策参与。[11] 为了形象地说明这两种不同方法的关系，我们可以说，与减轻负担相关的成本－收益分析方法旨在通过提供达成决策的量化标准，使监管决策更加容易，而审慎的方法旨在通过扩大决策者必须考虑的意见范围，使监管决策更加困难。因此，监管改革原则上可以通过要求征询意见、凭借影响分析来仔细考虑不同意见、对监管结果给出公开说明以及要求执法行动基于相称的理由等，促进审慎监管的观点。[12]“减轻负担”和审慎方法之间的关系稍后将有更详细的讨论，实践中两者往往紧密地交织在一起。

与此同时，我们也开始看到对监管行为进行监管的其他形式的发展，与监管改革倡议截然不同，这些形式以对非经济性价值遵守的程度为基础。最明显的是，根据《1998 年人权法案》的规定，监管机构当然是公共权力机构，因此其侵犯《欧洲人权公约》规定的权利，会成为在国内法院被直接起诉的依据；正如我们在前几章看到的，许多这样的权利至关重

要。除了法院的作用，平等和人权委员会也负责监督与种族、性别和残疾有关的平等权以及更普遍的人权；这个领域也需要 205
进行影响评估，尤其是在北爱尔兰。[13]《平等法案》(Equality Bill)将平等权进一步扩展为新的普遍平等义务，适用于包括监管机构及其监管的公共机构在内的公共机构。此外，正如我们在前几章看到的，议会人权联合委员会在对本书所研究的一些监管机构进行审查这一方面也发挥了重要作用，特别是在健康和社会护理领域。事实上，该委员会已经提出重要建议，确保这些领域的监管机构采取措施，促进和保护服务使用者的人权。

另外，应该指出的是，越来越多的法律要求监管机构在决策过程中考虑可持续发展。对此展开监督的安排包括众议院环境审查委员会的工作，例如审查监管机构进行的影响评估的作用、碳交易、政府结构、气候变化政策以及天然气和电力市场办公室的作用等。[14] 此外，以战略性环境评估的形式进行的影响评估也得到越来越多的运用。[15]

总体而言，尽管有平等和人权委员会，但监督人权和社会团结的安排远没有监管改革倡议中的安排那样完善。不过，这些安排的存在表明了一个重要的观点：如果我们承认监管有多种理由，那么监督和改进就不仅仅是为了确保有限监管，并允许市场在可能的情况下自由运行，而且是为了确保监管机构能够恰当地实施基于其他理由的监管。一个对监管行为进行监管的连贯系统将包括这种类型的监督和改进，它们与传统的监管改革形式同样重要。稍后我会在回顾各种监管改革倡议后再回到这一点，并详细研究适用于本书涉及的监管机构的内容。

监管改革：发展与概述

监管改革的起源可以追溯到美国为细化监管程序的行政监督而采取的举措，始于著名的1981年12291号总统令，要
206 求对拟议监管规则进行成本–收益分析，并提交管理预算局（Office of Management and Budget）进行审查。[16] 这些要求被克林顿政府大幅改革，但为其他地方提供了借鉴。在英国，保守党政府的放松监管倡议是监管改革的第一阶段；在取得有限的成功之后，放松监管倡议于1992年重新启动，并有若干工作组负责检查可以解除规则的领域。除了颁布对执法机构适用的守则（a code for enforcement agencies）外，《公民宪章》（Citizen's Charter）再次强调公共服务的质量标准。这些发展最初是在没有立法基础的情况下发生的，但《1994年放松监管和外包法》（Deregulation and Contracting Out Act 1994）为那些旨在改进执法程序的行政令提供了依据，最重要的是，为通过发布行政令减轻企业负担提供了依据，哪怕这些负担是根据制定法施加的。在这个早期阶段，有两个明显的主题，首先是反对监管给企业施加负担（可以进一步延伸为对监管自身的反对），最初白皮书的题目确为"减轻负担"。[17] 此外，为确保执法程序公平，还需要更加审慎的考虑。

然而，更重要的是新任工党政府采取的措施，将重点从

“放松监管”转移到“优化监管”。[18] 在内阁办公室中迅速设立了一个优化监管工作组，作为拥有商业代表的咨询机构；同样隶属于内阁办公室的优化监管处（Better Regulation Unit）取代了之前的放松监管处（Deregulation Unit），并于1999年更名为监管影响处（Regulatory Impact Unit）。优化监管处发布了适用于所有政府监管的良好监管原则，它们是透明性、可问责性、合比例性、一致性和针对性。[19] 这些原则非常重要，被许多适用于监管机构的制定法吸收，并构成其他改革倡议的基础。

《2001年监管改革法》（Regulatory Reform Act 2001）修改了《放松监管和外包法》规定的程序，包括授予更广泛的权力以便监管改革令能够消除监管负担，但需要进行比例测试，并限制取消“必要的保护”或阻止“任何人继续行使其合理期待可以继续行使的任何权利或自由”。[20] 该法还就执法业务守则的发布和针对地方当局并被一些监管机构采用的执法协约的发布作了规定。此外，为审查政府部门的简化计划和主要政策提议，还成立了一个部长级的监管问责小组，从2004年起由首相担任主席。2002年颁布了《监管改革行动计划》（Action Plan on Regulatory Reform），其中包含260多项旨在减少行 207
政和监管负担的计划。

尽管这种活动很狂热，但这些措施证明，活动仍不足以满足政府的目标；发布监管改革令的法定权力受限于“负担”的概念和立法中的限制，到2005年底，只发布了27部这样的行政令。事实上，监管改革令在通过议会审议以及由此所使用的资源方面与法案一样，因此也就失去了通过行政令简化程序以减轻负担的意义。[21] 2005 年的预算宣布，将根据两份报告采取进一步的措施。第一份报告由优化监管工作组提供，题为“监管——少即是多：减轻负担，改进结果”（Regulation — Less is More: Reducing Burdens, Improving Outcomes）。[22] 该报告提议一种新的方法，即通过“标准成本模型”来评估监管施加给企业的管理成本，并根据目标有效监测成本的削减。该报告还提出了“一份投入，一份产出”（One in, One out）的方法，根据这种方法，政府部门必须在新的监管措施和简化、取消现行监管之间进行权衡取舍。进一步采取的措施包括建立一个健全的机制，以便企业和其他利益相关者提交简化建议，并形成一个逐步实施的简化计划；在引入新的监管的情况下，监管影响评估需要考虑补偿性简化措施。政府还应建立评估监管提议总累计成本的方法。诚然，报告也认同需要恰当、高质量的监管，并且注意到政策成本和行政成本之间的区别，但报告认为被监管者首要关注的是总成本，并建议两者都要减少，尽管标准成本模型只关注行政成本。[23] 这种模型被批评过分简化了两类成本之间的区别，不能恰当地确定任何有能力的管理部门在没有监管的情况下产生的成本，因而过分夸大了监管成本和可能的节约。[24] 总体而言，《少即是多》的建议非常明确地采用了监管改革中“减轻负担”的方法，而且，通过强调量化、满足量化目标和“一份投入，一份产出”的方法，事实上比之前的改革走得更远。政府采纳了该报告的全部建议。第二份报告是《汉普顿报告》，题为“减轻行政负担：有效的检查和执法”（Reducing Administrative Burdens: Effective Inspection and Enforcement），下文将对此进行细致分析。[25]

政府采纳了这两份报告之后，发布了《优化监管行动计 208
划》（Better Regulation Action Plan），强调基于风险的监管方法，并根据《汉普顿报告》对监管机构进行合并。优化监管执行局（Better Regulation Executive）和优化监管委员会（Better Regulation Commission）取代了之前的机构。2005 年 11 月，首相宣布目标是到 2010 年减轻 25% 的负担。简化计划还用以确定哪些方面负担的减轻可以实现目标，该计划由优化监管委员会负责监督实施。这些改革反映了一个重大转变，“从追求优化监管转向通过降低企业成本实现更少的监管”。[26] 有一份单独的研究报告对欧盟立法的执行情况进行了单独的审查。[27]

为通过监管改革令扩大权力，减轻监管负担，当局就新的立法发布咨询意见；为落实《汉普顿报告》的建议，该咨询意见提议更新执法协约，精简监管结构，并改革监管处罚制度，将行政罚款纳入其中。最初的立法建议争议极大，被认为是部长们在各种问题上绕过议会程序的一种手段。这一争议扩大到对经济性监管机构的适用。我们应该记得在本书上一章中，作为铁路监管官员的汤姆·温莎（Tom Winsor）在英国铁路路网公司破产时与政府发生激烈冲突，期间部长威胁要推出紧急立法减少他的权力。他指出，该法案——

> 将大幅强化部长对监管机构的政治控制，或者将监管机构的部分权力转交给承担政治责任的机构。部长们只

需经过草率的程序，就可以对自己的提案做出判断，并且只需确信他们的措施——包括他们的计划——减轻了负担，但这些措施往往远不能满足适当的保护条件。[28]

《立法和监管改革法案》（Legislative and Regulatory Reform Bill）审议期间，上议院就这一问题举行了辩论。在部长们保证新权力不会被用于提出极具争议的提案或削弱法定监管机构的独立性之后，上议院否决了一项规定不得限制管辖权或削弱经济性监管机构独立性的修正案。[29]

之后颁行的《2006年立法和监管改革法》（Legislative and Regulatory Reform Act 2006）授权通过行政令减轻负担，其中的负担包括管理上的不便或者对效率、生产力或盈利能力的障碍。[30] 负担可以包括仅影响某一部长或某一政府部门
209 的负担，"除非影响部长或部门监管职能的行使"。[31] 部长还被授予通过行政令完善监管原则的权力，这些监管原则旨在使监管活动以一种透明、可问责、合比例、一致的方式进行，并且只针对需要采取行动的情况。尽管行政令不会取消既有的监管职能或授予新的监管职能，但可以修改监管机构的构成，将监管职能转移给新的机构，或者取消监管机构。[32] 因此，运用行政令进行监管重组的权力是广泛的；正如我们在本书第五章中看到的，健康与安全委员会以及健康和安全执行局已经根据该法通过行政令合并了。[33] 该法规定了发布行政令的先决条件，包括效果与政策目标相称，规定并未消除任何必要的保护或阻止个人继续行使其合理地期待可以继续

行使的权利或自由，行政令的规定“不具有宪法意义”等。[34]与过去的立法一样，行政令的通过要使用特别的议会程序，只是这些程序比以前更加灵活。

该法的第二部分明确涉及监管机构，规定监管机构必须遵守监管原则，即监管活动应该以透明、可问责、合比例和一致的方式进行，并且应该具有针对性。[35]经过咨询，部长也可以发布监管机构必须考虑的、与监管职能的履行有关的实务守则。[36]但是，需要明确的是，这些规定不适用于经济性监管机构（天然气和电力市场办公室、通信监管办公室、铁路监管办公室、邮政服务委员会和水务监管局）。[37]这是为了保持它们的独立性，也反映了它们都致力于这些监管原则的事实。正如我们所看到的，遵守这些原则已经成为对于通信监管办公室、天然气和电力市场办公室以及水务监管局的法定要求。

自《2006年立法和监管改革法》颁布以来，监管改革取得重要进展。优化监管执行局从内阁办公室转到商业、企业和监管改革部（目前为商业、创新与技能部）。根据该法的要求，2007年底发布了《监管机构合规守则》（Regulator's Compliance Code），下文将对此进行讨论。2008年，风险和监管咨询委员会（Risk and Regulation Advisory Council）取代了优化监管委员会，职权范围更加有限，重点是风险监管；下议院监管改革委员会指出，“这似乎令人觉得审查和战略性思考中都有未加以考虑的内容”。[38]

最重要的实质性提议可能是引入监管预算，确定在特定

210 时期内可能实施的新监管的成本。[39] 如果得到落实，这将是“减轻负担”方法向前迈出的重要一步，因为这些提议只考虑总成本，不涉及收益的价值，尽管在确定和说明预算水平时可能要考虑收益。[40] 预算草案不适用于经济性监管机构，以保证它们独立于具体的政治监督；但预算草案还是有可能适用于其他监管机构，尽管诸如食品标准局等具有法定独立性的监管机构仅在受邀的情况下才会参与其中。[41] 然而，国务大臣在向上议院的简短书面声明中宣布将放弃该提议；此外，国家经济委员会（National Economic Council）新设的优化监管分委员会（better regulation sub-committee）将取代监管问责小组，并且将设立一个外部的监管政策委员会（Regulatory Policy Committee），就监管的成本收益评估以及监管机构在工作中是否适当地以风险为基础向政府提供建议。[42]

本书对监管改革倡议的概述强调了一些要点。首先，监管改革高度集中，无论监管机构的独立状况如何，监管改革都对监管机构产生了潜在的重要影响。这引发了宪法问题，《立法和监管改革法》的规定只是部分解决了这些问题；部长拥有通过行政令减轻负担和重组监管机构的权力，这一点可能影响深远。其次，尽管 1997 年上台的工党政府将重点转移到“优化监管”而不是“放松监管”，但自 2005 年以来，监管改革倡议主要关注的仍然是通过量化目标来减轻负担。最后，除此之外还有第二个主题，围绕执行和更广泛的应用展开，即创建更加审慎和开放的监管程序。在下一节，我将针对监管机构的一些主要监管报告和倡议的含义进行分析。

监管改革：主要调查报告和监管机构

在整个监管改革过程中，监管机构一直是人们关注的焦点。考虑到监管机构与政府都在制定监管要求中扮演重要角色，这一点不足为奇。例如，2001 年，优化监管工作组就经济性监管机构发布了一份报告。[43] 该报告确定的重要主题包括：政府在监管中的作用；因监管机构职责的复杂性产生的问题，特别是在社会目标和经济目标并存时；价格管制对投资的 211
影响；监管机构的工作与竞争法的关系；对监管决定的上诉；向委员会负责制而非总监负责制的转变。该报告建议，年度业务计划应该包括每个监管机构对不同监管目标进行优先次序排序的清晰说明；应规定以监管影响评估的形式提供成本收益评估；应采取创新的咨询方法，允许利益相关者进行真正的对话，并展示咨询后提案修改的情况；监管机构应采取措施减少价格管制，并取消过时的许可条件。正如我们在前一章所看到的，一个特别重要的建议是，监管机构理事会应该既包括执行理事，也包括非执行理事，理事的任命应是基于他们的专业能力而不是将他们作为利益相关群体的代表。政府对这些建议给予了积极回应，特别是监管影响评估和理事会成员资格这两方面。

2003 年，优化监管工作组就独立监管机构（不限于经济性监管机构，且包括健康护理）发布了一份后续报告，聚焦独立性、可问责性、更好的监管工具、治理、执行和上诉机制等问题。[44] 该报告提出了类似的建议：所有的监管机构都应遵循良好监管原则，进行监管影响评估，遵守政府的《咨询程序实务守则》（Code of Practice on Consultation），每年至少举行一次利益相关方公开会议，设立上诉机制，签署执行协约，并分享最佳实务。独立监管机构也应该有理事会、独立的主席和首席执行官。管理声明应该征得部长同意，包含监管机构的总体目标和方向（这些目标和方向支持内阁部门更广泛的战略目标和公共服务协议）、对监管机构提供公共资金的条件以及监管机构的问责路径。政府对此报告再次给予积极的回应，但对上诉权问题有所保留。

优化监管执行局的重要报告《监管：少即是多》除了坚称在衡量监管负担时应该把所有的监管措施——无论是由政府还是由独立监管机构实施的——都纳入减轻负担的目标范围，并没有直接涉及监管机构。[45]《汉普顿报告》则关注检查和执法，更直接地考虑了监管机构的工作。但该报告排除了经济性监管机构（天然气和电力市场办公室、铁路监管办公室、水务监管局、通信监管办公室、邮政服务委员会和民用航空局）的工作，“因为这些监管机构专注于涵盖一小部分企业的市场失灵的经济解决方案，而且已成为最近一系列研究的主题，包括优化监管
212 工作组的研究在内”。该报告也排除了健康护理委员会和社会护理检查委员会的工作，因为它们是另一项调查报告的主题。[46]不过，本书讨论的其他监管机构却在该报告的范围内，包括食品标准局、环境局以及健康和安全执行局。该报告明确区分了政策成本和行政成本，并对后者进行了分析，没有考虑某一特定领域是否应该被监管。[47]《汉普顿报告》发现，风险评估的

运用是零散的，但它是分配监管资源的必要手段，可以对监管结果产生最大影响。报告还发现，对违反监管要求的行为处罚过轻，而且监管结构过于复杂，国家层面的小监管机构太多。《汉普顿报告》建议通过在整个监管体系中贯彻风险评估的原则来解决这些问题，风险最高的企业承担大部分的执法负担，有着最佳合规记录的企业承担最轻的执法负担。[48]该报告提出了监管执行的原则，包括风险评估的运用、问责制与合比例的制裁。[49]此外，该报告还建议对监管机构进行整合并加强国家审计署和议会的审查。这些建议被政府全部接受。

从前面几章可以明显看到，《汉普顿报告》之后，监管机构都试图采取更加基于风险的方法。[50]最重要的具体发展可能是 2007 年底《监管机构合规守则》的颁布。[51]该守则根据《立法和监管改革法》第 22 条第 1 款授予的权力发布，如上所述，经济性监管机构不在这些权力的范围之内。然而，纳入该守则适用范围的监管机构包括了环境局、食品标准局、健康和安全执行局的大部分职能以及人类受精和胚胎学管理局的全部职能，还包括《1991 年水业法》规定的监管职能。[52]尽管守则不适用于个案中监管职能的行使，但是，监管机构在确定任何一般性政策或原则、制定标准或提供一般指导时，必须考虑守则的规定。[53]该守则展示了汉普顿原则，并以更加具体的条款对其进行了详细阐述。这些原则如下：

（1）监管机构应该意识到，它们有责任允许乃至鼓励经济发展，只有在明确需要保护的情况下才能进行干预；

213 （2）监管机构应该全面运用风险评估，将监管资源集中在最需要的领域；

（3）监管机构应该提供权威且能以容易、低价方式获取的建议；

（4）没有理由，则不进行检查；

（5）监管机构不应该要求企业提供不必要的信息或者两次提供同样的信息；

（6）少数长期违法的企业应被迅速锁定，并受到合比例的、有意义的处罚；

（7）监管机构应该对其活动的有效性和效率负责，同时保持决定的独立性。

2008 年发布的《监管指导实务守则》（*Code of Practice on Guidance in Regulation*）对这些原则进行了补充，该守则表达了用户对政府部门及其机构发布指南的期望。[54]

最后需要提到的，对监管机构至关重要的调查报告是《有关监管处罚制度的麦克罗里调查》。[55] 该调查报告没有涵盖所有的监管机构，仅出于比较的目的考察了经济性监管机构（铁路监管办公室除外），而健康护理委员会和社会护理检查委员会不属于该报告调查的范围。[56] 该调查报告建议，应该确定监管机构必须考虑的处罚原则，并引入新的处罚形式。其中首要的是监管机构拥有处以“行政罚款”（monetary administrative penalties）的权力，借此替代刑事追诉；由监管裁判所（Regulatory Tribunal）而不是刑事法院受理上诉。此外，还应该引入法定告知（statutory notices）和可强制执行的承诺的权力，并引入恢复性司法机制。政府接受了全部这些建议，但在设立新的申诉裁判所需的经费上多有受限。监管机构只有证明了自己符合《汉普顿报告》和《麦卡罗里报告》提出的原则，才能获得全部的处罚权。这些处罚权是通过《2008 年监管执法和制裁法》（Regulatory Enforcement and Sanctions Act 2008）开始落实的，该法规定部长可以发布命令，授权监管机构实施一系列新的民事制裁，包括经济制裁（financial sanction）、各种形式的告知和承诺。该法涵盖的监管机构包括环境局、食品标准局、健康和安全执行局、人类受精和胚胎学管理局、通信监管办公室以及铁路监管办公室，但是不包括天然气和电力市场办公室与水务监管局（这些机构早已拥有实施行政罚款的权力）。[57] 上诉交由根据《2007 年裁判所、法院和执法法》（Tribunals, Courts and Enforcement Act 2007）设立的初级裁判所（First-tier Tribunal）处理。

由此可见，监管改革的大部分工作都与“减轻负担”的 214
方法有关，例如要求简化计划并为降低监管成本设置目标。但是，监管改革也含有其他元素。风险监管已经成为重要的关注点，它可以被看作一种工具，通过降低对低风险企业的监管要求来“减轻负担”。不过，它也可以被视为一种更加程序化的关切，在监管检查和执法中要求更富针对性和更合比例的方法。其他措施，如发布合规守则，在改善监管执法质量方面更具审议的基础。连同新的行政罚款的安排，这些措施可能会增强法院的参与：“这些建议……也会增加政府监管机构的法律责任，且对行政法的发展具有虽非直接但重要的意义。”[58]在更直接地考察监管改革的审议方面之前，我们需要先讨论监管影响评估的作用，监管影响评估或许是监管改革倡议引入的最重要的监管程序新形式。

监管改革、影响评估和审议

监管影响评估在“减轻负担”方法和更加审慎的监管改革之间架起了一道桥梁。因此，它的一种功能是确保不引入不具有正当性的新的监管要求；根据内阁部门的指导性文件，另一种功能是：

> 帮助政策制定者充分考虑并了解政府干预对公共部门、私营部门和第三部门可能的和实际的后果，并且……促使政府权衡并提供这些干预措施的正面和负面影响的相关证据，包括审查政策实施后的影响的相关证据。[59]

重要的一点是，监管影响评估的目的是“为决策提供信息，而不是作出决定或替代政治问责”。[60]因此，这种方法区别于成本－收益分析，后者可以被看作政治决策的替代方案，方法是将相关变量缩减至可量化的形式，直接相互权衡以确定结果。

215 但是，监管影响评估中的这一程序重点并没有免除与成本－收益分析类似的批评。最重要的学术评论家之一鲍德温认为，监管影响评估专注于个别建议而不是方法组合，可能会阻碍“更智慧”的监管方式，而且还会忽视与监管要求的实际执行有关的问题。[61] 针对金融服务管理局的影响评估机制，布莱克也提出了十分相似（而且富有预见性）的批评：

> 金融服务管理局应当对哪些企业投入大部分的精力以确保消费者免受损失，而对哪些企业则无须多虑，这是风险评估模型技术化和看似中立的语言掩盖之下的一项高度政治性的决策。因为影响阈值（impact thresholds）的确定是一门艺术，而非科学。[62]

针对这些批评，政府在 2007 年 4 月对影响评估程序进行了一些调整，目的是让它更简单、更透明，并把它放到政策制定的最初阶段。[63] 但是，这一过程对货币化仍然非常重视。新的指导方针指出，必须考虑经济、社会、环境方面的各种成本和收益，并尽可能将其货币化；当考虑非货币化的成本和收益时，只需将其作为评估的附录部分。[64]

国家审计署编制的关于监管影响评估的汇编报告特别批评了过度精确量化成本的要求，认为这项要求不能完全反映不确定性，而且只对收益进行了有限的量化。[65] 2004—2005 年，在受到审查的评估样本中，十个之中有八个进行了量化，但是只对四个进行了收益量化。[66] 尽管如此，影响评估还是具有重要的交流作用，而且总体上都开展了很好的咨询工作。[67] 审计署还指出，可持续发展和健康影响评估等标准也被纳入它们所制定的评估程序中："这些评估标准的纳入使政策制定者能够对政策变化可能产生的社会、经济和环境等影响进行全面分析，并对政策实施作出选择。"但是审计署也发
216 现，这些新增的评估标准的运用并不严格。[68] 审计署在后来的报告中还发现，评估质量是参差不齐的，成本收益的评估仍然是最薄弱的环节，而且监管的实施后评估也没有得到充分考虑。在最新的报告中，审计署指出，2007 年的变化促进了影响评估标准的完善，目前量化率得到提高。但是，标准的差异依然很大，包括政策问题的说明、咨询的运用和建议的明确程度等。成本 – 收益分析仍然是最薄弱的环节。[69] 这表明，监管影响评估在采用审议方法时是最强的，而在试图量化成本收益时是最弱的。

下议院环境审查委员会认为，监管影响评估的审议作用也与可持续发展有关。[70] 该委员会指出，目前监管影响评估已经取代了单独的环境评估。委员会认为，评估确实提供了"一个独特可行的平台，借此可以实现可持续发展原则的协调和广泛整合"。[71] 但是，监管影响评估却不适合用来平衡环境影响与社会、经济问题之间的关系，因为监管影响评估的动机在于尽量减少监管负担。因此，**"我们坚信，监管影响评估应该作为确保政策实现非经济目标、满足环境关切的工具"**。委员会还对现有的指南强调量化提出了尖锐批评，认为很多环境影响很难换算成货币价值，例如物种灭绝。因此，**"我们认为，监管影响评估的立场必须得到重新考虑，以便确保纳入非货币化的评估，并且必须将其作为一种标准和恰当的评估形式，而不**

是不可取的最后的手段”。[72]

政府在回应中指出了2007年4月影响评估程序的变化，这些变化的目的是在决策的最初阶段加入简单而且更透明的风险评估程序。但是，政府仍然认为应尽可能地高度重视政策建议成本收益的货币化。新的指南确实更充分地述及可持续发展原则，以及必要时可以将非货币化的成本和收益纳入评估之中。[73]

因此，影响评估可以通过考虑各种各样的选择来发挥审议的作用；正如天然气和电力市场办公室的执行官（Managing Director）向环境审查委员会所指出的那样：“我认为，明确和 217
基于要求去明确所有这些问题，尽可能指出其中存在的冲突，并通过咨询从外部进行测试，这一程序确实有助于找出冲突所在，并帮助我们思考可能的出路。”[74]针对这一点，国家审计署认为，没有考虑所有的选项（包括不监管的选项），以及前述不可量化要素正是这一程序的弱点，而且上文提及了考虑问题时的困难是无法量化。[75]通过确保征求利益相关者的意见，影响评估也可以发挥审议的作用；从国家审计署的报告来看，这一领域取得了最大的成功。[76]这也与政府接连颁布《咨询实务守则》（*Code of Practice on Consultation*）给咨询程序带来的总体改进有关，该守则不仅适用于政府部门，而且被环境局、食品标准局以及健康和安全执行局等众多监管机构采用，个别的监管机构还制定了自身的咨询指南。[77]

最后，影响评估制度在监管机构的工作中发挥了什么作用？优化监管工作组建议，所有的经济性监管机构应对所有新的政策和监管计划进行监管影响评估，这一建议已被政府接受；在某些情况下，这已成为一项法定要求。[78] 上议院的监管机构专门委员会委托国家审计署对经济性监管机构运用影响评估机制的情况进行检查，结果发现，尽管咨询程序在所有的情况下都运用得很好，但评估的其他方面还有待改进，目前的实践也不令人满意。因此，应当加强成本－收益分析，特别是考虑到目前只包括有限的量化分析。评估通常也用于证明已经作出的决定的正当性，但只是通过在表格上打打钩。监管的实施后评估也应该改进。[79] 因此，调查结果总体上支持了早期的观点，即影响评估作为审议工具比作为成本－收益分析的形式更加成功。商业、企业和监管改革部在回应中指出：“作为独立的实体，监管机构可以根据自己的专业判断，对中央政府的影响评估程序进行适当的调整，从而满足被监管企业的特定
218 需求。但是，在所有情况下都应贯彻影响评估的宗旨。”改革部还指出，2007 年推出的经过修订的影响评估程序有了更大的灵活性。[80]

总体而言，监管影响评估程序承担了几种不同的功能：作为评估拟议监管的成本和收益的工具，以及作为监管决策的审议和参与工具。[81] 无论是在经济性监管机构的层面，还是更普遍的情况下，第二种功能似乎发挥得最为成功；事实上，对于非经济性监管来说，这是唯一适当的方法，因为非经济性监管的利益通常无法被量化。所有其他方法的危险之处显然是监管的定性收益将被更容易量化的成本挤出。那么，是否有其他方法来监督监管的质量？

监督人权和社会团结

前面几章清楚地证明，监管的目标包括保护人权和社会团结以及可持续性。这些正是在成本－收益分析中可能丢失的价值。它们可以被纳入更加审慎的监管改革观点中，但是有没有一种机制可以确保监管机构不会因为采用经济性方法而忽视这些价值的运用？与上述监管改革的实施机制相比，监督人权和社会团结的机制相对较少。[82] 一项重要的发展是，目前影响评估整合了与可持续发展、碳影响、健康影响、种族影响、残疾影响和人权影响等有关的影响测试（impact tests）。[83] 但是，前面讨论的量化问题在这里非常突出；测试的最重要的作用在于确保考虑这些事项，并且证明它们不可能完全被量化。

关于人权，最明显的外部审查形式当然是根据《1998 年人权法》对作为公共当局的监管机构侵犯公约权利的行为提起诉讼，这在未来可能会更加重要。平等和人权委员会承担着监 219
督平等和人权立法得到有效实施的职责。例如，委员会对监察机构和监管机构在促进公共服务人权标准方面的作用进行了评估，得出的结论是，尽管没有单一、全覆盖的方法，且在检查框架中置入人权的程度也有些许不确定性，但是这些机构已针对将人权纳入战略和政策，开展了一系列范围很广的活动。[84] 监察专员在加强人权方面也发挥着越来越大的作用。[85] 公共机构必须发布平等计划，并开展种族、残疾和性别等方面的影响评估；这些要求不仅直接适用于大部分监管机构，也适用于它们监管的公共机构（例如健康护理提供商），还适用于政府部门。[86]《平等法案》为公共当局确立了一项新的责任，即在作出战略决策时，要考虑该决策是否可能减少社会经济劣势造成的结果不平等；该法案还要求添加一项普遍性的责任，即公共当局必须考虑消除歧视、推动机会均等和建立良好关系的必要性。[87] 这些责任将适用于健康领域受监管的公共机构和具有政府部门地位的监管机构。

对监管机构履行人权义务情况的监督，是由包括人权联合委员会在内的议会委员会完成的。例如，正如第六章谈到的，联合委员会在有关“老年人的健康护理权”的报告中建议，平等和人权委员会监督该领域人权和平等立法的实施，护理质量委员会的报告中也提到对《人权法案》的理解和遵守。[88] 联合委员会还建议，新的护理质量委员会应该对服务提供商违反人权标准的行为进行监督。政府也采取行动，发布了《健康护理权——地方行动框架》(*Human Rights in Healthcare — A Framework for Local Action*)和《人权：人类生活——公共当局手册》(*Human Rights: Human Lives — A Handbook for Public Authorities*)。[89] 监督工作可以在多个层面进行，确保监管机构的工作履行了人权和平等责任，并作出了恰当的安排以使被监
220 管对象遵守这些义务，这在健康和社会护理领域尤为重要。

与社会包容等其他方面相比，和可持续发展有关的监督在社会团结方面更为完善。正如我们看到的，一些法律规定监管机构必须在决策过程中考虑可持续发展，并将对可持续发展产生的影响纳入影响评估过程。[90] 此外，下议院环境审查委员会和其他专门委员会也开展了监督工作，可持续发展委员会同

样在监督中发挥作用。这些要求在环境法中相当重要，但迄今尚未对监管机构的决策产生重要影响。不过，目前可持续性在监管机构的年度报告中占据越来越重要的位置，许多报告更是发布特定的可持续发展计划，从而超越了这一要求。总体而言，对监管机构的非经济性问题的监督仍然是程度有限的，尤其是与监管改革中为了解除和尽量减轻监管负担而开展的众多活动相比。但是，随着平等和可持续性问题被更有效地纳入监管改革的主流，监管机构的非经济性问题受到的监督程度将会大幅提高。

结论

本章的第一项结论涉及监管独立性问题，这一问题比表面看起来要复杂得多。显然，即使是最独立的监管机构，也要遵循监管改革议程，即便法律没有明文规定这样一项义务。这一点可以从政府针对基于风险的方法和影响评估的运用所作的一系列声明中看出。“监管作为一项合作事业”这一观点与社会性监管机构及检查机构（inspectorates）的联系最为密切，这有些讽刺意味；但是，此处的政府和监管机构的合作是释放市场活力之举措的一部分。而且，尽管有人在《立法和监管改革法》的草案审议阶段表达了疑虑，但是该法最终还是赋予了部长在重组监管机构和通过行政令减轻监管负担方面非常广泛的权力。在尊重经济性监管机构的独立性方面也作了一些尝试，特别是涉及了不适用于经济性监管机构的《合规守则》。

但是，对于不同类型的监管机构，如何确定最恰当的监管改革要求，我们还远没有形成共识。

221 通过对监管改革倡议和程序的描述，我们可以确定不同的监管改革类型。监管改革可以分为三类，分别对应前文描述的不同的监管理由。第一种类型被称为“减轻负担”的方法，目的是消除或最大限度地减少对开放市场的限制；这种类型的改革与最大限度地促进效率和消费者选择的监管理由最为契合。这种类型的监管改革包含一些模糊性。如果这种改革仅限于降低行政成本，那么它适用于所有的监管机构；在公共选择理论讽刺的人造官僚主义世界之外，没有人会反对简化行政负担，而且事实上简化有助于监管机构履行保护消费者的职责。但是，“减轻负担”方法不只这些。用优化监管委员会的话来讲，“优化监管委员会认为，监管在社会中扮演着非常重要的角色——但只有符合我们的五项原则且作为迫不得已的最后手段时，才能采取恰当的监管措施，而不能把监管作为本能的第一选择。正如我们之前说的，在监管领域，‘少即是多’”。[91] 显然，这不是单纯地关注行政成本，而是旨在限制监管本身。因此，本章开头提到的一些监管机构对“倡议过载”以及优化监管执行局未能考虑如何使监管更加有效表示担忧，就不足为怪了。健康护理委员会主席对这种做法也提出尖锐批评，他指出，监管从本质上讲并不是负担，因为监管保护患者的权利；它可能被那些受影响的人视为负担，但或许这恰恰证明它是一件好事。合比例的监管可以直接作为减少监管的依据，“我们处在教条、意识形态（或神学）之中”。[92] 显然，“减轻负担”

的监管改革愿景不那么容易被本书述及的所有监管机构接受。

不过，在监管改革中还有第二种方法，即通过要求征求利益相关者的意见，运用影响评估制度确保决策时恰当考虑不同的选择，以及要求公正地执行程序等，实现审议机会的最大化。这使得英国的监管改革方法区别于前面提到的澳大利亚的政策。事实上，审议似乎是影响评估中最成功的部分，特别是在难以量化的情况下，即难以将评估作为最大限度地减轻监管负担的严格手段。与“减轻负担”的方法相比，这种审议的方法更容易被本书讨论的监管机构接受，主要原因在于它体现了 222
良好行政的一般原则。审议的方法将成为本书所涵盖领域未来监管改革发展最恰当的方式，因为它没有把在“减轻负担”文献中无处不在的效率最大化和消费者选择作为监管政策的唯一目标。事实上，优化监管执行局发布的关于监管收益的文件表明，审议方法的重要性得到了官方的认可，包括认识到它们的重要性并提议通过更好的程序方法促进清晰度、承诺和合规性，以实现监管的收益。[93]

最后，我们也在监管改革过程中看到了监督人权和社会团结的努力。但是，与优化监管倡议的整体相比，这种监督是非常有限的；而且，尽管平等和人权委员会正在开展重要工作，为更加连贯的监督奠定基础，但优化监管执行局为此提供的中央组织安排非常有限。自 2007 年以来，影响评估程序也开始以更加灵活的方式考虑这些问题。鉴于人权和社会团结作为监管理由的重要性，这个领域还有更多的工作要做。毕竟，“优化监管”不是简单的“少即是多”的问题，而是要确保监管机构尽可能正确地贯彻监管理由，不仅要最大限度地促进效率和消费者选择，而且要保护环境、健康和安全，以及患者的权利。监管理由不同，则最恰当的方法也不同，例如，对于那些与保护人权有关的监管机构而言，监督人权保护的有效性远比“减轻负担”的方法要恰当得多。因此，监管改革应当根据本书中各类监管机构的差异进行调试，以适应这些差异。众议院监管改革委员会强调，优化监管原则应该适用于监管改革倡议本身；其中一项原则便是不同类型的监管改革要与每家监管机构的任务相匹配。[94]

第十一章

比较与结论

在本书中，笔者讨论了大量具有不同职能和特点的监管 223
机构。这种讨论当然不可能是全面的，但是我们可以从中发现一些更具普遍性的主题。在本章中，笔者将根据本书第一章提出的不同认识和模式，进一步论述这些一般性主题，并尝试借助美国和法国的相似经验来加以阐明。

监管的不同认识与监管独立性

在第一章，笔者提出了监管的两种不同认识：作为对私人自治之干预的监管和作为一项合作事业的监管。这两种认识关联着一系列不同的特征，例如，第一种认识强调独立于政府和通过可预测的规则进行监管，第二种认识重视与政府的合作、裁量权和对监管空间中不同参与者的回应。显然，这两种认识在本书讨论的机构中都有充分的体现。偏“经济性”的监管机构（如“监管者”、通信监管办公室和各个公用事业监管机构）更强调独立性、规则和可预测性，而其他监管机构更接近第二种认识，例如大多与政府紧密合作，通常采用政府部门或欧盟制定的标准（如护理质量委员会、环境局），不强调规则是处理与被监管对象关系的必要基础，而是强调协作和伙伴关系，最典型的例子就是食品标准局及健康和安全执行局的三方参与机制。在这些例子中，监管机构通过三方参与机制、理事会的公开会议和其他程序（诸如运用咨询委员会），尝试将参与和审议作为监管程序的核心。事实上，食品标准局正是一个通过广泛合作运作的机构，而且高度透明。监管机构（尤其是健康和安全执行局、通信监管办公室）对自我监管的鼓励，
224 似乎也是基于通过合作授予权力（第二种认识），而不是基于对私人自治的承认；事实上，这种形式的特点更类似于合作监管。

但最重要的是，无论哪种认识都不能完整概括任何一家监管机构。这两种认识更适宜用来分析而不是描述监管机构，实践中两者往往混合在一起。最典型的例子是通信监管办公室，同时承担重要的经济和社会监管职能。或许最重要的是，即便在偏“经济性”的监管机构中，与政府的合作也在不断增加，尤其是在可持续发展和燃料贫困（天然气和电力市场办公室面临的情况）这两方面。合作包括政府设定目标，以及监管机构和政府共同决策。

本书提出的关键问题之一是，监管机构在由政府、欧盟和其他多层次治理机制构成的复杂网络中的地位的重要性问题，这一网络施行了多种问责机制。这一点并不令人感到意

外，目前针对经济性监管机构的最成熟的实证检验也有力地支持了类似的观点。在讨论电信监管机构的前身电信办公室时，"我们发现，相较于那些约束电信办公室的正式问责机制，有利害关系的公共和私人主体对电信办公室活动的日常参与——我们称之为问责延伸机制——给电信办公室的活动提供了更为重要的监督"。[1] 事实上，监管机构与其他机构，尤其是与政府之间明确的权力划分带来了一些重要的益处：提供了一种与其他政策协调的手段，一种运用不同类型专业知识的能力，以及促使他人采取行动的能力（正如人类受精和胚胎学管理局的例子所显示的），等等。

责任的划分也提出了一个重要问题，即什么是监管独立性。独立性显然不同于自治，因此，虽然本书讨论的所有监管机构都声称自己是独立的，但是，就其得以发展的监管环境而言，没有一家监管机构是自治的。事实上，监管机构的独立性意味着两件事情。首先，在参与整个监管过程的不同主体之间，尤其是监管机构和政府之间，权力分配是明确和透明的。其次，监管机构在明确属于自己的权力范围内不受政府压力，这种自治性对日常决策而非政策制定更为重要。因此，政府根据法定权力向监管机构发布一般指导的行为并不侵犯监管机构的独立性，而向监管机构施压以改变明显属于监管机构职责范围的决定的行为，则构成对监管机构独立性的侵犯（例如阻止铁路监管机构审查英国铁路路网公司的接入费）。

对独立性的这种理解最终是与欧盟法律关于独立监管的要 225
求相容的。如果成员国政府保留了一定的经营职能（operational

functions)，就需要在监管和与所有权或控制相关的活动之间进行有效的结构性分离，这并不妨碍政府在决策中发挥作用。欧洲法院*强调，只要部长的权力没有直接或间接涉及经营职能，则允许部长在监管中发挥作用。[2] 此外，为增强监管的独立性，最新的电力立法要求成员国保证国家监管机构的独立性，包括确保监管机构独立于任何市场利益，而且“在执行监管任务时不寻求或接受任何直接来自政府或其他公共机构的指示”。但是，“这一要求并不妨碍监管机构与其他有关国家当局进行适当的密切合作，也不影响政府发布与［欧盟法］规定的监管权力和职责无关的一般性政策指导”。[3]

就本书所研究的监管机构而言，各机构与政府之间关系的清晰度各有不同。有些情况下清晰度是不够的，当两者在政策制定中的角色不确定时尤甚；人类受精和胚胎学管理局在这一点上受到议会的严厉批评。但是，实践中也已经出现了一些优秀的做法，包括食品标准局公布自己向政府提供的建议，通信监管办公室在官网上公开来自部长的信件，以及社会和环境指南的运用（只要这样做是为了形成与政府政策相协调的监管框架）。还有一项重要改进是，发布对政府政策的明确说明，公开监管机构采取相应行动前的资金准备情况；目前铁路和水务监管方面正在开展此项工作。一种富有潜力但目前看起来运

* 欧洲法院（European Court of Justice，简称 ECJ），是欧洲联盟的最高法院，掌理一般案件的上诉，以及特定案件的初审。作为欧盟法院的一部分，它负有解释欧盟法律和确保欧盟法律平等适用于各欧盟成员国的任务。

用得不好的协调手段是协议或谅解备忘录，它们一般简短且模糊不清。因监管改革倡议的集权化，如今情况变得更加复杂，我们已经看到一些监管机构对优化监管执行局的职能提出了批评，认为它造成了**“倡议过载”**，忽略了如何使监管更加有效，而且混淆了责任界限（lines of accountability）。[4]

监管独立性：国际比较

美国

实际上，上文讨论的监管独立性的含义问题在美国也同 226
样存在。在欧洲，我们往往将被视作一种范式的美国模式理解为独立监管机构，如联邦贸易委员会和联邦通信委员会。实际上，这些独立监管机构不是美国监管机构的唯一形式，而且这些机构也并不完全独立于政府的行政分支。美国的许多监管机构设在内阁部门中，或者隶属于政府的行政分支，而不是独立的行政机关。[5] 承担的职能与本书研究的监管机构相似的有食品安全与检验局、职业安全与健康管理局以及联邦能源监管委员会等。而且，这两种不同类型的监管机构之间没有清晰的界线。美国联邦法院认定，独立行政机关的成员非因“正当事由”（for cause）不得被免职，防止成员因为与总统存在政策分歧而遭免职（英国监管机构的立法也是如此）。[6] 除此之外，隶属于政府行政分支的行政机关与独立行政机关在起源和实践方面几乎没什么区别；因此，有人提出，不应将注意力集中在独立行政机关和其他行政机关“微不足道”的差异上，而应把重点放在所有行政机关与政府其他分支的关系上。“每个这样的行政机关都在某种程度上‘独立’于［政府］每个特定的分支，并在某种程度上与之相关联。预期的制衡和互动能否持续实现……取决于各参与者与各行政机关之间是否存在双方均能发挥作用的关系。”[7]这与本书所持论点非常相似。而且，禁止与行政机关进行单方面沟通（即一方在其他当事方不在场或未向公众公开的情况下与行政机关进行沟通）的重要限制，不适用于联邦政府与进行规则制定的行政机关之间的沟通，因此政府得以通过私人对话影响行政机关的选择。[8]

227 事实上，总统可以在多大程度上对下属的行政机关施加个人控制，尤其是在缺乏具体的法定授权的情况下，这一问题一直存在相当大的争议。[9]克林顿总统利用隶属政府行政分支的行政机关，甚至通过向这些行政机关的官员发布特定命令，来推进有利于监管的政策，这种对权力的扩大化运用是引发争议的主要原因。[10]最近的例子充分体现了总统在使用非正式手段方面的主动程度。在干细胞研究的联邦资助问题上，克林顿总统和布什总统都通过极不正式的机制向国家卫生研究院（隶属于政府行政分支的行政机关）传达了富有争议的要求。就布什总统而言，他对资金限制的要求是通过电视转播演说和字幕新闻传达的，既没有公布在《联邦公报》（政府沟通的正式记录）上，也没有遵守《行政程序法》第553节关于公众参与的“通告–评议”程序要求。[11]

总统作出的有关监管机构的决定在美国监管改革的过程中更为引人注目。最初由里根总统签发的12291号总统令和

12498 号总统令不适用于独立监管机构，但适用于隶属政府行政分支的行政机关。该总统令要求，行政机关须进行监管影响分析，并向管理和预算局提交所有与待决或计划的规章制定行动有关的监管政策、目的、目标和相关信息的说明，该局对它们进行审查，评估它们与行政计划和优先事项的一致性。结果是，“监管方案的最终版本是在白宫内部确定的”。[12] 独立监管机构之所以得到豁免似乎不是基于宪法原则，而是出于担心独立监管机构制造“政治闹剧”（political fuss）的政治考量。[13] 克林顿总统用 12866 号总统令取代了 12291 号总统令和 12498 号总统令，并提出了新的要求；该总统令让独立监管机构继续免于向管理与预算局提交拟议和最终规则，但将监管规划流程的适用扩展至包括独立监管机构。[14] 乔治・布什政府在保留这一总统令的基础上作了修订，为管理与预算局添加了一些权力，包括要求行政机关确定作为规则制定依据的“特定的市场失灵”。[15] 继任的奥巴马总统废除了布什总统的修正案，
他邀请行政机关就新总统令的制定提交建议；尤其要求提升信 228
息公开度和透明度，并鼓励公众参与。

显然，对于英美两国而言，独立监管机构和隶属于政府行政分支的行政机关都与一般意义上的政府决策框架密切相关；它们并没有完全的自治权，人们有时会将这种自治权与独立混为一谈。但是有人提出，独立对某个领域来说很重要，即裁决领域，该领域的特征是在个案的基础上决定有争议的事项。[16] 而且，裁决过程影响个人权利，因此与政府行政分支的沟通需要公开进行。[17] 对裁决独立性的特别强调与上述关于英

国的观点是一致的；在决定职权范围内的特定问题时，独立是监管机构的核心价值。因此，总体而言，美国的情况与本书记录的英国是相似的；重要的不是将监管机构和政府严格分离，而是通过“制衡机制”来安排和公开它们之间的关系。[18]

法国

在法国，应在多大程度上授予独立行政机关自主制定独立于中央政府的规则的权力，这一问题因为存在宪法争议而变得复杂，但是法国的立场在很多方面与英美两国类似。欧盟的产业自由化运动为独立行政机关的设立增添了动力，不过之所以设立这些机构还有其他的理由。在 2001 年对独立行政机关进行的一项权威研究中，最高行政法院（Conseil d’Etat）列举了 34 家这样的机构，这些机构负有两种主要职能：经济性监管和保护公民自由。[19] 以高等视听委员会（Conseil Supérieur de l’audiovisuel）为例，这个机构同时承担两方面的职能，这与本书第八章描述的通信监管办公室类似。

法国独立行政机关与政府的合作非常密切。例如，在很多情况下，行政机关的决定在获得政府的同意或认可之后才能生效，行政机关制定的规则需要得到部长的批准。[20] 行政机关的独立性主要体现在：政府不能以政策分歧为理由解雇行政机
229 关成员，不能对行政机关的决定进行总体否决。[21] 法国宪法将监管规则的制定权分配给总统和总理，这对独立行政机关的地位产生了深刻影响；根据法国宪法第 21 条的规定，只有总理拥有国家层面的监管规则的制定权。因此，独立行政机

关获得的权力必须且只能在特定领域行使，而且必须由法律作出界定。[22]法国宪法委员会（Conseil Constitutionnel）在若干与广播监管机构设立、运行有关的裁决中表示不会拒绝授予独立机关规则制定权（这种权力远非简单地适用现行法律）只要规则制定仅涉及一个明确且有限的领域。[23]这一点在2004年的一项与电信法有关的判决中进一步发展，法国宪法委员会认为，赋予总理以外的机构在法定授权范围内制定规则的权力是可以接受的。事实上，即使存在部长对规则行使批准权的要求，行政机关也可以这样做。宪法委员会的这一立场让一种遵从欧盟法关于独立的要求的解决方案成为可能。[24]此外，独立行政机关实施制裁的权力也是可以接受的；事实上，宪法委员会在此强调了独立的重要性。[25]但是，在一个涉及授权对互联网盗版采取行动的案子中（这与英国赋予通信监管办公室兜底权力的情况类似），法国宪法委员会判定制裁权侵犯了互联网用户的言论自由和无罪推定的权利。[26]

这一宪法背景确保部长在一般规则制定和费率设定(tariff-setting）等具体决定中发挥重要作用，通常情况下是政府采纳监管机构的建议。[27]在上面讨论的电信案中，法国议会为了实施欧盟电信一揽子立法而制定了一部法律，其中一项条款允许监管机构根据政府命令设定普遍服务收费的框架，否决特定收费项目。该条款在合宪性审查中得到了支持。邮政服务领域也采纳了类似的规定。监管机构与政府之间的关系引发了一些问 230
题，例如与规则制定有关的问题，即在许可制度中采用准规则而非更正式和一般性的规定。最高行政法院还提议，针对政府或议会制定规则时监管机构所提建议的公布程序，制定更清楚的规则。[28]

监管目的与监管模式

本书充分揭示了在此探讨的各类监管机构活动背后的广泛监管目的。笔者也希望本书提出的不同监管模式有助于进一步澄清这些目的，尤其是明确促进效率和消费者选择的监管、保护人权的监管以及促进社会团结的监管（稍后讨论作为审议的监管）之间的区别。不过，引人注意的是，没有一个监管机构对应单一的模式，每个监管机构的特点都是混合了不同的模式，每种模式都有助于我们理解这种混合，但都不能对监管机构的作用给出全面的说明。例如，就公用事业监管机构、通信监管办公室和“监管者”的工作而言，尽管它们也承担社会责任，但效率和消费者选择方面的责任尤为突出。人类受精和胚胎学管理局、护理质量委员会以及通信监管办公室在广播内容方面的监管普遍关注权利保护。社会团结体现在对许多监管机构来说日益重要的可持续发展责任方面，也体现在部分公用事业监管机构和通信监管办公室实施普遍服务和确保入网方面。食品标准局不仅承担重要的消费者保护职责，而且要在促进可持续发展和团结方面发挥作用。这一系列的责任已经远远超出经济和矫正市场失灵的范围，是在促进选择和效率的同时呼吁公民原则。这也是一个我们可以从比较分析中学习的领域。

社会性监管：国际比较

美国

在美国，发展完善的重要监管类型是基于社会性理由而非经济性理由的监管。因此，理查德·斯图尔特（Richard Stewart）指出了“非商品性价值”（non-commodity values）在监管中的作用。[29] 他提出的重要的非商品性价值有抱负、多 231
样性、互利性和公民美德，这些与本书使用的社会团结的一些关键主题相对应。[30] 这些价值在环境法和广播法中尤为重要。有趣的是，他将这些价值与基于权利的监管进行了对比（在个人权利的意义上），认为后者过分依赖稳定、明晰和确定的规则及原则，而不是“监管所提供之利益可能具有的、集体的良好品质”。[31]

桑斯坦对20世纪60年代和70年代的“权利革命”进行了分析。“权利革命”期间，监管大大扩充了受法律保护的权利，尤其是在空气和水污染、歧视和社会风险管理领域。[32] 正如笔者在第一章所述，桑斯坦针对监管提出了一套具有强烈规范作用的解释原则，尽管这些原则反映的是美国更以法院为主导的背景，但是这些原则与本书从监管模式中提炼的规范原则部分对应。[33] 同样，其他作者也确认了20世纪70年代在环境政策、职业安全、公共健康、消费者事务和机会平等等方面引入的“新的社会性监管”。[34] 这与公民参与监管机构的安排密切相关。

因此，美国的监管同时体现了社会团结和本书指出的基于权利的方法。不过，这些方法在法国更加完善，而且讨论法国的情形也会更加有益，因为法国行政法在发展公共服务的系列原则方面已经远远超越其他任何国家，更清晰地界定了基于社会团结的方法的含义。

法国

尽管存在上述合宪性问题，法国的监管机构还是被赋予了保护人权的责任；实际上，第一个这样的机构是为了保障与数据保护有关的权利而设立的，类似机构相继成立，例如，2004 年设立了反歧视和平等保护高级公署（Haute Autorité de Lutte Contre les Discriminations et pour l'Egalité，简称 HALDE），承担与英国平等和人权委员会相似的职能。高等视听委员会也负责广播内容的监管，类似于英国的通信监管办公室。这些监管大部分是权利导向的。

232 谈到社会团结，2005 年，法国在宪法中增加了"环境宪章"，在可持续发展方面迈出了重要一步。[35] 该宪章规定了公共政策在促进可持续发展方面的义务："为此，它们应该协调环境保护、环境改善与经济发展、社会进步的关系。"宪章还要求公共当局遵守预防原则。然而，最重要的是，法国行政法院制定了一套复杂的**公共服务**（service public）原则，以法律强制执行的直接形式对社会团结进行了分类和发展。笔者曾在别处讨论过这个法律体系及其对其他地方现代监管条件的适应情况，因此这里不再详细说明。[36] 关键的原则是所谓的"罗兰法则"（Laws of Roland），其基本原理是三大核心原则，即公共服务的连续性、公共服务用户的平等性和公共服务的适应性；最近又增加了一些其他规定，其中最显著的是公共服务的质量。值得注意的是，这些原则本质上是非经济性和分配性的；“这是**公共服务**的本质，作为巩固社会契约和社会团结的手段，它有助于某些类型的再分配和社会群体间的转移”。[37] 平等原则尤其如此，其目的是为所有公民提供平等的公共服务，并平等对待所有用户，如不计成本、平等收费。公共服务的原则表明，可以通过法律和政治手段保护社会团结的价值，而且可以对这些相当复杂的价值进行分类和发展。

尽管民事法院在适当的情况下也可以适用这些原则，但这些原则的执行主要是行政法院的任务。不过，监管机构本身也越来越多地承担起实施这些原则的责任，这主要是由于欧盟法要求独立监管并制定了普遍服务原则。后者与**公共服务**不完全相同，但共有一些重要特征。[38] 这一点在费率设定过程中很明显，如上所述，制定收费标准是部长和监管机构的共同责任。[39] 监管机构对普遍服务收费承担特殊责任，它们还要负责评估此类服务提供者的成本。因此，就像我们看到英国的一些 233
监管机构负有维护社会团结原则的责任一样，法国监管机构和法院都参与了保障**公共服务**原则的工作。

审议与相互冲突的原则

上述简短的讨论表明，比较研究证实，除促进效率和消费者选择外，与权利和社会团结有关的价值在监管机构的职责范围中占据重要的地位，而且，对这些价值进行分类，使它们成为法律问题而不仅仅是政治保护问题，这是可能的。不过，仍有一个重要问题悬而未决，即我们如何处理本书所描述的不同监管模式之间不可避免的冲突？如果效率和消费者选择指向一个方向，而人权和社会团结指向其他方向，那该怎么办？鉴于每个监管机构都有混合的监管目的及相应的监管模式，那么这样的冲突在监管决定（包括政策制定和个案）中就可能普遍存在。

审议的作用便由此凸显。目前已经形成共识的是，利益相关方和公众的有效参与机制是良好监管制度设计的重要组成部分。在许多层面上都是如此，包括收集事实、制定政策、公开与政府的关系等。本书研究的各家监管机构的记录在审议方面总体上都令人印象深刻，相比 15 年前大有进步。一些令人格外印象深刻的良好实践也得到了认可，例如健康和安全执行局在咨询委员会中运用的三方参与机制，通信监管办公室的广泛协商，以及食品标准局通过设立常设委员会来评估消费者互动过程的自我反思机制。此外我们也已看到，监管改革中的一些要素（可能是最成功的一些要素），旨在通过要求协商和监管影响评估，来发展这样的审议。同样显而易见的是，不同审议模式之间是有区别的："内部审议"模式是将主要利益相关方纳入监管机构，且进行公开决策；"外部审议"模式则是寻求外部证据，为监管机构作出"基于证据"的决策*提供基础。[40]

---

* 基于证据的决策（evidence-based decision），又译循证决策。

审议是解决上述原则冲突引发的问题的首要选择。在这个过程中，比例原则是一个有力工具，该原则促使对不同原则的适用效果进行权衡，这样一来，举例来说，对消费者选择的 234
限制就不会与其服务的社会团结目的不成比例。桑斯坦认为，比例原则最适合经济性监管，因为经济性监管的收益和成本相对容易评估，而且不存在绝对和不可剥夺的“权利”保护问题。不过，他承认，在涉及其他价值，经济成本和收益不是唯一决定标准的情况中同样适合运用比例原则。[41] 英国法院在确定《欧洲人权公约》规定的附条件的权利范围时，说明了比例原则广泛的适用范围；这些附条件的权利主要体现在本书描述的监管计划中。这种方法已经成为司法审查过程的核心，因为在司法审查过程中，必须在个人权利和公共利益之间取得平衡，而这已经超出了任何成本－收益分析的机制。[42]

但是，审议和比例原则不能解决不同监管目的和模式之间不可协调的冲突，也不能通过解释授权法给出答案，正如我们所看到的，授权法中通常包含相互矛盾的义务。[43] 这种情况下，唯一的解决办法就是将问题提交给具有选举正当性的政府，由政府来裁决这种基本的价值冲突。笔者在引言中已经指出，选举正当性的缺乏不应妨碍监管机构在绝大多数情况下作出决定，但它为将那些非妥协性决定交给政府提供了正当性，当然这些问题的解决应以透明的方式进行。与单个监管机构相比，政府可以更好地了解决策的总体背景以及该决策与其他政策之间的相互影响。在本书中，我们已经看到了一些政府负责非妥协性决定的例子。人类受精和胚胎学管理局在激励政府决策方面发挥了重要作用，否则，政治冲突会带来难以决策的困境。同样，基于通信监管办公室的工作并涉及平衡不同原则的重大决定最终也是由政府作出的，特别是在数字包容（digital inclusion）和公共服务广播未来发展方面。因此，涉及监管机构和政府双方的监管合作的方法，代表了未来的发展方向。

结论

235 笔者希望，通过将监管机构定性为由不同层面决策者组成的复杂网络的一部分，而不是仅仅关注监管机构，本书给出了更加准确的描述，也为监管正当性问题提供了答案。后者涉及相互作用的机构的多元问责网络，而非只跟个别监管机构相关。笔者也希望，本书对不同监管模式的认识有助于说明监管的复杂性，并且证明通过认识不同监管责任或实践的关键特征可以理解这种复杂性。监管既不是荒凉地带，其中所有诉求及其实现都是为了适用正确的经济原则；也不是不可通约的（incommensurable）政治价值的后现代领域，只要人人都被倾听，一切皆有可能。监管是由诸多原则构成的领域，包括经济性原则、基于权利的原则、社会性原则和程序性原则。监管是一项合作的事业，需要对不同的社会和政治情境下不同原则的正确平衡作出判断。本书描述的监管经验具有的多样性令人欣喜，但是我们也可以将这种多样性理解为一种更深的通贯性。

注 释

前言与致谢

1. 参见 http://refgov.cpdr.ucl.ac.be（最后访问日期：2009 年 12 月 4 日）。

第一章

1. 参见 Majone, G., 'The Rise of the Regulatory State in Europe' (1994) 17 *West European Politics*, 77–101；Moran, M., *The British Regulatory State: High Modernism and Hyper-Innovation* (Oxford: Oxford University Press, 2003)。后者对这些发展进行了特别全面的说明。当然，这方面的文献远比这里提到的要广泛得多。

2. 有关早期对某些监管机构的集中研究，参见 Prosser, T., *Law and the Regulators* (Oxford: Clarendon Press, 1997)。

3. 参见 Scott, C., 'Private Regulation of the Public Sector: A Neglected Facet of Contemporary Governance' (2002) 29 *Journal of Law and Society*, 56–76。对"分散化"监管所做的最精彩分析，参见 Black, J., 'Decentering Regulation: Understanding the Role of Regulation and Self-Regulation in a "Post-Regulatory" World' (2001) 54 *Current Legal Problems* 103–146。

4. Ogus, A., *Regulation: Legal Form and Economic Theory* (Oxford: Clarendon Press, 1994), 1（省略原文脚注）.

5. 例可参见 Jordan, J. and Levi-Faur, D., 'The Politics of Regulation in the Age of Governance' in Jordan and Levi-Faur, (eds.), *The Politics of Regulation* (Cheltenham: Edward Elgar, 2004), 1–28, esp 1–5；Scott, C., 'Regulation in the Age of Governance: The

Rise of the Post-Regulatory State' in the same volume, 145–174。

6. Black, J., 'Critical Reflections on Regulation', LSE Centre for the Analysis of Risk and Regulation Discussion Paper 4 (2002), 20（保留强调）at: http://www.lse.ac.uk/collections/CARR/pdf/ DPs/ Disspaper4.pdf（最后访问日期：2009 年 12 月 7 日）；另可参见公开发表的版本，'Critical Reflections on Regulation', *Australian Journal of Legal Philosophy* 27 (2002), 1–37。

7. Scott, 'Regulation in the Age of Governance', 146.

8. 斯科特对此做了有益的总结。参见 Scott, 'Regulation in the Age of Governance', esp at 150—160。以一种截然不同的社会学方法研究监管问题的文献，参见 Prosser, T., 'Regulation and Social Solidarity' (2006) 33 *Journal of Law and Society*, 364–387。

9. 对每项理论的说明，例可参见 Teubner, G., *Law as an Autopoietic System* (Oxford: Blackwell, 1993)（该书中文版参见贡塔·托依布纳：《法律：一个自创生系统》，张骐译，法律出版社 2014 年版。——译注）；O' Malley, P., Weir, L., and Shearing, C., 'Governmentality, Criticism, Politics' (1997) 26 *Economy and Society*, 501–517；Ayres, I. and Braithwaite, J., *Responsive Regulation: Transcending the Deregulation Debate* (Oxford: Oxford University Press, 1992)。

10. 类似的观点，参见 Black, 'Critical Reflections on Regulation'。

11. 主要参见英国政府优化监管执行局所颁布的《良好监管原则》（*Principles of Good Regulation*），http://www.berr.gov.uk/whatwedo/bre/index.html（最后访问日期：2007 年 12 月 7 日）。

12. *Regulation — Less is More: A BRTF Report to the Prime Minister* (Better Regulation Task Force, 2005).

13. 对这一理念的经典表述无疑出自理特柴尔德的报告，它对英国公用事业监管机构的设立产生了巨大影响。参见 Littlechild, S., *Regulation of British Telecommunications' Profitability* (London: Department of Trade and Industry, 1984)。

14. Brown, P., 'The Failure of Market Failures' (1992) 21 *Journal of Socio-Economics*, 1–24, at 19.

15. 参见 Prosser, T., 'Regulatory Agencies, Regulatory Legitimacy and European Private Law' in Cafaggi, F. and Muir Watt, H. (eds.), *Governance in European Private Law* (Cheltenham: Edward Elgar, 2008), 235–253。在上述文献中，它们被称为监管的"私法"观点和"公法"观点。伊丽莎白·费雪提出的"理性－工具"范式和"商谈－建构"范式与其也具有相似性。参见 Elizabeth Fisher, *Risk: Regulation and Administrative Constitutionalism* (Oxford: Hart Publishing, 2007), 27–35。（该书中文版参见伊丽莎白·费雪：《风险规制与行政宪制主义》，沈岿译，法律出版社 2012 年版。——译注）布朗文·摩根也曾经指出，在"交易型"的监管框架和"政治型"的监管框架之间，某种程度上也存在类似的差别。Bronwen Morgan, 'The

North-South Politics of Necessity: Regulating for Basic Rights Between National and International Levels' (2006) 29 *Journal of Consumer Policy*, 465–487, 468–471.

16. 这一短语起源于 19 世纪对监管的描述，引自 Arthurs, H., *Without the Law: Administrative Justice and Legal Pluralism in Nineteenth-Century England* (Toronto: University of Toronto Press, 1985), 169。

17. 关于这一隐喻的来源，参见 Hancher, L. and Moran, M., 'Organizing Regulatory Space' in Hancher and Moran (eds.), *Capitalism, Culture and Economic Regulation* (Oxford: Clarendon Press, 1989), 271–299。

18. Foster, C. D., *Privatization, Public Ownership and the Regulation of Natural Monopoly* (Oxford: Blackwell, 1992), 7 and ch. 9.

19. Majone, G. 'Regulatory Legitimacy' in Majone (ed.), *Regulating Europe* (London: Routledge, 1996), 284–301, at 294.

20. 参见 Prosser, *Law and the Regulators*; cf. Majone, 'Regulatory Legitimacy', 295。

21. Fisher, *Risk: Regulation and Administrative Constitutionalism*, 16.

22. Rhodes, R., *Understanding Governance: Policy Networks, Governance, Reflexivity and Accountability* (Buckingham: Open University Press, 1997), esp 17–19, 53–55 and ch. 5.

23. Rhodes, R., *Beyond Westminster and Whitehall* (London: Unwin Hyman, 1988), 404.

24. 参见 Hancher and Moran, 'Organizing Regulatory Space'；对监管空间这一隐喻的类似应用，参见 Hall, C., Scott, C., and Hood, C., *Telecommunications Regulation: Culture, Chaos and Interdependence Inside the Regulatory Process* (London: Routledge, 2000), ch. 5。

25. 有关这一观点的具体批评以及放弃它的含义的经典论述，参见 Stewart, R., 'The Reformation of American Administrative Law' (1975) 88 *Harvard Law Review* 1667–1813（该文中文版参见理查德·B. 斯图尔特:《美国行政法的重构》，沈岿译，商务印书馆 2011 年版。——译注）。另可参见 Black, 'Proceduralizing Regulation' (2000) 20 *Oxford Journal of Legal Studies*, 597–614 and 'Part II' (2001) 21 *Oxford Journal of Legal Studies*, 33–58, 613–614。

26. 关于欧洲在这一领域的重要学术研究，参见欧盟委员会资助的项目：*Reflexive Governance in the Public Interest* at: http://refgov.cpdr.ucl.ac.be/（最后访问日期：2009 年 12 月 8 日）。

27. 参见 OECD, *The OECD Report on Regulatory Reform: Synthesis* (Paris: OECD, 1997) 和 *OECD Guiding Principles for Regulator Quality and Performance* (Paris: OECD, 2005)。

28. *Commission White Paper on European Governance*, COM (2001) 428, 25 July

2001; *Green Paper on Services of General Economic Interest*, COM (2003) 270 final, eps ch. 4.

29. Better Regulation Executive, *Principles of Good Regulation*.

30. Black, J., 'Proceduralizing Regulation', 599.

31. Ibid., 607.

32. Ibid., 34.

33. 布莱克意识到这一问题及实体性价值的潜在作用。Ibid., 598, 602, 604.

34. Brownsword, R., *Rights, Regulation and the Technological Revolution* (Oxford: Oxford University Press, 2008), 126–131.

35. Black, J., 'The Emergence of Risk-Based Regulation and the New Public Risk Management in the United Kingdom' [2005] *Public Law*, 512–548, at 512. 监管和风险相关文献卷帙浩繁，例可参见 Sunstein, C., *Risk and Reason: Safety, Law and the Environment* (Cambridge: Cambridge University Press, 2002)（中译本参见凯斯 · R. 孙斯坦:《风险与理性：安全、法律及环境》，师帅译，中国政法大学出版社 2005 年版。——译注）等。

36. 参见 Moran, *The Rise of the British Regulatory State*, 26–31。这一领域的文献很多，本处未全部列出，其中一个重要范例为 Fisher, *Risk: Regulation and Administrative Constitutionalism*。

37. 概述请参见 Black, 'The Emergence of Risk-Based Regulation', 516–518。

38. Moran, *The Rise of the British Regulatory State*, 30.

39. Ibid., 31, 引述 Hood, C., Rothstein, H., and Baldwin, R., *The Government of Risk: Understanding Risk Regulation Regimes* (Oxford: Oxford University Press, 2001), 171（保留强调，省略脚注）。

40. Black, 'The Emergence of Risk-Based Regulation', 516.

41. Ibid.

42. Ibid., 519.

43. 主要参见 Health and Safety Executive, *Reducing Risks, Protecting People — HSE's Decision-Making Process* (London: HSE Books, 2001), paras 101–108 and App.3。

44. 关于在完全不同的宪政体制内发展这些原则的尝试，参见 Sunstein, C., *After the Rights Revolution — Reconceiving the Regulatory State* (Cambridge, Mass: Harvard University Press, 1993)（中译本参见凯斯 · R. 桑斯坦:《权利革命之后：重塑规制国》，李洪雷译，钟瑞华校，中国人民大学出版社 2008 年版。——译注），特别是第七章。

45. Sunstein, C., *After the Rights Revolution*, 228–229.

46. Brownsword, R., *Rights, Regulation and the Technological Revolution*, esp ch. 2.

47. Health and Safety Executive, *Reducing Risks, Protecting People*, paras 118–127.

48. 有关监管机构这一角色的重要性，是理特柴尔德《对英国电信公司盈利能力的监管》(*Regulation of British Telecommunications' Profitability*）所提出的具有影响力的一些建议中的重要主题。

49. Section 54 and Sch 10；根据《2002 年企业法》的规定，监管机构也拥有一些并行的权力，特别是进行市场调查的权力，参见 ss 204–205 and Sch 9 Part 2。

50. 例可参见 the Utilities Act 2000, ss 9, 13。

51. 更进一步的探讨，参见 Prosser, T., *The Limits of Competition Law: Markets and Public Services* (Oxford: Oxford University Press, 2005), 17–28。竞争法文本更深入地处理了这一问题，参见如 Jones, A. and Sufrin, B., *EC Competition Law* (3rd edn, Oxford: Oxford University Press, 2007)，第 1 章。

52. 参见 Brownsword, *Rights, Regulation and the Technological Revolution*, 36–37。

53. 不同意见，参见 Morgan, B., (ed.), *The Intersection of Rights and Regulation* (Aldershot: Ashgate, 2007) 以及 Brownsword, *Rights, Regulation and the Techological Revolution*, 22–25。

54. Health and Safety Executive, *Reducing Risks, Protecting People*, para 119.

55. 参见 *Marcic v Thames Water Utilities* [2003] UKHL66; [2004] 2 AC42。

56. Sunstein, *After the Rights Revolution*, 12–13；另可参见 21–22, 24–31, 55–73。

57. Black, 'Proceduralizing Regulation', 610.

58. 进一步的讨论，参见 Prosser, *The Limits of Competition Law*, 28–34。

59. Freedland, M., 'Law, Public Services and Citizenship — New Domains, New Regimes?' in Freedland, M. and Sciarra, S. (eds.), *Public Services and Citizenship in European Law* (Oxford: Clarendon Press, 1998), 1–34 at 10.

60. Communications Act 2003, s 3(1)(a).

61. Section 3(1)(b).

62. 参见 Ewing, K., 'Constitutional Reform and Human Rights: Unfinished Business?' (2001) 5 *Edinburgh Law Review* 297–324。

63. 有关后一个术语含义的讨论，参见 Prosser, *The Limits of Competition Law*, chs. 6–7。

64. 有关进一步的讨论，参见 Prosser, 'Regulation and Social Solidarity'。

65. 参见 Prosser, *The Limits of Competition Law*, ch. 6。当然，欧洲大陆存在大量与此相关的文献。

66. *Rights, Regulation and the Technological Revolution*, 39–41.

67. *After the Rights Revolution*, 57–60, and Stewart, R., 'Regulation in a Liberal State: The Role of Non-Commodity Values' (1983) 92 *Yale Law Journal*, 1537–1590.

68. 参见 Levitas, R., *The Inclusive Society? Social Exclusion and New Labour*

(2nd edn, Basingstoke: Palgrave Macmillan, 2005)。

69. 有关本文中信任（trust）这一概念的讨论，参见 Hollis, M., *Trust Within Reason* (Cambridge: Cambridge University Press, 1998)。

70. *The UK Government Sustainable Development Strategy* (Cm 6467 2005), 16.

71. 参见 Prosser, *Law and the Regulators*。最近采用这种方法对公用事业监管机构进行的详细讨论，参见 House of Lords Select Committee on the Constitution, 'The Regulatory State: Ensuring Its Accountability' HL68, 2003–2004。

72. Black, 'Proceduralizing Regulation', 41–42.

73. 这些模式的作用不在于理论性的经济建模，而是更近于构建类似马丁·霍利斯在其著作中提出的模式。参见 Martin Hollis, *Models of Man: Philosophical Thoughts on Social Action* (Cambridge: Cambridge University Press, 1977)。

74. 参见 Foster, *Privatization, Public Ownership and the Regulation of Natural Monopoly*, Majone, 'Regulatory Legitimacy'。

75. *After the Rights Revolution*, 232；另可参见 147–154, 160–192。

76. 例可参见 Daintith, T. and Page, A., *The Executive in the Constitution* (Oxford: Oxford University Press, 1999)（中译本参见特伦斯·丹提斯、阿兰·佩兹:《宪制中的行政机关》，刘刚、江菁译，高等教育出版社 2006 年版。——译注）; Hood, C., Scott C., James, O., Jones, G., and Travers, T., *Regulation Inside Government* (Oxford: Oxford University Press, 1999)。

77. 例可参见 Knill C. and Lenschow, A., 'Modes of Regulation in the Governance of the European Union: Towards a Comprehensive Evaluation' in Jordana and Levi-Faur, *The Politics of Regulation*, 218–244; Ferran E. and Goodhart, C. (eds.), *Regulating Financial Services and Markets in the 21st Century* (Oxford: Hart Publishing, 2001); esp Black, J., 'The Credit in Crisis and the Constitution', in Oliver, D., Prosser, T., and Rawlings, R. (eds.), *The Regulatory State: Constitutional Implications* (Oxford: Oxford University Press, forthcoming, 2012)。

第二章

1. Department of Health, *Review of the Human Fertilisation and Embryology Act — Proposals for Revised Legislation* (Cm 69892006), para 3.21.

2. Dr Stephen Minger, in evidence to the Joint Committee on the Human Tissues and Embryos (Draft) Bill, HL169–I, HC 630–I, 2006–07, para 73 and q 598.

3. Science and Techology Committee, 'Human Reproductive Technologies and the Law', HC 7, 2004–2005, para 290（保留强调）.

4. 有关某些方法间冲突的讨论，参见 Brownsword, R., *Rights, Regulation and the Technological Revolution* (Oxford: Oxford University Press, 2008), esp ch. 2。

5. *Report of the Committee of Inquiry into Human Fertilisation and Embryology* (Cmnd 9314, 1984), paras 13.3–13.14.

6. Department of Health and Social Security, *Human Fertilisation and Embryology: A Framework for Legislation* (Cm 259, 1987).

7. 170 HC Deb (2 April 1990), cols 919–920.

8. Human Fertilisation and Embryology Act 1990, s 5 and Sch 1, para 4.

9. *R (on the application of Quintavelle) v Secretary of State for Health* [2001] EWHC Admin 918, [2001] 4 All ER 1013. 判决后来被上诉法院及上议院撤销，参见 [2002] EWCA Civ 29, [2002] QB 628 and [2003] UKHL13, [2003] 2 AC 687。

10. SI 2001/188.

11. Department of Health, *Review of the Human Fertilisation and Embryology Act.*

12. Joint Committee on the Human Tissues and Embryos (Draft) Bill, paras 64, 92.

13. Human Fertilisation and Embryology Authority, 'Annual Report and Accounts 2008/09', HC 693, 2008–2009, 8.

14. 'Annual Report 2008/09', 8–9.

15. Human Fertilisation and Embryology Act 1990, ss 3–4.

16. Sections 5, 11 and Sch 1；另可参见 Human Fertilisation and Embryology Act 2008, s 11。

17. Schedule1, para 5.

18. Sections 12–15 and Sch 2.

19. Section 8.

20. Section 6.

21. Science and Technology Committee 'Human Reproductive Technologies and the Law', paras 208–217（保留强调）.

22. Department of Health, *Review of the Human Fertilisation and Embryology Act — A Public Consultation* (2005), paras 2.14–2.15.

23. *R (on the Application of Quintavalle) v Human Fertilisation and Embryology Authority* [2005] UKHL 28, [2005] 2 AC 561, [28] *per* Lord Hoffman. 结论性的参照是部长有权制定与该诉讼主题相关的规章。

24. 参见 'Human Reproductive Technologies and the Law', para 207（保留强调）。

25. Schedule 1, para 4.

26. Sections 25–26.

27. 'Human Reproductive Technologies and the Law', para 221.

28. *R (on the Application of Quintavalle) v Human Fertilisation and Embryology Authority* [2005] UKHL 28, [2005] 2 AC 561, [29].

29. 2008 Act, s 21，今可参见 Human Fertilisation and Embryology Authority

(Appeals) Regulations 2009, SI 2009/1891。

30. 'Government Proposals for the Regulation of Hybrid and Chimera Embryos', HC 272, 2006–2007, para 88（保留强调）.

31. Joint Committee on the Human Tissues and Embryos (Draft) Bill, paras 161, 178.

32. 2008 Act, s 4.

33. 'Developments in Human Genetics and Embryology', HC 791, 2001–2002, paras 26, 28.

34. 'Human Reproductive Technologies and the Law', para 356（保留强调）.

35. Department of Health, *Review of the Human Fertilisation and Embryology Act — A Public Consultation*, paras 2.14–2.15.

36. Joint Committee on the Human Tissues and Embryos (Draft) Bill, para 56；另可参见 paras 105, 132, 178。

37. Government Response to the Report from the Joint Committee on the Human Tissue and Embryos (Draft) Bill (Cm 7209, 2007), paras 8–13.

38. 'Government Proposals for the Regulation of Hybrid and Chimera Embryos', para 100；参见 Brownsword, *Rights, Regulation and the Tecnhological Revolution*, 289。

39. 进一步的讨论，参见 Morgan, R., 'A Lack of Foresight? Jurisdictional Uncertainties in the Regulatory Interface Between the HFEA, the UK Stem Cell Bank and Beyond' (2007) 27 *Legal Studies*, 511–535。

40. 有关这些组织之角色的概述，参见 Science and Technology Committee, 'Human Reproductive Technologies and the Law', paras 322–355。

41. Directive 2004/23/EC on setting standards of quality and safety for the donation, procurement, testing, processing, preservation, storage and distribution of human tissues and cells [2004] OJL 102/48.

42. *Rights, Regulation and the Technological Revolution*, 300.

43. 'Human Reproductive Technologies and the Law', evid 208.

44. *R (on the Application of Quintavalle) v Human Fertilisation and Embryology Authority* [2005] UKHL 28, [2005] 2 AC 561. 关于其影响的讨论，参见 Brownsword, *Rights, Regulation and the Technological Revolution*, 174–184。

45. Schedule 2, para 3(2) as amended by the Human Fertilisation and Embryology Authority (Research Purposes) Regulation 2001, SI 2001/188. See now the 2008 Act, Sch 2, para 6.

46. 有关《教科文组织宣言》，参见 Brownsword, *Rights, Regulation and the Technological Revolution*, 31–35。

47. 'Human Reproductive Technologies and the Law', para 387（保留强调）.

48. 参见 Human Fertilisation and Embryology Authority, *Business Plan 2009–2010* (2009), 7。

49. 'Human Reproductive Technologies and the Law', para 112, 引用 Professor Alastair Campbell, evid q 357。

50. Section 12(1)(e).

51. *Rights, Regulation and the Technological Revolution*, 36–37.

52. Paragraph 4.

53. Code of Practice (8th edn, 2009), Sections 3 and 4.

54. Science and Technology Committee, 'Human Reproductive Technologies and the Law', paras 283–290.

55. 例可参见 Human Fertilisation and Embryology Authority, 'Annual Report 2005/06', HC 1444, 7–8。

56. Human Fertilisation and Embryology Authority, 'Annual Report 2004/05', 13. 另可参见该机构的 *Corporate Plan 2004–2009* (2004), para 5.2。

57. Human Fertilisation and Embryology Authority, 'Annual Report 2007/08', HC 611, 12.

58. Department for Business, Innovation and Skills and Better Regulation Executive, *Human Fertilisation and Embryology Authority — A Hampton Implementation Report* (2009).

59. Paragraph 4.

60. 布朗斯沃德在起草《人类组织和胚胎法案》(Human Tissues and Embryos Bill) 时向联合特别委员会提交的证据中 , q 2。在这一背景下对基于权利的方法的讨论，参见 Brownsword, *Rights, Regulation and the Technological Revolution*, 37–39。

61. Brownsword, 'Regulating Human Genetics: New Dilemmas for a New Millennium' (2004) 12 *Medical Law Review* 14–39, at 22.

62. 相关的重要概述，参见 Science and Technology Committee, 'Human Reproductive Technologies and the Law', 15–23。

63. Article3(1); 相关讨论，参见 Brownsword, *Rights, Regulation and the Technological Revolution*, 32–35。

64. *Evans v UK* (2008) 46 EHRR 34.

65. Brownsword, *Rights, Regulation and the Technological Revolution*, 73.

66. 参见 *Code of Practice*, Section 5。基于权利视角对知情同意问题的讨论，详见 Brownsword, *Rights, Regulation and the Technological Revolution*, ch. 3。

67. House of Lords Select Committee on Stem Cell Research, 'Stem Cell Research', HL 83, 2001–2002, para 21.

68. Human Fertilisation and Embryology Act 1990, s 12(1)(c) and Sch 3.

69. *L v Human Fertilisation and Embryology Authority* [2008] EWHC 2149 (Fam); [2008] 2 FLR 1999 [77] *per* Charles J.

70. *Evans v UK*, at [89].

71. 'Human Reproductive Technologies and the Law', paras 98–104.

72. Human Fertilisation and Embryology Act 2008, ss 14(2) and 23.

73. *Annual Report 2005/06*, HC 1444, 3.

74. 'Human Reproductive Technologies and the Law', para 46（保留强调）.

75. 'Regulating Human Genetics', 20；另可参见 'Human Reproductive Technologies and the Law', 39–41。

76. Caulfield, T. and Brownsword, R., 'Human Dignity: A Guide to Policy-Making in the Biotechnology Era?' (2006) 7 *Nature Reviews Genetics*, 72–76.

77. Sections 25–26.

78. Section 8.

79. Paragraphs 1.3, 5.3.

80. 'Human Reproductive Technologies and the Law', evid 209–211.

81. *Corporate Plan 2004–2009*, para 3.4.

82. 'Human Reproductive Technologies and the Law', paras 286, 288.

83. Section 24.

84. Department for Business, Innovation and Skills and Better Regulation Executive, *Human Fertilisation and Embryology Authority*.

85. 'Annual Report 2005/6', HC 1444, 2005–2006, 9, 13, 15.

86. 参见 Science and Technology Committee, 'Developments in Human Genetics and Embryology' (2002), paras 9–13。

87. Human Fertilisation and Embryology Authority, *Tomorrow's Children: A Consultation* (2005). 显然，科学和技术委员会在 2005 年的报告中使用了"宏大的标题"——人类生殖技术和法律，因而难免遭受各方嘲讽：'Human Reproductive Technologies and the Law', para 95。

88. Human Fertilisation and Embryology Act 1990, ss 13(5), 25(2).

89. Paragraph 1.1.

90. Human Fertilisation and Embryology Authority, *Tomorrow's Children — Report of the Policy Review of Welfare of the Child Assessments in Licensed Assisted Conception Clinics* (2005).

91. Department of Health, *Review of the Human Fertilisation and Embryology Act*, paras 2.20–2.26.

92. Paragraph 243.

93. 2008 Act, ss 14(2), 23.

94. *Hybrids and Chimeras: A Consultation on the Ethical and Social Implications of Creating Human/Hybrid Embryos in Research* (2007).

95. Paragraph 74.

96. Paragraph 64（保留强调）.

97. Paragraphs 72–76.

98. Human Fertilisation and Embryology Act 2008, s 4.

99. Paragraph 114.

100. Paragraph 44. 类似的建议可以在之前的委员会 2005 年报告中找到。

101. Human Fertilisation and Embryology Act 1990, ss 9, 20–21; Human Fertilisation and Embryology Authority (Licence Committees and Appeals) Regulations 1991, SI 1991/1889.

102. Section 2(4)–(5).

103. 'Human Reproductive Technologies and the Law', paras 201, 239–242.

104. Paragraph 248.

105. Section 10.

106. Section 21，另可参见 Human Fertilisation and Embryology (Appeals) Regulations 2009, SI 2009/1891。

107. Sections 12(1)(b), 39–40.

108. 参见 *Taranissi v Human Fertilisation and Embryology Authority* (unreported, QBD 9 November 2007)。

109. Section 28 and Sch 5.

110. Department for Business, Innovation and Skills and Better Regulation Executive, *Human Fertilisation and Embryology Authority*.

第三章

1. Food Standards Agency, *Strategic Plan to 2010 — Putting Consumers First* (2007), 16, 21.

2. 关于相关背景的简要精彩论述，参见 Barling, D. and Lang, T., 'A Reluctant Food Policy? The First Five Years of Food Policy Under Labour' (2003) 74 *The Political Quarterly*, 8–18。

3. Ibid., 10.

4. Ibid., 9.

5. van Zwanenberg, P. and Millstone, D., 'BSE: A Paradigm of Policy Failure' (2003) 74 *The Political Quarterly*, 27–37, at 28.

6. Barling and Lang, 'A Reluctant Food Policy?', 9–10.

7. 详见 Philips inquiry, *The BSE Inquiry Report* (2000), esp vol. 1, 226–248。

8. *Food Standards Agency: An Interim Proposal by Professor Philip James* (Rowett Research Institute, 1997), Executive Summary, paras 2–13.

9. 另可参见 Select Committee on Science and Technology, 'Science and Society',

HC 38, 1999–2000, paras 1.1, 2.36–2.37, 2.45–2.47。

10. *The Food Standards Agency: A Force for Change* (Cm 3830, 1998).

11. Ibid., paras 2.4, 6.15.

12. *The Food Standards Agency: A Force for Change*, paras 6.20–6.24；对詹姆斯教授观点的批评，参见 http://www. GMWatch.org, *Food Standards Agency* (nd)。

13. Paragraph 6.16.

14. *The Food Standards Agency: A Force for Change*, ch. 8.

15. *The Food Standards Agency: Consultation on Draft Legislation* (Cm 4249, 1999); Food Standards Committee, 'Food Standards: First Report', HC 276, 1998–1999.

16. Ibid., paras 52–54.

17. Ibid., para 62.

18. 有关食品标准局工作的概述，参见食品标准局第二任主席的说明，Deirdre Hutton, 'Food Standards Regulation' in Centre for the Study of Regulated Industries, *Regulatory Review* 2006–2007 (Bath: CRI, 2007), 91–111。

19. Food Standards Agency, *Corporate Plan 2007–10 — Putting Consumers First* (2007), 8.

20. National Audit Office, 'Improving Service Delivery: The Food Standards Agency', HC 524, 2002–2003, 15.

21. Food Standards Agency, 'Protecting the Interests of Consumers: Annual Report 2006/07', HC 572 (2006–2007), 38–39.

22. National Audit Office, 'Improving Service Delivery', 17, 21.

23. Ibid., 24.

24. Section 6(1)–(2).

25. Section 7(1).

26. Section 8(1).

27. Section 12.

28. Section 19(1), (4).

29. Section 19(5).

30. Sections 19(3), 25(1).

31. Food Standards Act 1999, s 1.

32. *The Food Standards Agency: A Force for Change*, paras 6.6–6.9.

33. Ibid., para 6.4.

34. Section 2(1).

35. Section 2(3)–(4).

36. Section 3.

37. Brooker, S. and Taylor, A., *Rating Regulators — Food Standards Agency* (London: Consumer Focus, 2008), para 4.8.

38. Schedule 1, para 2(4).

39. Section 5 and Sch 2.

40. Dean, B., *2005 Review of the Food Standards Agency* (2005), paras 2.4.2, 6.9.1. 有关这一背景的重要论述，参见 Flynn, A., Marsden, T., and Smith, E., 'Food Regulation and Retailing in a New Institutional Context' (2003) 74 *The Political Quarterly*, 38–46。

41. Food Standards Agency, 'Safe Food and Healthy Eating for All: Annual Report 2007/08', HC 805, 2007–2008, 50.

42. 'Safe Food and Healthy Eating for All: Annual Report 2007/08', 4.

43. 'Food Standards — First Report', HC 276, 1998–1999, paras 25–29（保留强调）.

44. 参见 National Audit Office, opcit, 15。

45. 参见 Food and Healthy Eating for All: Annual Report 2007/08, 25。

46. 参见 Scott, C., 'Private Regulation of the Public Sector: A Neglected Facet of Contemporary Governance' (2002) 29 *Journal of Law and Society*, 56–76。

47. *Strategic Plan to 2010*, 16, 21, 28.

48. 'Food Standards: First Report', paras 63–65。

49. http://www.food.gov.uk/aboutus/how_we_work/concordats（最后访问日期：2009 年 12 月 8 日）.

50. *Concordat Between the Food Standards Agency and the Department of Health*, (2007).

51. Dean, *2005 Review of the Food Standards Agency*, para 2.1.2.

52. 'Protecting Public Health and Consumer Interests in Relation to Food: The Food Standards Agency', HC 708, 2002–2003, paras 15–19, and conclusion 4.

53. Brooker and Taylor, Rating Regulators, para 3.5 and Cabinet Office, *Food Matters: Towards a Strategy for the 21st Century* (2008), Section 7.4.

54. Food Standards Act 1999, s 24.

55. 'Food Standards: First Report', para 62（保留强调）.

56. *Concordat Between the Food Standards Agency and the Local Authorities Coordinating Body on Food and Trading Standards (LACOTS)* (nd).

57. *Framework Agreement on Local Authority Enforcement* (2001, amended 2004). 这份框架协议同时附有一份篇幅较长的《食品法实务手则》。

58. 更多细节，参见 Flynn et al., 'Food Regulation and Retailing', 29–37。

59. Food Safety Act 1990, s 40.

60. Food Standards Act 1999, s 1(2).

61. Brooker and Taylor, *Rating Regulators*, para 3.7.

62. Sections 7–8, 14–15.

63. Section 16.

64. Sections 40, 48.

65. Section 22(1)–(2).

66. Section 22(5)–(6); 'Food Standards: First Report', para 53.

67. Section 23.

68. Section 24.

69. 'Food Standards: First Report', para 61.

70. Section 23(3).

71. *Strategic Plan to 2010*, 1–2.

72. Ibid., 4–5.

73. Ibid., 9, 10, 17.

74. Ibid., 28–32.

75. *Corporate Plan 2007–2010* (2007).

76. 文件可在以下网站获得：http://www.food.gov.uk/multimedia/pdfs/FSAregframework.pdf（最后访问日期：2009 年 12 月 8 日）。

77. Committee of Public Accounts, 'Protecting Public Health and Consumer Interests in Relation to Food'; National Audit Office, 'Improving Service Delivery: The Food Standards Agency', HC 524 (2002–2003).

78. Better Regulation Executive and National Audit Office, *Effective Inspection and Enforcement: Implementing the Hampton Vision in the Food Standards Agency* (Better Regulation Executive, 2008); Brooker and Taylor, *Rating Regulators*, para 2.1.

79. Section 1(2).

80. 'Safe Food and Healthy Eating for All: Annual Report 2007/08', 8 and ch. 5. 在最近的报告中同样得到了强调，但没有那么详细，'Safe Food and Healthy Eating for All: Annual Report and Consolidated Accounts 2008/09', HC 477, 2008–2009。

81. Lang, T., 'The Complexities of Globalization: the UK as a Case Study of Tensions Within the Food System and the Challenge to Food Policy' (1999) 16 *Agriculture and Human Values*, 169–195, 171, 173.

82. Better Regulation Executive and National Audit Office, *Effective Inspection and Enforcement*, 7.

83. Brooker and Taylor, *Rating Regulators*, paras 4.7, 6.10.

84. National Audit Office, 'Improving Service Delivery: The Food Standards Agency', 42.

85. 另可参见 Hutton, 'Food Standards Regulation', 96–99。

86. Ibid., 109–110; 'Protecting the Interests of Consumers: Annual Report 2006/07', 30; *Effective Inspection and Enforcement*.

87. Article 11.

88. *Strategic Plan to 2010*, 30.

89. 参见 Lang, T., 'Food Control of Food Democracy? Re-engaging Nutrition with Society and the Environment' (2005) 8(6 A) *Public Health Nutrition*, 730–737, 734–735。

90. *Choosing Health: Making Healthy Choices Easier* (Cm 6374, 2004).

91. 'Protecting the Interests of Consumers: Annual Report 2006/07', 17.

92. Food Standards Agency, 'Putting the Consumer First — Annual Report 2005/06', HC 1155, 2005–2006, 3.13–3.17.

93. Brooker and Taylor, *Rating Regulators*, para 6.18.

94. 关于形成它的方法以及强调这些价值的一份更为重要的报告，参见 House of Lords Select Committee on Science and Technology, 'Science and Society', HC 38, 1999–2000, esp chs. 2, 3, 9。

95. *Strategic Plan to 2010*, 1; 'Safe Food and Healthy Eating for All: Annual Report 2007/08', 8.

96. 参见 http://archive.food.gov.uk/pdf_files/openness_cop.pdf（最后访问日期：2009 年 12 月 8 日）。

97. 有关当前的观点，参见 http://www.food.gov.uk/aboutus/how_we_work/copopenbranch/pubminister（最后访问日期：2009 年 12 月 8 日）。

98. *2005 Review of the Food Standards Agency*, paras 3.2.1, 3.5.2, 4.1.7.

99. Ibid., recommendations 6–10.

100. House of Commons Science and Technology Committee, 'Scientific Advice, Risk and Evidence Based Policy Making', HC 900, 2005–2006, evid 188.

101. Ibid., para 130.

102. Zwanenberg and Millstone, 'BSE: A Paradigm of Policy Failure', 35–36.

103. Brooker and Taylor, *Rating Regulators*, para 4.15.

104. Westley Consulting Ltd., *Quality Assurance of the Process of Consumer Engagement — Report to the Food Standards Agency* (2007).

105. Food Standards Agency, *Advisory Committee on Consumer Engagement: Report to the Food Standards Agency Board* (2008).

106. Brooker and Taylor, *Rating Regulators*, para 2.4.

107. *Effective Inspection and Enforcement*, para 16（保留强调）.

108. 关于整体政治背景，参见 Barling and Lang, 'A Reluctant Food Policy?', 15–17。

109. Ibid., 17.

110. 关于辩论过程的讨论，参见 Environment, Food and Rural Affairs Committee, 'Conduct of the GM Public Debate', HC 1220, 2002–2003。

111. Public Debate Steering Group, *GM Nation? The Findings of the Public Debate* (2003).

112. Department for the Environment, Food and Rural Affairs, *The GM Dialogue:*

Government Response (2004).

113. Ibid., paras 37–38; Food and Rural Affairs Committee, 'Conduct of the GM Public Debate: Food Standards Agency Reply to the Committee's Report', HC 483, 2003–2004.

114. FSA Citizens' Jury, *Should GM Food Be Available to Buy in the UK? Final Report* (2003).

115. 例可参见 Gene Watch UK, 'Food Standards Agency Hides Unanimous Finding of Citizens' Jury that GM Crops Should Not be Grown in the UK Now', 9 March 2003 at http://www.genewatch.org/article.shtml?als%5Bcid%5D=492860&als%5Bitemid%5D=507885（最后访问日期：2009 年 12 月 8 日）。关于对转基因食品安全原则的承诺，例如 Food Standards Agency Board Meeting Minutes, 13 March 2003, para 8。

116. *2005 Review of the Food Standards Agency*, para 1.7.1；另可参见 6.1。

117. Centre for Business Relationships, Accountability, Sustainability and Society, *The Food Standards Agency: Making a Difference?* (Cardiff : Brass, 2004), 18–20.

118. 对于这类相互矛盾的观点，参见 Lang, 'The Complexities of Globalization', 181; Barling and Lang, 'A Reluctant Food Policy?', 14–15, 17。

第四章

1. 环境保护局设立背后的更多政治信息，参见 Carter, N. and Lowe, P., 'Environmental Politics and Administrative Reform' (1994) 65 *The Political Quarterly*, 263–274。我在这里很大程度上借用了这一精妙的解释。

2. Vogel, D., *National Styles of Regulation: Environmental Policy in Great Britain and the United States* (Ithaca: Cornell University Press, 1986), 220.

3. 'Environmental Politics and Administrative Reform', 265–266.

4. 参见 White Paper, *This Common Inheritance* (Cm 1200, 1990); 'Toxic Waste', HC 22, 1988–1989, para 12。

5. Carter and Lowe, 'Environmental Politics and Administrative Reform', 264–267.

6. 'The Government's Proposals for an Environment Agency', HC 55, 1991–1992, paras 98–102, 111.

7. Ibid., para 99.

8. Carter and Lowe, 'Environmental Politics and Administrative Reform', 271.

9. 'The Government's Proposals for an Environment Agency', para 59.

10. Carter and Lowe, 'Environmental Politics and Administrative Reform', 273.

11. 在 2009 年的女王致辞中，《洪水与水管理法案》宣布将在防汛方面赋予环境保护局全局战略地位。

12. Environment, Food and Rural Affairs Committee, 'The Environment Agency',

HC 780, 2005–2006, para 1.

13. Better Regulation Executive and National Audit Office, *Effective Inspection and Enforcement: Implementing the Hampton Vision in the Environment Agency* (2008), para 13.

14. Environment Act 1995, s 2.

15. Pollution Prevention and Control (England and Wales) Regulations 2000, SI 2000/1973, implementing the Directive EC 96/61 concerning integrated pollution prevention and control [1996] OJL 257/26；这些内容现在被 Directive 2008/1/EC concerning integrated pollution prevention and control [2008] OJ L24/8 和 Environmental Permitting (England and Wales) Regulations2007, SI 2007/3538 替代。

16. Better Regulation Executive and National Audit Office, *Effective Inspection and Enforcement*, para 24.

17. Department for Environment, Food and Rural Affairs, *Review of Legislation Affecting Integration Within the Environment Agency — Final Report* (2003).

18. Environment Act 1995, s 1(1), (5).

19. Section 1(2).

20. 'Environment Agency Annual Report and Accounts 2007–8', HC 843, 2007–2008, 10.

21. Environment Act 1995, Sch 1, para 1(3).

22. Ibid., s 46; Government Resources and Accounts Act 2000 (Audit of Public Bodies) Order 2003, SI 2003/1326.

23. 'The Environment Agency', HC 34, 1999–2000, paras 10–11, 13–18, 25–31.

24. Ibid., HC 780, 2005–2006, para 38.

25. Ibid., para 17（保留强调）.

26. Environment, Food and Rural Affairs Committee, 'The Environment Agency: Government and Environment Agency Responses to the Committee's Seventh Report', HC 1519, 2005–2006, 3.

27. Environment Act 1995, ss 40(1)–(3), 122.

28. Section 4(2)–(3). 参见 Department for Environment, Food and Rural Affairs, *The Environment Agency's Objectives and Contributions to Sustainable Development: Statutory Guidance* (2002)。

29. Section 1(1).

30. Environment Agency, *Corporate Plan 2008–11* (nd), 1–2.

31. Environment, Food and Rural Affairs Committee, 'The Environment Agency', HC 780, 2005–2006, paras 62–77.

32. 'Protecting the Public from Waste', HC 352, 2002–2003, para 3.

33. *Effective Inspection and Enforcement*, paras 31–39.

34. Department for Environment, Food and Rural Affairs, *Management Statement Issued to the Environment Agency* (2002).

35. *Corporate Plan 2008–11*, 2; Annual Report 2006/07, HC 834, 2006–2007, 5; Local Government and Public Involvement in Health Act 2007, s 106.

36. Pollution Prevention and Control (England and Wales) Regulations 2000, SI 2000/1973, implementing the Directive EC 96/61 concerning integrated pollution prevention and control [1996] OJL 257/26；这些内容现在被 Directive 2008/1/EC concerning integrated pollution prevention and control [2008] OJ L24/8 和 Environmental Permitting (England and Wales) Regulations2007, SI 2007/3538 替代。

37. 'The Environment Agency', 2005–2006, paras 68–70.

38. Environment, Food and Rural Affairs Committee, 'The Environment Agency; Government and Environment Agency Responses', HC 1519, 2005–2006, 10, 27.

39. 关于总体背景，参见 Weale, A., 'Environmental Regulation' in Centre for the Study of Regulated Industries, *Regulatory Review 1997* (Bath: CRI, 1998), 201–216，更多细节参见 Byatt, I., 'The Impact of EC Directives on Water Customers in England and Wales' (1996) 3 *Journal of European Public Policy*, 665–674。

40. Environmental Audit Committee, 'Water Prices and the Environment', HC 597, 1999–2000, para 3.

41. Ibid., para 31.

42. Ibid., para 52（保留强调）.

43. Ibid., para 69（保留强调）.

44. Ibid., para 86.

45. Ibid., paras 103–104.

46. Ibid., paras 215–220.

47. 'Water Pricing: Follow-up', HC 1186, 2003–2004, paras 8–16.

48. Ibid., paras 19–20.

49. 'Water: The Periodic Review and the Environmental Programme', HC 416, 2003–2004, paras 11–16, 21, 33–36.

50. Ibid., para 37（保留强调，省略注释）.

51. 'Annual Report and Accounts 2004/05', HC 201, 2004–2005. 有关最终调查结果的讨论，参见 Fletcher, P., 'Water Regulation', in Centre for the Study of Regulated Industries, *Regulatory Review 2004–5* (Bath: CRI, 2005), 119–141。

52. Wheale, 'Environmental Regulation', 212–213.

53. Environmental Audit Committee, 'Water: The Periodic Review 2004', para 23（保留强调）.

54. Environment, Food and Rural Affairs Committee, 'Ofwat Price Review 2009', HC 554, 2008–2009, paras 16–22, 26–34.

55. Environment Act 1995, s 4(1).

56. Section 4(2)–(3).

57. Department for Environment, Food and Rural Affairs, *The Environment Agency's Objectives and Contributions to Sustainable Development: Statutory Guidance* (2002).

58. Ibid., para 3.2.

59. Ibid., para 4.1.

60. Department for Environment, Food and Rural Affairs, *Statutory Guidance to the Environment Agency on the Exercise of its Functions with Regard to the Waste Management Licensing (England and Wales) (Amendment and Related Provisons) Regulations 2005* (2005).

61. Environment Act 1995, s 39(1).

62. Section 56(1).

63. Section 39(1)(b).

64. 有关该观点的概述，参见 Bell, S. and Mc Gillivray, D., *Environmental Law* (7th edn, Oxford: Oxford University Press, 2008), 119。

65. Section 5.

66. Sections 6–7.

67. Section 9, and see the Water and Sewerage (Conservation, Access and Recreation) (Code of Practice) Order 2000, SI 2000/477 approving the *Code of Practice on Conservation, Access and Recreation* issued by the minister.

68. *An Environmental Vision* (2000), 5. 另可参见 Select Committee on Environment, Transport and Regional Affairs, 'The Environment Agency', 1999–2000, paras 13–18。

69. Environment Agency, *Creating a Better Place: Corporate Strategy 2006–11*.

70. Environment Agency, *Corporate Plan 2008–11: Creating a Better Place — Translating Strategy into Action*.

71. Environment Agency, 'Annual Report and Accounts 2008/09', HC 782, 2008–2009, 56–70.

72. Environment Agency, *Creating a Better Place 2000–2015 — Our Corporate Strategy 2010–2015* (2009).

73. Better Regulation Executive and National Audit Office, *Effective Inspection and Enforcement*, paras 20, 23.

74. Select Committee on Environmental Audit, 'Water Prices and the Environment', paras 78–79.

75. (2003). 更宽泛的概述，另可参见 Gray, J., Howes, C., and Clark, R., 'Promoting Compliance in the 21st Century', in Centre for the Study of Regulated

Industries, *Regulatory Review 2004/5* (Bath: CRI, 2005), 171–193。

76. Environment, Food and Rural Affairs Committee, 'The Environment Agency', 2005–2006, paras 27–31.

77. Better Regulation Executive and National Audit Office, *Effective Inspection and Enforcement*, para 17.

78. Section 3(5).

79. 参见 Large Combustion Plants (National Emission Reduction Plan) Regulations 2007, SI 2007/2325; Environment Agency, *Report on the Landfill Allowances and Trading Scheme (LATS) 2005/6* (2007)。

80. 'Getting Results: The Better Regulation Executive and the Impact of the Regulatory Reform Agenda', HC 474, 2007–2008, evid 120–121 and qs 224, 231.

81. 更充分的解释，参见 Hancock, J., *Environmental Human Rights — Power, Ethics, Law* (Aldershot: Ashgate, 2003) 和 Boyle, A. and Anderson, M., (eds.), *Human Rights Approaches to Environmental Protection* (Oxford: Clarendon Press, 1996)。

82. Anderson, M., 'Human Rights Approaches to Environmental Protection: An Overview', in Boyle and Anderson, *Human Rights Approaches to Environmental Protection*, 1–23.

83. 参见 Stallworthy, M., *Sustainability, Land Use and Environment — A Legal Analysis* (London: Cavendish, 2002), 258。

84. 关于国际文件的调查，参见 Churchill, R., 'Environmental Rights in Existing Human Rights Treaties', in Boyle and Anderson, *Human Rights Approaches to Environmental Protection*, 89–108。

85. *Marcic v Thames Water Utilities Ltd.* [2003] UKHL66; [2004] 2 AC 42. 相关背景，参见 Stallworthy, M., 'Whither Environmental Human Rights?' (2005) 7 *Environmental Law Review*, 12–33。

86. Lord Hope at para 77.

87. Lord Hoffman at para 71.

88. 有关《欧洲人权公约》第 6 条的具体含义，参见 Stallworthy, *Sustainability, Land Use and Environment*, 268–270。

89. 这一主题在理论上的发展，参见 Hancock, *Environmental Human Rights*, 4–5, 17–18, 24。

90. 更深入的讨论，参见 Hancock, ibid. 和 Redgwell, C., 'Life, The Universe and Everything: A Critique of Anthropocentric Rights', in Boyle and Anderson, *Human Rights Approaches to Environmental Protection*, 71–87。

91. Redgwell, Ibid., 79（省略注释）.

92. Environment Act 1995, s 4(1), (3).

93. *Creating a Better Place — Environment Agency Corporate Strategy 2010–2015*,

6–7, 10–11.

94. Select Committee on Environment, Transport and Regional Affairs, 'The Environment Agency', 1999–2000, para 1.

95. Vogel, *National Styles of Regulation*, 220–222.

96. 关于该委员会工作的细节，参见 http://www.rcep.org.uk（最后访问日期：2009 年 12 月 8 日）。

97. Better Regulation Executive and National Audit Office, *Effective Inspection and Enforcement*, para 31.

98. Sir Paul Beresford, Parliamentary Under-Secretary of State for the Environment, Standing Committee B, May 2 1995, cols 62–63.

99. An Environmental Vision, 14, 17 and 49, 55–56.

100. 'The Environment Agency', 1999–2000, para 22.

101. Ibid., paras 120–123.

102. 'The Environment Agency', 2005–2006, paras 47–51.

103. Better Regulation Executive and National Audit Office, *Effective Inspection and Enforcement*, para 23.

104. Environment Act 1995, ss 11–18.

105. 'The Environment Agency', 1999–2000, paras 109–116.

106. 关于在环境决策中对公众参与的安排的概述，参见 Bell and McGillivray, *Enviromental Law*, ch. 10。

107. 特别参见 Arts 7–8 of the Convention。

108. Directive 2003/35/ EC providing for public participation in respect of the drawing up of certain plans and programmes relating to the environment [2003] OJL 156/17.

109. Directive 85/337/EEC on the assessment of the effects of certain public and private projects on the environment [1985] OJ L 175/40; Town and Country Planning (Assessment of Environmental Effects) Regulations 1988, SI 1988/1199. 另可参见 *Berkeley v Secretary of State for the Environment* [2000] 3 WLR 420 (HL)。

110. Directive 2003/4/EC on public access to environmental information [2004] OJ L 41/26; Environmental Information Regulations 2004, SI 2004/3391.

111. 参见 Directive 2008/1/EC concerning integrated pollution prevention and control [2008] OJL 24/8, and the Environmental Permitting (England and Wales) Regulations 2007, SI 2007/3538, reg 46 and Sch 19。

112. *R (on the application of Edwards) v Environment Agency* [2008] UKHL 22; [2008] 1 WLR 1587.

113. Regulation 31.

114. Bell and McGillivray, *Environmental Law*, 238.

第五章

1. 特别参见 Baldwin, R., *Rules and Government* (Oxford: Clarendon Press, 1995)；Hawkins, K., *Law as Last Resort: Prosecution Decision-Making in a Regulatory Agency* (Oxford: Oxford University Press, 2002)；Hutter, B., *Compliance: Regulation and Environment* (Oxford: Clarendon Press, 1997)。

2. 参见 Moran, M., *The British Regulatory State: High Modernism and Hyper-Innovation* (Oxford: Oxford University Press, 2003), 132, 135–138。

3. Baldwin, *Rules and Government*, 136.

4. 具体的批评和说明，参见 Dawson, S., Willman, P., Clinton, A., and Bamford, M., *Safety at Work: The Limits of Self-Regulation* (Cambridge: Cambridge University Press, 1988)。

5. Baldwin, R., 'Health and Safety at Work: Consensus and Self-Regulation', in Baldwin, R. and McCrudden, C. (eds.), *Regulation and Public Law* (London: Weidenfeld and Nicholson, 1987), 132–158, at 132.

6. *Safety and Health at Work; Report of the Committee 1970–72* (Cmnd 5034, 1972).

7. Ibid., para 41.

8. Ibid., para 114.

9. Ibid., paras 111–112, 117–118, 121.

10. Railways Act 2005, s 2 and Sch 3；关于其他改革的概述，参见 Hawkins, *Law as Last Resort*, 161–169。

11. Legislative Reform (Health and Safety Executive) Order 2008, SI 2008/960.

12. Ibid., Sch 1, para 2.

13. 'Health and Safety Executive Annual Report 2008/09', HC 580, 2008–2009, 4.

14. Legislative Reform (Health and Safety Executive) Order 2008, SI 2008/960, art 5，在 Health and Safety at Work etc Act 1974 中插入了新的第 11 条。

15. 同上法律，插入了新的第 12 条。

16. Health and Safety at Work etc Act 1974，第 14 条已经过 Legislative Reform (Health and Safety Executive) Order 1998, art 6 的修订。

17. Section 10(3).

18. Section 11(4).

19. Section 10(5).

20. Section 10(7), Sch 2, paras 14 and 20.

21. Legislative Reform (Health and Safety Executive) Order 2008, SI 2008/960, Sch 1（在 Health and Safety at Work etc Act 1974 中替换了新的第 2 条）, paras 1–2.

22. *Law as Last Resort*, 159–161.

23. Articles 11–12.

24. 有关职业健康和安全规则制定的具体说明，参见 Baldwin, *Rules and Government*。

25. Health and Safety at Work etc Act 1974, ss 15, 50, 82.

26. 例如 Management of Health and Safety at Work Regulations 1999, SI 1999/3242，调整诸如风险评估等事项。

27. Section 16.

28. Sections 24, 44.

29. 参见 'Moving Forward: Annual Report 2007/08', HC 579, 2007–2008, 8–9。

30. 'The Role of the Health and Safety Commission and the Health and Safety Executive in Regulating Workplace Health and Safety', HC 246, 2007–2008, para 263.

31. 'Meeting Challenges...Health and Safety Commission Annual Report 2006/07', HC 562, 2006–2007, 24.

32. *Management Statement Between the Department for Work and Pensions, the Health and Safety Commission and the Health and Safety Executive* (2006).

33. 参见 http://www.hse.gov.uk/aboutus/howwework/framework/F-2001-3.htm#mou（最后访问日期：2009 年 12 月 9 日）。

34. Better Regulation Executive and National Audit Office, *Effective Inspection and Enforcement: Implementing the Hampton Vision in the Health and Safety Executive* (2008).

35. Directive 89/391 on the introduction of measures to encourage improvements in the safety and health of workers at work [1989] OJL 183/1.

36. 相关概述，参见 Hawkins, *Law as Last Resort*, 150–153 和 Better Regulation Executive and National Audit Office, *Effective Inspection and Enforcement*, para 15。

37. 具体参见 http://osha.europa.eu/en/about（最后访问日期：2009 年 12 月 9 日）。

38. 'The Work of the Health and Safety Commission and Executive', HC 456, 2003–2004, paras 192–198.

39. 'Meeting Challenges...Annual Report 2006/07', 9; 'Moving Forward...Annual Report 2007/08', 14.

40. *Effective Inspection and Enforcement*, para 61；另可参见 paras 21, 88。

41. 一份有价值的总结，参见 Health and Safety Commission, *The Health and Safety System in Great Britain*, 3rd edn (2002), 17。

42. 'The Role of the Health and Safety Commission...', para 31.

43. Section 1(2).

44. HSE, *Spending Review 2004: Health and Safety Public Service Agreement.*

Measurement of Progress. Technical Note (2004).

45. 'Annual Report 2008/09', 9–10.

46. *A Strategy for Workplace Health and Safety in Great Britain to 2010 and Beyond* (2004); *The Health and Safety of Great Britain: Be Part of the Solution* (2009).

47. *A Strategy for Workplace Health and Safety in Great Britain to 2010 and Beyond*, 1.

48. Ibid., 4.

49. *The Health and Safety of Great Britain: Be Part of the Solution*, 5, 6, 16.

50. HSE, *Business Plan 2009/10* (2009).

51. 'The Work of the Health and Safety Executive', HC 31, 1999–2000, para 7.

52. Ibid., paras 29, 111.

53. 'The Work of the Health and Safety Commission and Executive'.

54. Ibid., para 120.

55. Ibid., paras 55, 290–291.

56. 'Government Response to the Committee's Fourth Report into the Work of the Health and Safety Commission and Executive', HC 1137, 2003–2004.

57. 'The Role of the Health and Safety Commission', paras 28–33.

58. Ibid., para 362（保留强调）.

59. 'The Role of the Health and Safety Commission and the Health and Safety Executive in Regulating Workplace Health and Safety: Government Reply to the Committee's Third Report', HC 837, 2007–2008, paras 91–92.

60. HC 231, 2003–2004.

61. 'Health and Safety Executive: Improving health and safety in the construction industry', HC 627, 2003–2004.

62. Better Regulation Executive and National Audit Office, *Effective Inspection and Enforcement*, 5.

63. [1949] 1 KB 704.

64. *R v HTM Ltd* [2006] EWCA Crim 1156; [2007] 2 All ER 665. 现可参见 *R v Chargot Ltd* [2008] UKHL73, [2009] 1 WLR 1, esp at [29]–[31], per Lord Hope。

65. *Dugmore v Swansea NHS Trust* [2002] EWCA Civ 1689; [2003] 1 All ER 333.

66. Case C-127/05, Commission v UK [2007] ECRI-4619.

67. 参见 paras 137–141。

68. 参见 paras 32, 55–56。

69. HSE, *Reducing Risks, Protecting People — HSE's Decision-Making Process* (2001), 26.

70. 同上文件，第 43 页。关于成本 – 收益分析潜在作用的相关问题的一般性讨论，参见 'Policy Forum' (1997) 2 *Environmental and Development Economics*

195–221。

71. *Reducing Risks, Protecting People*, 65.

72. Better Regulation Executive and National Audit Office, *Effective Inspection and Enforcement*, paras 6–8.

73. *Reducing Risks, Protecting People*, 17.

74. House of Commons Regulatory Reform Committee, 'Getting Results: The Better Regulation Executive and the Impact of the Regulatory Reform Agenda', HC 474-II, 2007–2008, evid 91.

75. 'The Role of the Health and Safety Commission', para 33.

76. *European Social Charter* (1961), Art 3.

77. Council of Europe European Committee of Social Rights, *Conclusions XVI–2 (United Kingdom)*; *United Kingdom's Twenty Sixth Report* (2006); *Conclusions XVIII–2 (United Kingdom)* (2007).

78. Work and Pensions Committee, 'The Role of the Health and Safety Commission', paras 97–123.

79. *C187 Promotional Framework for Occupational Safety and Health Convention, 2006.*

80. *Reducing Risks, Protecting People*, 41.

81. HSC/HSE, *Collective Declaration on Worker Involvement* (2004), 1; *The Health and Safety of Great Britain: Be Part of the Solution*, 6.

82. 有关这一问题的精彩理论解释，参见 Aalders, M. and Wilthagen, T., 'Moving Beyond Command-and-Control: Reflexivity in the Regulation of Occupational Safety and Health and the Environment' (1997) 19 *Law and Policy*, 415–443, esp 426, 429–430, 433, 436。

83. *Reducing Risks, Protecting People*, 43.

84. *Influencing Change: HSE Business Plan 2008/9*, 14–15; 'Annual Report 2008/09', 22–23.

85. *Reducing Risks, Protecting People*, 41.

86. *A Strategy for Workplace Health and Safety in Great Britain to 2010 and Beyond*, 4; 'The Work of the Health and Safety Commission and Executive', para 29.

87. *Reducing Risks, Protecting People*, 14–15, 23–24.

88. Ibid., 29.

89. 相关的讨论，参见 Work and Pensions Committee, 'The Role of the Health and Safety Commission', paras 226–251。

90. 有关这一立场的理论证成，参见 Aalders and Wilthagen, 'Moving Beyond Command and Control'。

91. *Reducing Risks, Protecting People*.

92. Ibid., 1–3, 5. 关于为决定提供信息和作出决定的系统关键信息罗列在第21—40 页，标准则在第 40—52 页。

93. *Effective Inspection and Enforcement*, para 10.

94. *Health and Safety Commission/Health and Safety Executive Policy Statement on Openness* (nd) at http://www.hse.gov.uk/foi/opennessstatement.pdf（最后访问日期：2009 年 12 月 9 日）.

95. 参见 http://www.hse.gov.uk/foi/index.htm（最后访问日期：2009 年 12 月 9 日）。

96. Constitution Unit, *Audit of the Health and Safety Executive's Openness Procedures and Practices* (3 vols., 2002), available at http://www.hse.gov.uk/research/rrpdf/rr052.pdf（最后访问日期：2009 年 12 月 9 日）.

97. Ibid., viii–ix.

98. 参见 Baldwin, 'Health and Safety at Work', 137–141, 157–158；一般性论述，参见 Dawson et al., *Safety at Work*, esp ch. 10。

99. 有关工作领域不断变化的属性及其内涵的一般性讨论，参见 Work and Pensions Committee, 'The Work of the Health and Safety Commission and Executive', paras 23–31, 89–120, 和 'The Role of the Health and Safety Commission', paras 199–225。

100. Health and Safety at Work etc Act 1974, s 2(4); Safety Representatives and Safety Committee Regulations1977, SI 1977/500.

101. Health and Safety (Consultation with Employees) Regulations1996, SI 1996/1513.

102. Health and Safety at Work etc Act 1974, s 2(2)(c); Safety Representatives and Safety Committee Regulations, reg 7; Health and Safety (Consultation with Employees) Regulations, reg 5.

103. Safety Representatives and Safety Committee Regulations, reg 4；关于非工会代表更局限的功能，参见 Health and Safety (Consultation with Employees) Regulations, regs 3, 6。

104. Health and Safety at Work etc Act 1974, s 2(7).

105. Work and Pensions Committee, 'The Work of the Health and Safety Commission and Executive', paras 176, 229–241, and 'The Role of the Health and Safety Commission', paras 201–208.

106. 'The Role of the Health and Safety Commission', para 219.

107. Health and Safety Commission and HSE, *A Collective Declaration on Worker Involvement* (2002), 1.

108. Health and Safety Commission, *Improving Worker Involvement — Improving Health and Safety: Consultative Document* (2006).

109. *Topic Pack: Worker Consultation and Involvement* (2007), at http://www.hse.

gov.uk/foi/internalops/fod/inspect/workerinvolve.pdf（最后访问日期：2009 年 12 月 9 日）.

110. ‘Health and Safety Commission Annual Report 2004/05’, HC 98, 2004–2005, v, viii, xv.

111. Work and Pensions Committee, ‘The Work of the Health and Safety Commission and Executive’, paras 68–72.

112. *A Guide to Managing HSC Advisory Committees* (2006), esp paras 2.5, 2.28–2.34.

113. 参见 ‘Health and Safety Commission Annual Report 2005/06’, HC 1115, 2005–2006, 12。

114. *Effective Inspection and Enforcement*, paras 19, 22.

115. 例可参见 ‘Health and Safety Commission Annual Report 2004/05’, HC 98, 2004–2005, 29。

116. *Effective Inspection and Enforcement*, 14. 这些规章是 SI 2007/320。

117. 关于这一过程的细节，参见 *New Construction (Design and Management) Regulations — Timeline,* at http://www.hse.gov.uk/construction/cdmtimeline.htm（最后访问日期：2009 年 12 月 9 日），此网页中含有所有这些文件的链接。

118. *The British Regulatory State*, 132.

119. Ibid., 135–138.

120. Ibid., 137, 138.

第六章

1. *Learning from Bristol: The Report of the Public Inquiry into Children's Heart Surgery at the Bristol Royal Infirmary 1984–1995* (Cm 5207(1), 2001), 17, 74.

2. (Cm 3807, 1998), ch. 7. 另可参见咨询文件 , *A First Class Service — Quality in the NHS* (1998), ch. 4。

3. Davies, A., ‘Don't Trust Me, I'm a Doctor: Medical Regulation and the 1999 NHS Reforms’ (2000) 20 *Oxford Journal of Legal Studies*, 437–456, 437–438, 444. 另可参见 Bevan, G. and Cornwell, J., ‘Structure and Logic of Regulation and Governance of Quality of Health Care: was OFSTED a Model for the Commission for Health Improvement?’ (2006) 1 *Health Economics, Policy and Law*, 343–370。

4. *Learning from Bristol*, 260–261.

5. Ibid., 261.

6. Ibid., 315.

7. Ibid., 314–319.

8. Ibid., 391–392.

9. Sections 12–14.

10. *Delivering the NHS Plan — Next Steps on Investment, Next Steps on Reform* (Cm 5503, 2002), ch. 6.

11. 例可参见 *The NHS Improvement Plan: Putting People at the Heart of Public Services*, (Cm 6286, 2004) and *Creating a Patient-Led NHS: Delivering the NHS Improvement Plan* (2005)。

12. *Modernising Social Services — Promoting Independence, Improving Protection, Raising Standards* (Cm 4169, 1998), ch. 4.

13. *With Respect to Old Age: Long Term Care — Rights and Responsibilities, A Report by the Royal Commission on Long Term Care* (Cm 4182, 1999).

14. Ibid., ch. 7.

15. *The NHS Plan — The Government's Response to the Royal Commission on Long Term Care* (Cm 4181–II, 2000), esp Appendix.

16. 本章不会考察这些责任，但它们确实为基于权利的监管提供了重要范例，这可能会影响新设的护理质量委员会工作的其他方面。

17. Department of Health, *The Future Regulation of Health and Adult Social Care in England* (2006), paras 3.9, 3.40, 3.42.

18. Department of Health, *The Future Regulation of Health and Adult Social Care in England: Response to Consultation* (2007), paras 1.1–1.2, 1.14.

19. 'Making Healthcare Safer for Patients: Annual Report 2007/08', HC 784, 2007–2008, 47.

20. *Commission for Social Care Inspection Corporate Plan 2005–8* (2005), 4–5.

21. Health Committee, 'Appointment of the Chair of the Care Quality Commission', HC 545, 2007–2008, para 8.

22. 参见 Health and Social Care Act 2008, ss 18, 86–87。

23. 参见 Hervey, T. and Mc Hale, J., *Health Law and the European Union* (Cambridge: Cambridge University Press, 2004); Boeger, N. and Prosser, T., 'The Changing Framework of Public Services in Europe: UK Report', in Krajewski, M., Neergaard, U., and van de Gronden, J. (eds.), *The Changing Legal Framework for Services of General Interest in Europe* (The Hague: TMC Asser Press, 2009), 357–382。

24. 参见 *Implementing the Community Lisbon Programme: Social Services of General Interest in the European Union*, COM (2006) 177 final。

25. Section 41.

26. Health and Social Care (Community Health and Standards) Act 2003, Sch 6; Health Act 2006, Pt 5.

27. 2003 Act, Sch 6, para 10.

28. 参见 ibid., ss 46 and 50 on annual reviews; Healthcare Commission, 'Improving

Healthcare for Patients Through the Annual Health Check: Annual Report 2006/2007', HC 913, 2006–2007, 11.

29. Ibid., s 53.

30. Ibid., s 54.

31. Ibid., s 59.

32. Ibid., s 61.

33. Ibid., ss 102–119.

34. Ibid., s 130.

35. Ibid., ss 132, 134.

36. 例可参见 Healthcare Commission, 'Putting Patients First: A Better Experience of Health and Healthcare: Annual Report 2005/2006', HC 1381, 2005–2006, 57。

37. Healthcare Commission, 'Our Progress: One Year On: Annual Report 2004/2005', (2005), 33–34.

38. 'Patient Safety', HC 151, 2008–2009, paras 225, 242, 262.

39. See s 42 and Sch 7, and the Health Act 2006, Pt 5.

40. Sections 22–23.

41. Health and Social Care (Community Health and Standards) Act 2003, ss 131, 133, 135.

42. Ibid., s 120.

43. Health and Social Care Act 2008, s 1 and Sch 1. 有关该委员会的更多信息，参见 Health Committee, 'Appointment of the Chair of the Care Quality Commission', HC 545, 2007–2008, paras 10–12。

44. Sections 20, 45, 46, 160–162.

45. Health and Social Care Act 2008, s 46(4); Health Committee, 'Patient Safety', evid, q. 736.

46. Section 4(2).

47. The Minister of State, Department of Health (Mr Ben Bradshaw), House of Commons Public Bill Committee, 15 January 2008, cols 171–172.

48. 参见 *The Future Regulation of Health and Adult Social Care in England: Response to Consultation*, paras 3.22–3.28。

49. Health and Social Care Act 2008, s 68.

50. Health and Social Care (Community Health and Standards) Act 2003, s 48.

51. Ibid., ss 49–52.

52. Ibid., s 103.

53. *Strategic Plan 2005/2008*, (2005), 11–20.

54. Section 76.

55. Section 104.

56. *Independence, Well-being and Choice: Our Vision for the Future of Social Care for Adults in England* (Cm 6499, 2005).

57. *Our Health, Our Care, Our Say: A New Direction for Community Services* (Cm 6737, 2006).

58. *Making Social Care Better for People — the Commission for Social Care Inspection's Corporate Plan 2005–2008* (2005), 17, 19–30.

59. Section 3.

60. Section 4.

61. Section 5.

62. Section 67.

63. *Our Strategy for 2010–2015 — Consultation* (2009)；另可参见 *A Manifesto for the Care Quality Commission* (2008)。

64. Department of Health, *The Future Regulation of Health and Adult Social Care in England*, para 1.14.

65. 例可参见 Healthcare Commission's *Strategic Plan 2005/2008*, 21, 29。

66. Healthcare Commission, *Healthcare Watchdog Shines Spotlight on Trusts' Declarations on Core Standards*, Press Release, 12 October 2006.

67. 'Patient Safety', paras 227–237.

68. Kennedy, I., 'Learning from Bristol: Are We?' (2006), 63–66, at: http://www.stateclaims.ie/ClinicalIndemnityScheme/publications/LearningfromBristol.pdf（最后访问日期：2009 年 12 月 10 日）；另可参见 'Health Watchdog Warns of Future Crunch', *Financial Times*, 11 October 2006。对基于风险的健康监管，更多批评参见 Bevan and Cornwell, 'Structure and Logic of Regulation', 359–360, 365。

69. Office of Fair Trading, *Care Homes for Older People in the UK — A Market Study*, O F T 780 (2005).

70. *Bettercare v Director General of Fair Trading* [2002] CAT 7, but cf C-205/03 *Federacion Espanola de Empresas de Tecnologia Sanitaria (FENIN) v Commission of the European Communities* [2006] ECRI-6295. 有关公平交易办公室的立场，参见其 *The Competition Act and Public Bodies*, Policy Note 1/2004 (2004)。

71. *Making Social Care Better for People — CSCI's Corporate Plan 2005–2008* (2005), 10–11.

72. The Commission for Social Care Inspection (Fees and Frequency of Inspections) (Amendment) Regulations 2006, SI 2006/517. 更多信息，参见 CSCI, *Inspecting for Better Lives — Delivering Change* (2005)。

73. Department of Health, *The Future Regulation of Health and Adult Social Care in England*.

74. Ibid., para 1.4.

75. Ibid., para 2.5.

76. Ibid., para 3.9.

77. Ibid., para 5.1；有关该监管者职权的分配，也参见 para 5.2。

78. Department of Health, *The Future Regulation of Health and Adult Social Care in England: Response to Consultation* (2007).

79. Ibid., para 1.2

80. Ibid., paras 3.33, 3.43.

81. Ibid., paras 2.6, 4.3.

82. Health and Social Care Act 2008, ss 2–3.

83. Health Committee, 'Patient Safety', para 239.

84. Recital 11, Art 11.

85. Ibid., Art 35.

86. Ibid., Art 12.

87. Recommendation No R (2000) 5, *The Development of Structures for Citizen and Patient Participation in the Decision-making Process Affecting Healthcare* (2000), App. Guideline 1. 有关这一主题的一般性论述，参见 Vincent-Jones, P., Hughes, D., and Mullen, C., 'New Labour's PPI Reforms: Patient and Public Involvement in Healthcare Governance?' [2009] 72 *Modern Law Review* 247–271。

88. *Strategic Plan 2005/2008*, 12, 20.

89. 例可参见 'Making Healthcare Safer for Patients: Annual Report 2007/08', HC 784, 2007–2008, 31–34。

90. British Institute of Human Rights and Department of Health, *Human Rights in Healthcare — A Framework for Local Action* (2007).

91. 'The Human Rights of Older People in Healthcare', HL 156, HC 378, 2006–2007, esp ch. 6.

92. Ibid., para 184（保留强调）.

93. Joint Committee on Human Rights, 'Government Response to the Committee's Eighteenth Report of Session 2006–07: The Human Rights of Older People in Healthcare', HL 5, HC 72, 2007–2008, 14.

94. 有关详细的目录和分析，参见 'The Human Rights of Older People in Healthcare', Annex at 80–91；更多的背景分析，参见 Age Concern, *Rights for Real: Older People, Human Rights and the CEHR* (2006)。

95. *R (on the application of Limbuela) v Secretary of State for the Home Department* [2005] UKHL 66; [2006] 1 A C 396 at para 92, and see the Joint Committee on Human Rights, ibid., 82–83.

96. The Commission for Social Care Inspection (Children's Rights Director) Regulations 2004, SI 2004/615.

97. 参见 *YL v Birmingham City Council* [2007] UKHL 27，上议院多数方所作的决定，[2008] 1 AC 95。

98. 参见 Lord Scott at para 32, Lord Mance at paras 79, 116, and Lord Neuberger at para 134。另可参见 Joint Committee on Human Rights, 'The Human Rights of Older People in Healthcare', paras 161, 179。

99. Health and Social Care Act 2008, s 145.

100. 'Elder Abuse', HC 111, 2003–2004。

101. Ibid., paras 154, 156.

102. Ibid., para 170.

103. 'The Human Rights of Older People in Healthcare', paras 98, 174–180.

104. Ibid., para 189（保留强调）.

105. Mental Health Act Commission, *Strategy on Equality and Human Rights* (2006), paras 2, 4.

106. 'Legislative Scrutiny: Health and Social Care Bill', HL 46, HC 303, 2007–2008.

107. Ibid., para 1.21（保留强调）.

108. Ibid., paras 1.27–1.28（保留强调）.

109. Section 4(1)(d).

110. *A Manifesto for the Care Quality Commission*, 2; *Our Strategy for 2010–2015*, 10–13; *Equality* and *Human Rights Scheme — A Consultation Document* (2009).

111. Healthcare Commission, *Wider Review of Regulation of Health and Social Care — Submission by the Healthcare Commission* (2005), 4. 也见 13–14, 16–17。

112. Ibid., 20–21.

113. 'Learning from Bristol: Are We?', 68–69.

114. *Strategic Plan 2005/2008*, 1, 7, 12, 20.

115. 例可参见 *Corporate Plan 2008/2009*, 7。

116. 'Making Healthcare Safer for Patients: Annual Report 2007/08', 31.

117. *Making Social Care Better for People*, 13–14.

118. Commission for Social Care Inspection, *Equalities and Diversity Strategy* (2006), 5, 11–13, 15, 17, 19–21.

119. Health and Social Care Act 2008, s 3 (1)–(2).

120. Section 4(1)(a)–(b).

121. *Our Strategy for 2010–2015*, 7–8; *Equality and Human Rights Scheme — Consultation Document*, 6.

122. *Learning from Bristol*, 19；另可参见 399–411。

123. Ibid., 406.

124. 'Learning from Bristol: Are We?', 71.

125. *Engaging Patients and the Public — Have Your Say* (2005).

126. 参见 Vincent-Jones, Hughes, and Mullen, 'New Labour's PPI Reforms'。

127. Part 14.

128. 'Making Healthcare Safer for Patients: Annual Report 2007/08', 26.

129. 'Our Progress: One Year On: Annual Report 2004/2005', 5, 14.

130. 'Making Healthcare Safer for Patients: Annual Report 2007/08', 29.

131. *Making Social Care Better for People — CSCI's Corporate Plan 2005–2008*, 20.

132. 有关参与政策（engagement policies）的信息，例可参见 'Annual Report and Accounts 2006–07', HC 794, 2006–2007, 11–17。

133. 'Annual Report and Accounts 2004–05', HC 105, 2004–2005.

134. *Our Health, Our Care, Our Say: A New Direction for Community Services* (Cm 6737, 2006), 3–4.

135. *The Future Regulation of Health and Adult Social Care in England: Response to Consultation*, 2.6.

136. Health and Social Care Act 2008, s 4(1)(a)–(c)；同时参见 s 1(2)(b)。

137. Section 5.

138. Care Quality Commission, *Voices into Action — How the Care Quality Commission is Going to Involve People* (2009).

139. 参见 Vincent-Jones, Hughes, and Mullen, 'New Labour's PPI Reforms', 269–270.

140. Health Act 2009, s 2; NHS, *The NHS Constitution: The NHS belongs to us all* (2009), 3（保留强调）.

第七章

1. 'Annual Report and Accounts 2006–2007', HC 780, 2006–2007, 6.

2. Part 1 现已并入《2006 年全民健康服务体系法》（National Health Service Act 2006）；另可参见 Department of Health, *A Guide to NHS Foundation Trusts* (2002)。相关精彩讨论，参见 Davies, A., 'Foundation Hospitals: A New Approach to Accountability and Autonomy in the Delivery of Public Services?' [2004] *Public Law* 808–828。

3. Davies, 'Foundation Hospitals', 818–820; Health Committee, 'Foundation Trusts', HC 395, 2002–2003, 48–55; Health Committee, 'Foundation Trusts and Monitor', HC 833-I, 2007–2008, 45–61.

4. Davies, 'Foundation Hospitals', 827–828.

5. *A Guide to NHS Foundation Trusts*, 8–9. 有关立法要求，参见下文论述。

6. Ibid., 29.

7. Monitor, *NHS Foundation Trust Model Core Constitution* (revised edn, 2008).

8. *Compliance Framework 2009/10* (2009).

9. Health Committee, 'Foundation Trusts and Monitor', 30.

10. Monitor, 'Annual Report and Accounts 2008–2009', HC 621, 2008–2009, 19–21.

11. *A Guide to NHS Foundation Trusts*, 30.

12. *Consultation on De-Authorisation of NHS Foundation Trusts* (2009): Health Act 2009, s 15.

13. 'Annual Report and Accounts 2008–2009', 20–21.

14. Ibid., 23–26.

15. National Health Service Act 2006, s 31 and Sch 8, para 1.

16. Ibid., Sch 8, paras 12, 16.

17. 'Annual Report 2008–09', 7.

18. 'Annual Report and Accounts 2007–08', HC 694, 2006–2007, 6.

19. 'Foundation Trusts and Monitor', paras 101–103.

20. 例可参见 Davies, 'Foundation Hospitals', 827–828。

21. 'Annual Report 2007–2008', 37, 44.

22. 'Foundation Trusts and Monitor', evid, HC 833–II, 2007–2008, q 120.

23. Ibid., paras 108, 109.

24. Ibid., paras 42–44.

25. 'Patient Safety', HC 151, 2008–2009, para 244.

26. Ibid., para 247.

27. Ibid., paras 264–266（保留强调）.

28. Monitor, *Corporate Plan 2009–2012* (2009), 4, 13, 17, 23; *Memorandum of Understanding ('Memorandum') Between the Care Quality Commission ('CQC') and the Independent Regulator of NHS Foundation Trusts ('Monitor')* (2009).

29. *Business Plan 2008–2009* (2008), 15.

30. 'Annual Report 2007–2008', 5.

31. 参见 National Health Service Act 2006, ss 1, 3, 32, 258。

32. National Health Service Act 2006, ss 35(2)(a) and Sch 7.

33. Ibid., ss 35(2)(b), 35(5).

34. Sections 37–38.

35. Health and Social Care (Community Health and Standards) Act 2003, s 12(1); National Health Service Act 2006, ss 41, 46.

36. National Health Service Act 2006, s 43(2).

37. Sections 44–45.

38. Sections 52–55.

39. Section 56.

40. *Corporate Plan 2006–2009*, 2（保留强调）. 在 *Corporate Plan 2009–2012*, 1–2 中保留了类似的强调但表述略有不同。

41. *Corporate Plan 2006–2009*, 8; *Corporate Plan 2009–2012*, 11.

42. 'Foundation Trusts', paras 19, 23.

43. Ibid., para 42.

44. 'Foundation Trusts and Monitor', paras 42–44, 104–111（保留强调）.

45. Health and Social Care (Community Health and Standards) Act 2003, s 12; National Health Service Act 2006, s 41.

46. *Corporate Plan 2006–2009*, 6（保留强调）；另可参见 *Corporate Plan 2009–2012*, 8, 22–23。

47. Mark Exworthy, 引自 Health Committee, 'Foundation Trusts and Monitor', para 67.

48. Ibid., para 69.

49. 参见，例如 *Corporate Plan 2006–2009*, 6, 8, 9–10, 22; *Corporate Plan 2009–2012*, 13–14。年度报告中有一节题为"合比例的监管"（Proportionate Regulation）。

50. 'Annual Report 2005', HC 195, 2005–2006, 8–10.

51. 'Annual Report 2006–2007', 23.

52. *Compliance Framework 2009/10*, 6.

53. Monitor, *Securing an Effective Healthcare System for England: Submission to the Department of Health's Wider Review of Regulation of Health and Social Care* (2005)；同样参见 Monitor, *English Healthcare 2008–2009: An Interpretation of the Government's Reform Vision* (2005)。

54. *Securing an Effective Healthcare System*, 9.

55. Ibid., 12–13.

56. Ibid., 18, 20–21.

57. Ibid., 31.

58. Healthcare Commission, *Wider Review of Regulation of Health and Social Care — Submission by the health commission* (2005), 14–15.

59. *Securing an Effective Healthcare System*, 28.

60. 例可参见 'Annual Report 2007–2008', 44。

61. 'Annual Report 2008–2009', 2.

62. National Health Service Act 2006, ss 1, 32.

63. *A Guide to NHS Foundation Trusts*, 8. 另可参见上一章结尾提及的最新修订的 NHS Constitution and the Health Act 2009。

64. Ibid., 25–27 和 National Health Service Act 2006, ss 43, 45。

65. National Health Service Act 2006, s 44. 行政法院认为"监管者"在公共服务行业工会和健康行业协会提出的一项诉讼中，对有关上限的规定作出了错误的阐释；*R (on the application of Unison) v Monitor* [2009] EWHC 3221 (Admin)。

66. Health Committee, 'Foundation Trusts', 112, 127, 133–137, 148–162.

67. Health Committee, 'Foundation Trusts and Monitor', 66–69, 80–86.

68. 'Annual Report 2006–2007', 23, and see the *Compliance Framework*, 11–37 and App B.

69. 'Annual Report 2007–2008', 18–19, 32–33.

70. Health Committee, 'Foundation Trusts and Monitor', 60–61.

71. National Health Service Act 2006, s 61; *Compliance Framework*, App D2.

72. *Compliance Framework*, 6.

73. *Business Plan 2005/06*, 10–11.

74. 'Annual Report 2008/09', 28, 39, 44.

75. 'Annual Report 2005', 8–9.

76. National Health Service Act 2006, Sch 8.

77. *NHS Foundation Trust Model Core Constitution*, para 15(2).

78. 'Patient Safety', paras 279–280; Health Committee, 'Patient Safety: Care Quality Commission, Monitor, and Professor Sir Ian Kennedy's Responses', HC 1019, 2008–2009, 20–21.

79. *Compliance Framework 2009/10*, 17.

80. 相关背景，参见 Baggott, R., 'A Funny Thing Happened on the Way to the Forum? Reforming Patient and Public Involvement in the NHS in England' (2005) 83 *Public Administration* 533–51 and Vincent-Jones, P., Hughes, D., and Mullen, C., 'New Labour's PPI Reforms: Patient *and* Public Involvement in Healthcare Governance?' (2009) 72 *Modern Law Review* 247–71。

81. 'NHS Foundation Trusts', paras 58–69.

82. Department of Health, *A Stronger Local Voice: A Framework for Creating a Stronger Local Voice in the Development of Health and Social Care Services* (2006).

83. Part 14.

84. *Compliance Framework 2009/10*, 6.

第八章

1. 例可参见 Culture, Media and Sport Committee, 'The Multi-Media Revolution', HC 520, 1997–1998, paras 141–159。

2. (Cm 5010, 2000).

3. Ibid., paras 1.2.1–1.2.12.

4. Ibid., paras 2.1, 3.1, 4.1, 5.1, 8.5.

5. Ibid., paras 6.1, 7.1.

6. 有关欧盟电信自由化的过程及其对监管的意义之概述，参见 Prosser, T., *The Limits of Competition Law: Markets and Public Services* (Oxford: Oxford University Press, 2005), 177–188。

7. House of Lords and House of Commons Joint Committee on the Draft Communications Bill, HL169, HC 176, 2001–2002.

8. Ibid., para 24（略去注释）.

9. Ibid., para 26.

10. Communications Act 2003, s 3(1).

11. House of Lords and House of Commons Joint Committee on Human Rights, 'Draft Communications Bill', HL149, HC 1102, 2001–2002.

12. 有关通信监管办公室设置的细节，参见 National Audit Office, 'The Creation of Ofcom: Wider Lessons for Pubilc Sector Mergers of Regulatory Agencies', HC 1175, 2005–2006。

13. Ofcom, 'Annual Report 2008/9', HC 638, 2008–2009, 54.

14. Ofcom of Communications Act 2002, s1(1), (9).

15. Office of Communications Acts 2002, sch, para 2.

16. 相关讨论，参见 Rufus C. Taylor III, 'Embedding Evidence Based Policy Making in a Regulatory Organisation: A Case Study of the UK Office of Communications — OFCOM', thesis submitted for the degree of D. Phil, University of Oxford, 2009, 102–110。

17. Office of Communications Act 2002, s 3.

18. National Audit Office, 'The Creation of Ofcom'.

19. Communication Act 2003, ss 12–13, 16–17.

20. Section 5(3).

21. Section 156.

22. Section 65.

23. Section 321(6).

24. Ofcom, *Annual Plan 2008/09*, para 2.8.

25. 通信监管办公室对于最终由政府决策的重要事项的松懈态度，参见 'Ofcom Chief Upbeat Despite Raft of Tough Challenges', *Financial Times*, 13 February 2009。

26. Department for Business, Innovation and Skills and Department for Culture, Media and Sport, *Digital Britain: Final Report* (Cm 7650, 2009) 39–45.

27. 有关这一复杂领域的精彩评论，参见 Nihoul P. and Rodford, P., *EU Electronic Communications Law: Competition and Regulation in the European Telecommunications Market* (Oxford: Oxford University Press, 2004)。

28. 例可参见 *Progress Report on the Single European Electronic Communications Market* 2008 (14th Report) COM (2009) 140 final。

29. 各成员国法律、规章或者行政行为关于从事电视广播活动之特定规定的相互协调，参见现行欧盟指令 Directive 2007/65/EC, [2007] OJL 332/27。

30. Communications Act 2003, s 3(1)；有关通信监管办公室对这些义务的解释，参见 *Ofcom's Consumer Policy: Statement* (2006)，以及 Ofcom, *Citizens, Communications and Convergence* (2008)。

31. Section 3(2).

32. Section 3(3).

33. Section 3(4).

34. *Digital Britain — Final Report*, 65–66.

35. Section 3(6)–(9).

36. Ofcom, Annual Plan2009/10(2009), para 2.13.

37. Sections 6–8, 11.

38. Part 2, ch. 1.

39. Section 154 (2).

40. Section 319.

41. *Broadcasting: An Agreement Between Her Majesty's Secretary of State for Culture, Media and Sport and the British Broadcasting Corporation* (Cm 6872, 2006), clauses 91–95.

42. 有关消除冲突的讨论，参见 Ofcom, *Citizens, Communications and Convergence*, paras 4.4–4.11。

43. *Annual Plan 2009–2010*, 8.

44. *Annual Plan 2004–2005* (2004), para 2.1.1. “公民－消费者”（citizen-consumer）这一词语已被弃用，因为一些利害关系人认为这个词语降低了公民角色的重要性；参见 *Citizens, Communications and Convergence*, para 2.15。

45. Communications Act 2003, s 3(1)(b).

46. 有关通信监管办公室采取的方法，参见 *Ofcom's Consumer Policy*, para 1.5 and Section 3。

47. Communications Act 2003, ss 369–372.

48. 参见 Groebel, A., 'Ofcom: a Converged Regulator?' in Robinson, C. (ed.), *Governments, Competition and Utility Regulation* (Cheltenham: Edward Elgar, 2005), 106–117, at 109。

49. 相关的市场失灵问题，参见 'A New Future for Communications', 50；另可参见 *Ofcom's Consumer Policy*。

50. 参见 Ofcom, 'Annual Report 2005/06', HC 1280, 2005–2006, 30–34。

51. 参见 Ofcom, *Final Statements on the Strategic Review of Telecommunications, and Undertakings in Lieu of a Reference Under the Enterprise Act* 2002 (2005)。这是一项比较重要的审查，在此只能做简要论述；相关背景和内容，参见 Cave, M.

and Corkery, M., 'Communications Regulation' in Centre for the Study of Regulated Industries, *Regulatory Review* 2006/2007 (Bath: CRI, 2007), 17–48。

52. 例可参见 Ofcom, *Strategic Review of Telecommunications: Phase 1 Consultation Document* (2004), paras 4.2–4.16。

53. Ofcom, *Strategic Review of Telecommunications: Phase 2 Consultation Document* (2004), para 1.43 and Section 7.

54. *Final Statements on the Strategic Review of Telecommunications*, Section 5.

55. Communications Act 2003, s 316.

56. Section 264.

57. Ofcom, *Ofcom Review of Public Service Broadcasting: Phase 1 — Is Television Special?* (2004), para 143.

58. Ibid., paras 145, 146.

59. Ofcom, *Ofcom Review of Public Service Broadcasting: Phase 3 — Competition for Quality* (2005), para 2.32. 另可参见 Ofcom, *A Conceptual Review of Public Service Broadcasting* (2004)。

60. Ofcom, *Putting Viewers First: Ofcom's Second Public Service Broadcasting Review* (2009).

61. Ofcom, 'Annex 11: Market Failure in Broadcasting', *Ofcom's Second Public Service Broadcasting Review Phase One* (2008), para 1.23.

62. Section 3(3).

63. Section 6.

64. Section 7.

65. House of Lords and House of Commons Joint Committee on the Draft Communications Bill, para 67.

66. Ofcom, *Ofcom's Annual Plan April 2004–March 2005* (2004), para 5.2.4（保留强调）.

67. Ofcom, *Annual Plan 2009/10* (2009), 8.

68. 例可参见 Ofcom, *Annual Plan 2006/7* (2006), Annex 1, and 'Annual Report 2007/8', HC 608, 2007–2008, 25。

69. Communications Act 2003, s 3(1)(a).

70. 'Draft Communications Bill', paras 43–47.

71. Section 192.

72. Section 317.

73. Section 196.

74. Competition Act 1998, ss 46, 49.

75. *Office of Communications v Floe Telecom Ltd* [2006] EWCA Civ 768; [2006] 4 All ER 688.

76. Ofcom, *Outline Procedures for Statutory Sanctions in Content and Content-Related Cases* (2008). 参照 *Dubus SA v France* (5242/04, ECtHR, 11 June 2009)。

77. *R (on the application of Alconbury Developments Ltd) v Secretary of State for the Environment, Transport and the Regions* [2001] UKHL 23; [2003] 2 AC 295. 关于符合欧盟法律司法审查的类似讨论，参见 *T-Mobile (UK) Ltd and Telefónica 02 Ltd v Office of Communications* [2008] EWCA Civ 1373; [2009] Bus LR 794。

78. Ofcom, *The Ofcom Broadcast Code* (修订版，2008), 2–3.

79. Communications Act 2003, s 321.

80. *R (on the application of Animal Defenders International) v Secretary of State for Culture, Media and Sport* [2008] UKHL 15; [2008] 1 AC 1312；参见 Lewis, T. and Cumper, P., 'Balancing Freedom of Political Expression against Equality of Political Opportunity: the Courts and the UK Broadcasting Ban on Political Advertising' [2009] *Public Law*, 89–111。

81. The Broadcast Committee of Advertising Practice, *Television Advertising Standards Code* (2008), Section 4.

82. 参见 Barendt, E., *Freedom of Speech* (2nd edn, Oxford: Oxford University Press, 2005), ch XII。

83. Department for Culture, Media and Sport, *Consultation on Media Ownership Rules* (2001), para 1.10.

84. House of Lords and House of Commons Joint Committee on the Draft Communications Bill, paras 218–249.

85. Communications Act 2003, ss 375–389，向《2002 年企业法》(Enterprise Act 2002) 增加了新规定。

86. Ofcom, *Ofcom Guidance for the Public Interest Test for Media Mergers* (2004).

87. 参见 Communications Act 2003, s 375 (向《2002 年企业法》增加了新的 S 58 [2A])。

88. Chapter 3.

89. 参见 Ofcom, *Annual Plan 2009/2010* (2009), 25–26。《通信监管办公室消费者政策》(*Ofcom's Consumer Policy*) 同样明确涉及对弱势消费者的保护；参见 paras 3.11–3.17。有关增进公民利益的义务，相关解释参见 *Citizens, Communications and Convergence*；特别是参见 para 5.2。

90. Section 65；相关的社会义务包含在《普遍服务指令》(Universal Service Directive) 中，见有关普遍服务和使用者权利的指令 (Directive 2002/22/EC [2002] OJL 108/51)。

91. Sections 66–67.

92. Ofcom, *Review of the Universal Service Obligation* (2005).

93. Ofcom, *Review of the Universal Service Obligation* (2006).

94. Ofcom, *Retail Price Controls: Explanatory Statement* (2006).

95. *Digital Britain: Final Report*, 53.

96. *Access and Inclusion — Digital Communications for All* (2009).

97. *Digital Britain — Final Report*, 53–66，参见 Digital Economy Bill, clause 1。

98. ‘Annual Report 2008/9’, 27.

99. Section 264(4).

100. Section 264(6).

101. Section 265.

102. Sections 266–271.

103. 参见 Ofcom, *Ofcom Review of Public Service Broadcasting: Phase 1 — Is Television Special?* (2004), paras 147–148; *Ofcom Review of Public Service Broadcasting: Phase 2 — Meeting the Digital Challenge?* (2004), paras 2.12–2.13。

104. Ofcom, *Ofcom Review of Public Service Broadcasting: Phase 3 — Competition for Quality* (2005).

105. Ofcom, *Ofcom's Second Public Service Broadcasting Review: Putting Viewers First* (2009), para 3.2 and fig. 1.

106. 从这一角度分析公共服务广播关键因素的发展，参见 Born, G. and Prosser, T., ‘Citizenship, Public Service Broadcasting and the BBC’s Fair Trading Obligations’ (2001) 64 *Modern Law Review* 657–687。

107. Taylor 的案例研讨中对此进行了详细讨论，‘Embedding Evidence Based Policy Making in a Regulatory Organisation’, 199–250。

108. Ibid., 205. 该信全文可以访问通信监管办公室的官方网站：http://www.ofcom.org.uk/about/accoun/emgd/jowell_currie.pdf（最后访问日期：2009 年 12 月 10 日）。

109. Communications Act 2003, s 321(5)–(6).

110. Department for Health, *Choosing Health: Making Healthy Choices Easier* (Cm 6374, 2004), paras 55–58.

111. Ofcom, *Television Advertising of Food and Drink Products to Children — Final Statement* (2007).

112. Section 11.

113. Ofcom, *Ofcom's Strategy and Priorities for the Promotion of Media Literacy — Consultation Document* (2004), paras 1, 13.

114. Ofcom, *Strategy and Priorities for the Promotion of Media Literacy — A Statement* (2004), para 30.

115. *Digital Britain — Final Report*, 39–45.

116. House of Lords and House of Commons Joint Committee on the Draft Communications Bill, paras 86–89.

117. Taylor, 'Embedding Evidence Based Policy Making in a Regulatory Organisation', 247.

118. Communications Act 2003, ss 12–13.

119. Sections 16–17.

120. Section 17(4).

121. Sections 20–21.

122. Taylor, 'Embedding Evidence Based Policy Making in a Regulatory Organisation', 125–126.

123. Sections 7(7), 16.

124. Ofcom, 'Annual Report 2003–2004' (2004), 6.

125. 'Annual Report 2008/9', 40.

126. Ofcom, *How Will Ofcom Consult? Ofcom Consultation Guidelines* (2007).

127. 参见 Taylor, 'Embedding Evidence Based Policy Making in a Regulatory Organisation', 125–131。

128. Section 3(4)(c).

129. Brooker, S. and Taylor, A., *Rating Regulators: Ofcom* (London: Consumer Focus, 2009), paras 6.7–6.11.

130. Ofcom, *Criteria for Promoting Effective Co and Self-regulation* (2004)；以及最近的 *Identifying Appropriate Regulatory Solutions: Principles for Analysing Self- and Co-regulation* (2008)。

131. 参见 Ofcom, *Ofcom's Decision on the Future Regulation of Broadcast Advertising* (2004)。

132. Sections 120–124.

133. Ofcom and PhonepayPlus, *Formal Framework Agreement Between Ofcom and PhonepayPlus* (2008).

134. *Digital Britain Final Report*, 111–113; Digital Economy Bill, clauses 4–17.

135. 通信监管办公室承认采用"消费者－公民"这样的术语招致了批评；*Citizens, Communications and Convergence*, para 2.14。

136. 有关基于证据的方法，参见上文通信监管办公室的监管原则第四条；如何践行这一方法的详细讨论，参见 Taylor, 'Embedding Evidence Based Policy Making in a Regulatory Organisation'。

137. *Citizens, Communications and Convergence.*

第九章

1. Prosser, T., *Law and the Regulators* (Oxford: Clarendon Press, 1997).

2. 有关邮政服务委员会的介绍，参见 Prosser, T. 'Regulating Public Enterprises'

[2001] *Public Law*, 505–526, at 506–514。

3. Department of Trade and Industry, *A Fair Deal for Consumers: Modernising the Framework for Utility Regulation* (Cm 3898, 1998)；政府的总结参见 Department of Trade and Industry, *A Fair Deal for Consumers: The Response to Consultation* (DTI, 1998)。

4. *A Fair Deal for Consumers*, paras 1.11–1.16, 5.4.

5. Section 1 and Sch 1.

6. Sections 9 and 13.

7. Sections 2, 10, 14, Sch 2.

8. Sections 4, 42, 87.

9. Section 34 and Sch 1.

10. Sections 15–16 and Sch 1.

11. 参见 Wilks, S. and Doern, B., 'Accountability and Multi-Level Governance in UK Regulation', in Centre for the Study of Regulated Industries, *Regulatory Review 2006/2007* (Bath: CRI, 2007), 341–371, 346–347。这之后是优化监管特别小组在其 2002 年报告《经济性监管机构》(*Economic Regulators*)中提出的建议，可见以下章节。

12. Wilks and Doern, 'Accountability and Multi-Level Governance', 347–348.

13. Ibid., 348–349.

14. http://www.ofgem.gov.uk/About%20us/Pages/AboutUsPage.aspx (最后访问日期：2009 年 12 月 10 日).

15. http://www.ofwat.gov.uk/aboutofwat (最后访问日期：2009 年 12 月 10 日).

16. http://www.rail-reg.gov.uk/server/show/nav.95 (最后访问日期：2009 年 12 月 10 日).

17. 参见 House of Lords Committee on the Regulators, 'UK Economic Regulators', HL 189, 2006–2007, para 6.43。

18. 参见 s 1 and Sch 1。

19. Section 1(2).

20. Schedule 1, para 1(1).

21. Schedule 1, para 3(2).

22. Section 4.

23. Water Act 2003, s 34 and Sch 1 A.

24. Section 15 and Sch 1；有关铁路监管办公室这个新设委员会之前身的铁路监管机构之艰难历史，参见 Prosser, T., 'The Privatisation of Britain's Railways: Regulatory Failure or Legal Failure?', in Holder, J., O'Cinneide, C., and Freeman, M. (eds.), *57 Current Legal Problems 2004* (Oxford: Oxford University Press, 2005), 213–238, 217–219, 227。

25. 参见 Levy, B. and Spiller, P., 'A Framework for Resolving the Regulatory Problem', in Levy, B. and Spiller, P. (eds.), *Regulation, Institutions and Commitment*

(Cambridge: Cambridge University Press, 1996), 1–35。

26. ‘UK Economic Regulators’, para 6.44.

27. Ibid., para 6.49, quoting the Chief Executive of the Energy Networks Association.

28. Ibid., para 6.50.

29. Utilities Act 2000, s 10 [向《1986 年天然气法》(Gas Act 1986) 中增加新的 s 4AB] and s 14 [向《1989 年电力法》(Electricity Act 1989) 中增加新的 s 3B].

30. Department for Business, Enterprise and Regulatory Reform, *Social and Environmental Guidance to the Gas and Electricity Markets Authority: A Consultation Document* (2008), paras 2, 5.

31. Ibid., para 23.

32. Ibid., ‘Introduction — What is Consultation Concerns’, para 11.

33. 关于该领域早期发展的讨论，参见 Prosser, T., *The Limits of Competition Law: Markets and Public Services* (Oxford: Oxford University Press, 2005), 82–87。

34. Department for Environment, Food and Rural Affairs, and Department of Trade and Industry, *UK Fuel Poverty Strategy* (2001).

35. Ofgem, *Fuel Poverty Action Programme* (2008).

36. 相关讨论，参见 Business and Enterprise Committee, ‘Energy Policy: Future Challenges’, HC 32, 2008–2009, paras 39–43。

37. Environment, Food and Rural Affairs Committee, ‘Energy Effciency and Fuel Poverty’, HC 37, 2007–2008, paras 154–180.

38. Section 40，向《1991 年水业法》(Water Industry Act 1991) 中增加新的 s 2A。

39. Department for Environment, Food and Rural Affairs, *Statutory Social and Environmental Guidance to the Water Services Regulation Authority (Ofwat)* (2008), paras 2.6, 2.11. 威尔士议会 (Welsh Assembly) 也发布了指南。

40. Ibid., paras 2.12–2.14.

41. Ibid., para 22.

42. Ibid., para 2.23.

43. Department for Environment, Food and Rural Affairs, Future Water: The Government’s Water Strategy for England (Cm 7319, 2008); Statement of Obligations (2007); Environment, Food and Rural Affairs Committee, ‘Ofcom Price Review 2009’, HC 554, 2008–2009.

44. 详见 Winsor, ‘The Future of the Railways: Sir Robert Reid Memorial Lecture 2004’ (2003/2004) 13 *Utilities Law Review*, 145–152，以及 *Weir v Secretary of State for Transport* [2005] EWHC 2192 (Ch)。

45. Railways Act 1993, s 4(5)(a) (已修订) ; Department for *Transport, Secretary*

of State for Transport: Guidance to the Office of Rail Regulation (2007).

46. Railways Act 2005, Sch 4.

47. 'UK Economic Regulators', 6.51–6.56.

48. Ibid., 6.59.

49. 相关综述，参见 Prosser, *The Limits of Competition Law*, 188–197。

50. 更多信息，参见 Ofgem, *Corporate Strategy and Plan 2009–2014* (2009), s 4。

51. 参见 Directive 2007/58/EC on the development of the Community's railways, OJ [2007] L315/44。

52. 关于所有经济性监管者的综述，参见 House of Lords Select Committee on Regulators, 'UK Economic Regulators', para 3.14。

53. 关于讨论，参见 ibid., paras 5.35–5.50。

54. Section 9, 向《1986 年天然气法》增加新的 s 4AA, and s 13；向《1989 年电力法》增加新的 s 3A。

55. Gas Act 1986, s 4AA(2); Electricity Act 1989, s 3A(2).

56. *The UK Low Carbon Transition Plan: National Strategy for Climate and Energy* (2009), 98; Energy Bill, clauses 16–17.

57. Gas Act 1986, s 4AA(3); Electricity Act 1989, s 3A(3).

58. Gas Act 1986, s 4AA(5), (5A); Electricity Act 1989, s 3A(5), (5A); Sustainable Energy Act 2003, 向《2000 年公用事业法》(Utilities Act 2000) 增加新的 s 5A。

59. Utilities Act 2000, s 42，向《1989 年电力法》增加新的 s 49A, and s 87；向《1986 年天然气法》增加新的 s 38A.

60. Utilities Act 2000, s 59，在《1989 年电力法》中插入新的 ss 27A–F，s 95；向《1986 年天然气法》增加新的 ss 30A–F.

61. *Corporate Strategy and Plan*, 2009–2014.

62. Section 39(3), 向《1991 年水业法》增加了新的 s 2(2A).

63. Ibid., 向《1991 年水业法》增加了新的 s 2(2B).

64. Ibid., 向《1991 年水业法》增加了新的 s 2(2C).

65. Ibid., 向《1991 年水业法》增加了新的 s 2(3)–(4).

66. Section 51, 向《1991 年水业法》增加了新的 s 195A.

67. Section 48, 向《1991 年水业法》增加了新的 ss 22A–F.

68. Section 38, 向《1991 年水业法》增加了新的 ss 192A–B.

69. *Ofwat Forward Programme 2009–10 to 2011–12* (2009).

70. Railways Act 1993; 4(1) as amended.

71. Section 4(3).

72. Section 4(5)–(6).

73. Section 2 and Sch 3.

74. Transport Act 2000, s 225, 向《1993 年铁路法》(Railways Act 1993) 增加

了新的 s 57A。

75. *Promoting Safety and Value in Britain's Railways: Our Strategy for 2009–2014* (2008).

76. 有关此处所述各监管机构之作用的开创性陈述，参见 Littlechild, S., *Regulation of British Telecommunications Profitability* (London: Department of Trade and Industry, 1984)。

77. 'UK Economic Regulators', ch. 7.

78. 参见 Competition Act 1998, s 54 and Sch 10；Transport Act 2000, Sch 8, para 14；以及 Enterprise Act 2000, ss 204–205。

79. 'UK Economic Regulators', paras 6.17–6.41.

80. Ofgem, *Corporate Strategy and Plan 2009–14*, Section 1.

81. Ofgem, *Energy Supply Probe — Initial Findings Report* (2008); *Addressing Undue Discrimination — Final Proposals (2009),* and *Energy Supply Probe — Proposed Retail Market Remedies* (2009).

82. Business and Enterprise Committee, 'Energy Prices, Fuel Poverty and Ofgem', HC 293, 2007–2008；对于天然气和电力市场监管办公室未能及时处理这一问题的批评，另可参见 'Energy Policy: Future Challenges', paras 44–46。

83. 参见 Business and Enterprise Committee, 'Energy Policy: Future Challenges', para 34。

84. Ofgem, 'Protecting Energy Consumer Interests Now and in the Future — Ofgem Annual Report 2008–2009', HC 824, 2008–2009, 14; Energy Bill, clauses 18–25.

85. 参见 Prosser, *Law and the Regulators*, 97–101, 127–132, 159–166, 192–193。

86. *Corporate Strategy and Plan 2009–14*, paras 2.11–2.12.

87. 评审的结论，参见 Ofwat, *Future Water and Sewerage Charges 2010–15: Final Determinations* (2009)。

88. Ofwat, *Ofwat's Review of Competition in the Water and Sewerage Industries Part II* (2008); Professor Martin Cave, *Independent Review of Competition and Innovation in Water Markets: Final Report* (London: Department for Environment, Food and Rural Affairs, 2008).

89. 'Ofwat Price Review 2009', paras 144–146.

90. *Great North Eastern Railway Ltd v The Office of Rail Regulation et al* [2006] EWHC 1942 (Admin); [2007] ACD 13.

91. Utilities Act 2000, s 5A, added by the Sustainable Energy Act 2003, s 6.

92. 'UK Economic Regulators, 4.46–4.72. 在准许对准则修订提出申诉方面，竞争委员会也批评其量化做得不够充分；*E. ON UK and GEMA and British Gas Trading*, 10 July 2007。

93. Section 72.

94. 参见 Graham, C., 'Human Rights and the Privatisation of Public Utilities and Essential Services', in de Feyter, K. and Gomez Isa, F. (eds.), *Privatisation and Human Rights in the Age of Globalisation* (Antwerp-Oxford: Intersentia, 2005), 33–56。

95. 参见 Morgan, B., 'The North-South Politics of Necessity: Regulating for Basic Rights between National and International Levels' (2006) 29 Journal of Consumer Policy, 465–487, esp 474–484。

96. *Marcic v Thames Water Utilities Ltd* [2003] UKHL 66; [2004] 2 AC 42.

97. 'BAA Claims Breach of Human Rights', *The Financial Times*, 15 January 2009.

98. 关于人权的更详细介绍，参见 Prosser, T., 'The Place of Appeals in Regulation — Continuity and Change', in Centre for the Study of Regulated Industries, *Regulatory Review 2004/2005* (Bath: CRI, 2005), 195–211。

99. 关于司法审查以满足欧盟法律在电子通信领域人权要求的相关讨论，参见 *T Mobile (UK) Ltd v Office of Communications* [2008] EWCA Civ 1373; [2009] Bus LR 794。

100. 'The Regulatory State: Ensuring its Accountability', HL 68, 2003–2004, paras 219–232; 'The Regulatory State: Ensuring its Accountability: Government's Response', HL 150, 2003–2004, paras 60–73.

101. 关于截至 2004 年对公用事业的社会性监管之发展的相关研究，参见 Prosser, *The Limits of Competition Law*, ch. 4。

102. Utilities Act 2000, s 9［向《1996 年天然气法》中插入新的 s 4AA(3)］and 13［向《1989 年电力法》中插入新的 3A(3)］.

103. Sections 10 (向《1986 年天然气法》中插入新的 s 4AB) and 14 (向《1989 年电力法》中插入新的 3B).

104. Department of Trade and Industry, *Social and Environmental Guidance to the Gas and Electricity Markets Authority* (2002).

105. *Social and Environmental Guidance to the Gas and Electricity Markets Authority* (2004).

106. *Social and Environmental Guidance to the Gas and Electricity Markets Authority: A Consultation Document* (2008).

107. 相关综述，参见 Prosser, *The Limits of Competition Law*, 82–87。

108. Office of Electricity Regulation and Office of Gas Supply, *The Social Dimension: Action Plan* (1998).

109. 'Developments in the Liberalisation of the Domestic Electricity Market', HC 781, 1997–1998, para 38.

110. 参见 Ofgem, *Social Action Strategy* (2005)。

111. Ofgem, 'Protecting Energy Consumer Interests — Annual Report 2007–2008', HC 856, 2007–2008, 35.

112. 例可参见 'Energy Prices, Fuel Poverty and Ofcom', paras 83–88。

113. *The UK Low Carbon Transition Plan: National Strategy for Climate and Energy* (2009), 102；Energy Bill, clauses 8–15，规定了规章制定权，从而让国务大臣能够确立此类计划。

114. Sustainable Development Commission, *Lost in Transmission the Role of Ofgem in a Changing Climate* (2007).

115. Section 83.

116. *Corporate Strategy and Plan 2009–2014*, para 3.3.

117. 参见 Environment, Food and Rural Affairs Committee, 'Energy Efficiency and Fuel Poverty', paras 154–180。

118. Ofgem, 'Protecting Energy Consumer Interests Now and for the Future — Annual Report 2008–2009', 17–18.

119. Department for Environment, Food and Rural Affairs, *Statutory Social and Environmental Guidance to the Water Services Regulation Authority (Ofwat)* (2008). 关于水务监管社会层面的早期干预的讨论，参见 Prosser, Law and the Regulators, 87–89。

120. Sections 1–2, 向《1991 年水法》中插入新的 s 61(1A) and Sch 4A。

121. Water Industry (Charges) (Vulnerable Groups) Regulations 1999, SI 1999/3441; Water Industry (Charges) (Vulnerable Groups) (Amendment) Regulations 2005, SI 2005/59.

122. Department for Environment, Food and Rural Affairs, *The Independent Review of Charging for Household Water and Sewerage Services — Final Report* (2009), ch. 11.

123. 'Ofwat Price Review 2009', para 68.

124. Water Act 2003, s 37(4) 向《1999 年水业法》中插入新的 s 2(3)(e).

125. Department for Environment, Food and Rural Affairs, *Future Water.*

126. 关于私有化的曲折历史，见 Prosser, 'The Privatisation of Britain's Railways'。

127. Railways Act 1993 (as amended), s 4(3)(b), (6).

128. 参见 Railways Act 2005, Sch 4。

129. Railways Act 2005, s 32.

130. Department for Transport, *The Future of Rail* (Cm 6233, 2004).

131. 参见 Prosser, *Law and the Regulators*, 83–86。

132. HL 68, 2003–2004.

133. Ibid., ch. 3.

134. 'The Regulatory State: Ensuring its Accountability: The Government's Response', HL 150, 2003–2004.

135. HC 189, 2006–2007.

136. Ibid., paras 1.2–1.3.

137. National Audit Office, 'The Work of the Directors General Telecommunications, Gas Supply, Water Services and Electricity Supply', 1995–1996, HC 645; Public

Accounts Committee, 'The Work of the Directors General Telecommunications, Gas Supply, Water Services and Electricity Supply', 1996–1997, HC 89; National Audit Office, 'Pipes and Wires', 2001–2002, HC 723; Public Accounts Committee, 'Pipes and Wires', 2002–2003, HC 831.

138. National Audit Office, 'Opening the Post: Postcomm and Postal Services', HC 521, 2001–2002; 'Ofwat — Meeting the Demand for Water', HC 150, 2006–2007; 'Ofgem: Social Action Plan and Household Energy Efficiency', HC 878, 2003–2004.

139. *Annual Report 2004–2005* (2005), 28.

140. 'UK Economic Regulators', para 5.6.

141. Ibid., para 5.24

142. Ibid., para 5.34.

143. Ibid., para 5.31.

144. Ofgem, *Transmission Price Control Review 4 — Assessment of the Process* (2007).

145. Ofwat, 'Ofwat's Annual Report 2005–2006', HC 1058, 2005–2006, 7.

146. Section 19.

147. 'Energywatch and Postwatch', HC 654, 2005–2006.

148. 参见 House of Lords Select Committee on the Constitution, 'The Regulatory State: Ensuring its Accountability', paras 58–69; *R (on the application of the Consumer Council for Postal Services) v Postal Services Commission* [2007] EWCA Civ 167; (2007) 104 (12) LSG 34。

149. 参见 Department of Trade and Industry and HM Treasury, *Consumer Representation in Regulated Industries* (2004); *Consultation on Consumer Representation and Redress* (2006); 以及 *Consultation on Consumer Representation and Redress — Summary of Responses and Government Response to Consultation*, (2006)。

150. Sections 30, 42–52.

151. UK Economic Regulators, para 5.66（保留强调）和 'Energy Policy: Future Challenges', para 47。

152. Brooker, S. and Taylor, A., *Rating Regulators* (London: Consumer Focus, 2009). 其中有更多的关于私人监管者的论述。

153. *Lost in Transmission*, 6.

第十章

1. Ed Balls, MP, 引自 'Ministers Accused of Regulatory Amnesia', *The Financial Times*, 23 September 2008。

2. Financial Services Authority, *The Turner Review — A Regulatory Response to the Global Banking Crisis* (2009), Section 2.7.

3. 另可参见 Regulatory Reform Committee, 'Themes and Trends in Regulatory Reform', HC 329, 2008–2009。

4. 有关该领域的全面分析，参见 Weatherill, S. (ed.), *Better Regulation* (Oxford: Hart Publishing, 2007)。

5. 'Tensions in the Regulatory State' [2007] *Public Law*, 58–73, at 59.

6. 'Getting Results: The Better Regulation Executive and the Impact of the Regulatory Reform Agenda', HC 474, 2007–2008, paras 11–13, 26.

7. 参见 Bronwen Morgan, *Social Citizenship in the Shadow of Competition: The Bureaucratic Politics of Regulatory Justification* (Aldershot: Ashgate, 2003)；以及专门针对该主题的文章，'The Economization of Politics: Meta-Regulation as a Form of Non-Judicial Legality' (2003) 12 *Social and Legal Studies*, 489–523。

8. 'The Economization of Politics', 491（保留强调）；另可参见 499, 509, 515, 516, 517。澳大利亚的监管改革目前已经发生了很大变化，且采用了比减轻负担更广泛的方法。

9. Ackerman, F. and Heinzerling, L., *Priceless: On Knowing the Price of Everything and the Value of Nothing* (New York: The New Press, 2004), 40；另可参见 149–151 和 ch. 9。

10. Baldwin, R., 'Better Regulation: Tensions Aboard the Enterprise', in Weatherill, *Better Regulation*, 27–47, 39.

11. 关于行政宪制的理性－工具范式和商谈－建构范式之间的关系的类似讨论，参见 Elizabeth Fisher, *Risk — Regulation and Administrative Constitutionalism* (Oxford: Hart Publishing, 2007)。

12. 在澳大利亚的改革倡议中也出现了这些要素，参见 Morgan, 'The Economization of Politics', 505。

13. Equality Act 2006, ss 11–12. 有关平等和可持续发展这两个领域之影响评估的历史回顾，参见 Jenkins, V. and Rainey, B., 'Moving into the Mainstream: An Analysis of Regulatory Responses to Impact Assessment in Equality and Sustainable Development' (2007) 58 *Northern Ireland Legal Quarterly*, 78–107。

14. 'The Structure of Government and the Challenge of Climate Change', HC 740, 2006–2007.

15. Jenkins and Rainey, 'Moving into the Mainstream', 85–96.

16. 例可参见 Friedmann, H., 'The Oversupply of Regulatory Reform: From Law to Politics in Administrative Rulemaking' (1992) 71 *Nebraska Law Review* 1169–93。我会在最后一章回到这个问题，加以论述。

17. Department of Trade and Industry (Cmnd 9571, 1985).

18. 有关概述，参见 Baldwin, 'Better Regulation: Tensions Aboard the Enterprise', 27–29。

19. Cabinet Office Better Regulation Unit, *Principles of Good Regulation* (2000).

20. Section 3(1)–(2).

21. Better Regulation Task Force, *Regulation — Less is More: Reducing Burdens, Improving Outcomes* (2005), 41.

22. Ibid.

23. Ibid., 11, 13, 18, 23.

24. Baldwin, 'Better Regulation: Tensions Aboard the Enterprise', 39.

25. Hampton, P., *Reducing Administrative Burdens: Effective Inspection and Enforcement* (London: HM Treasury, 2005).

26. Baldwin, 'Better Regulation: Tensions Aboard the Enterprise', 38.

27. *Davidson Review: Implementation of EU Legislation — Final Report* (London: HMSO, 2006).

28. 'Power to the Regulators', *The Guardian*, 26 October 2006.

29. HL Debates, vol. 685, cols 1343–1355 (26 October 2006).

30. Section 1(3).

31. Section 1(4).

32. Section 2.

33. Legislative Reform (Health and Safety Executive) Order 2008, SI 2008/960.

34. Section 3(2).

35. Section 21.

36. Sections 22–23.

37. Section 24.

38. 'Getting Results', para 52.

39. Better Regulation Executive, *Regulatory Budgets: A Consultation Document* (2008).

40. Ibid., para 8.7 和 'Technical Annex on Methodological Issues'。

41. Ibid., paras 4.8, 4.12.

42. The Secretary of State for Business, Enterprise and Regulatory Reform (Lord Mandelson), 709 HL Debates, vol. 709, cols WS99–100 (2 April 2009).

43. *Economic Regulators* (2001).

44. *Independent Regulators* (2003).

45. At 22, 24.

46. *Reducing Administrative Burdens*, para A1.

47. Ibid., paras 1.7–1.8.

48. Ibid., para 24.

49. Ibid., para 2.92.

50. 有关汉普顿之后采取的行动，详见 HM Treasury, Better Regulation Executive and Cabinet Office, *Implementing Hampton: From Enforcement to Compliance* (2006)。

51. Department for Business, Enterprise and Regulatory Reform, *Regulators' Compliance Code: Statutory Code of Practice for Regulators* (2007).

52. Legislative and Regulatory Reform (Regulatory Functions) Order 2007, SI 2007/3544, Sch 1.

53. *Regulators' Compliance Code*, paras 2.3–2.4.

54. Department for Business, Enterprise and Regulatory Reform, *Code of Practice on Guidance on Regulation* (2008).

55. Macrory, R., *Regulatory Justice: Making Sanctions Effective — Final Report* (Cabinet Office, 2006). 有益的讨论，参见 Black, 'Tensions in the Regulatory State', 69–73。

56. Macrory, *Regulatory Justice*, Annex C.

57. Schedule 5.

58. Black, 'Tensions in the Regulatory State', 69.

59. Department for Business, Innovation and Skills, *Impact Assessment*, at http://www.berr.gov.uk/whatwedo/bre/consultation-guidance/page44450.html（最后访问日期：2009 年 12 月 16 日）.

60. Baldwin, R., 'Is Better Regulation Smarter Regulation?' [2005] *Public Law*, 485–511, at 491.

61. Ibid., 503–507, 511.

62. Black, J., 'The Emergence of Risk-Based Regulation and the New Public Risk Management in the United Kingdom' [2005] *Public Law*, 512–548, at 532. 类似的更普遍的批评，参见 Hood, C., Rothstein, H., and Baldwin, R., *The Government of Risk: Understanding Risk Regulation Regimes* (Oxford: Oxford University Press, 2001), 179–184。

63. Cabinet Office, *New impact assessments will increase transparency and improve regulation*, Press Release CAB/030/07, 2 April 2007.

64. Department for Business, Enterprise and Regulatory Reform, *Impact Assessment Guidance*, (2007) at: http://www.berr.gov.uk/files/file44544.pdf（最后访问日期：2009 年 12 月 16 日）.

65. 'Evaluation of Regulatory Impact Assessments Compendium Report 2003–04', HC 358, 2003–4, paras 2.30–2.56.

66. 'Evaluation of Regulatory Impact Assessments Compendium Report 2004–05', HC 331, 2004–2005, paras 2.1–2.20.

67. Ibid., paras 2.35, 3.15.

68. 'Evaluation of Regulatory Impact Assessments 2005–06', HC 1305, 2005–2006, paras 1.4, 2.21.

69. 'Delivering High Quality Impact Assessments', HC 128, 2008–2009, paras 2.4–2.16.

70. 'Regulatory Impact Assessments and Policy Appraisal', HC 353, 2006–2007.

71. Paragraph 10.

72. Paragraphs 15–16, 45（保留强调）.

73. Environmental Audit Committee, 'Government's Response to the Committee's Third Report of Session 2006–2007: Regulatory Impact Assessments and Policy Appraisal', HC 849, 2006–2007.

74. 'Regulatory Impact Assessments and Policy Appraisal', evid, q 82.

75. 'Evaluation of Regulatory Impact Assessments 2005–06', para 1.7.

76. 有关保留意见，参见 Environmental Audit Committee, 'Regulatory Impact Assessments and Policy Appraisal', paras 60–64。

77. Better Regulation Executive, *Code of Practice on Consultation* (revised edn, 2008). 另可参见 Baldwin, 'Is Better Regulation Smarter Regulation?', 493–494。

78. Utilities Act 2000, s 5A; Communications Act 2003, s 7; Regulatory Enforcement and Sanctions Act 2008, s 72.

79. 'UK Economic Regulators', HL 189, 2006–2007, paras 4.46–4.76.

80. Department for Business, Enterprise and Regulatory Reform, *Government Response to the House of Lords Select Committee on Regulators — Report on UK Economic Regulators* (2008), 8.

81. 另可参见国家审计署关于三种监管影响评估方法的讨论，区分了“事前预评估”（pro-forma RIAs）、“信息型评估”（informative RIAs）和“综合型评估”（integrated RIAs）；'Evaluation of Regulatory Impact Assessments Compendium Report 2004–2005', paras 3.1–3.5。

82. 有关早期发展的概述，参见 Jenkins and Rainey, 'Moving into the Mainstream'。

83. Department for Business, Innovation and Skills, *Specific Impact Tests* at: http://www.berr.gov.uk/whatwedo/bre/policy/scrutinising-new-regulations/preparing-impact-assessments/toolkit/page44263.html（最后访问日期：2009 年 12 月 16 日）.

84. Equality Act 2006, s 11; Equality and Human Rights Commission, *The Role and Experience of Inspectorates, Regulators and Complaints-Handling Bodies in Promoting Human Rights Standards in Public Services* (2008).

85. O'Brien, N., 'Ombudsmen and Social Rights Adjudication' [2009] *Public Law*, 466–478.

86. Race Relations Act 1976 (Statutory Duties) Order 2001, SI 2001/3458; Disability Discrimination (Public Authorities) (Statutory Duties) Regulations 2005, SI 2005/2966; Sex Discrimination Act 1975 (Public Authorities) (Statutory Duties) Order 2006, SI 2006/2930.

87. Clauses 1 and 148.

88. 'The Human Rights of Older People in Healthcare', HC 156, 2006–2007, paras 65–66, 138, 190.

89. Department of Health (2007); Department for Constitutional Affairs (2006).

90. 有关这些法定义务的讨论，参见 Jenkins, V., 'Putting Sustainable Development at the Heart of Government in the UK: The Role of Law in the Evolution of Sustainable Development as the Central Organising Principle of Government' (2002) 22 *Legal Studies*, 578–601。

91. *Risk, Responsibility and Regulation — Whose Risk is it Anyway?* (2006).

92. Sir Ian Kennedy, 'Learning from Bristol: Are We?' (2006), 63–66, at: http://www.stateclaims.ie/ClinicalIndemnityScheme/publications/LearningfromBristol.pdf（最后访问日期：2009 年 12 月 16 日）；另可参见 'Health Watchdog Warns of Future Crunch', *The Financial Times,* 11 October 2006。

93. *Better Regulation, Better Benefits: Getting the Balance Right* (2009), 特别是 47–48。

94. 'Getting Results', para 17.

第十一章

1. Hall, C., Scott, C., and Hood, C., *Telecommunications Regulation: Culture, Chaos and Interdependence Inside the Regulatory Process* (London: Routledge, 2000), 206.

2. C–82/07 *Comisión del Mercado de las Telecomunicacions v Administración del Estado* [2008] ECRI–1265 para 26.

3. Directive 2009/72/EC concerning common rules for the internal market in electricity [2009] OJ L 211/55, Art 35(4). 有关天然气的类似规定，参见 Directive 2009/73/EC concerning common rules for the internal market in natural gas [2009] OJ L 211/94, Art 39 (4)。

4. House of Commons Regulatory Reform Committee, 'Getting Results: the Better Regulation Executive and the Impact of the Regulatory Reform Agenda', HC 474, 2007–2008, paras 11–17 and evid 120–121.

5. 有关这方面的概述，参见 Lavrijessen, S., 'An Analysis of the Constitutional Position of the US Independent Agencies', in Caranta, R., Andenas, M., and Fairgrieve, D. (eds.), *Independent Administrative Authorities* (London: British Institute of International and Comparative Law, 2004), 1–45, at 3–4, 5–8。[为区分美国不同类型的监管机构，这里将 executive agencies 译为"隶属于政府行政分支的行政机关"（其中包括隶属于政府行政分支的监管机构），将 independent agencies 译为"独立行政机关"（包括独立监管机构）。——译注]

6. *Humphrey's Executor v United States* 295 US 602 (1935).

7. Strauss, P., 'The Place of Agencies in Government: Separation of Powers and the Fourth Branch' (1984) 84 *Harvard Law Review*, 573–669, at 579. 结论大致相似的若干议题研究，详见 'Symposium: The Independence of Independent Agencies' [1988] *Duke Law Journal*, 215–299。

8. Strauss, 'The Place of Agencies in Government', 666; *Sierra Club v Costle* 657 F.2d 298 (DC Cir1981), 404–408. 相关背景知识，参见 Verkuil, P., 'Jawboning Administrative Agencies: Ex Parte Contacts by the White House' (1980) 80 *Columbia Law Review*, 943–989。

9. 参见 Kagan, E., 'Presidential Administration' (2001) 114 *Harvard Law Review*, 2245–2385，和 Stack, K., 'The President's Statutory Powers to Administer the Laws', (2006) 106 *Columbia Law Review*, 263–323。

10. Kagan, 'Presidential Administration', 2246–2250, 2323–2328.

11. 参见 Heled, Y., 'Of Presidents, Agencies and the Stem Cells Between Them: A Legal Analysis of President Bush's and the Federal Government's Policy on the Funding of Research Involving Human Embryonic Stem Cells' (2009) 60 *Administrative Law Review*, 65–126, 83–85, 89–90。

12. Harris, R. and Milkis, S., *The Politics of Regulatory Change: A Tale of Two Agencies*, (2nd edn, New York: Oxford University Press, 1996), 101.

13. Strauss, 'The Place of Agencies in Government', 662–663.

14. 参见 Breger, M. and Edles, G., 'Established by Practice: The Theory and Operation of Independent Federal Agencies', (2000) 52 *Administrative Law Review*, 1111–1294, 1201。

15. 1993 年 9 月 30 日修订后的总统令 12866 号，s 1(b)(1)。

16. Verkuil, P., 'The Purposes and Limits of Independent Agencies' [1988] *Duke Law Journal*, 257–279.

17. *Sierra Club v Costle Costle* 657 F.2d 298 (DC Cir 1981), 404, 407.

18. Strauss, 'The Place of Agencies in Government', 578.

19. Rapport Public 2001: Etudes et Documents No. 52, *Les Autorités Administratives Independentes* (Paris: La Documentation Française, 2001), 300–312.

20. Ibid., 320–325.

21. Ibid., 290–293.

22. Ibid., 284–286，294–299.

23. Décision 86–217 DC du 18 septembre 1986 relative à la Commission nationale de la communication et des libertés, Rec. 141; Décision 88–248 DC du 17 janvier 1989 relative au Conseil supérieur de l'audiovisuel, Rec. 18.

24. Décision 2004–497 DC du 1 juillet 2004 relative aux communications électroniques et aux services de communication audiovisuelle, Rec. 107.

25. Décision 88–248 DC; Décision 89–260 DC du 8 juillet 1989 relative à la

Commission des opérations de bourse, Rec. 71.

26. Décision 2009–580 DC du 10 juin 2009 relative à la diffusion et la protection de la création sur internet.

27. 有关制定收费标准的立场总结，参见 Prosser, T., *The Limits of Competition Law: Markets and Public Services* (Oxford: Oxford University Press, 2005), 111；与邮政服务有关的情况，另可参见 Calley, G., 'La loi no 2005–516 du 20 mai relative à la régulation des activités postales' (2006) 22 *Revue Française de Droit Administratif*, 96–118, at 114–118。

28. *Les Autorités Administratives Independendentes*, 335–341.

29. 'Regulation in a Liberal State: The Role of Non-Commodity Values' (1983) 92 *Yale Law Journal*, 1537–1590.

30. Ibid., 1566–1569.

31. Ibid., 1557.

32. Sunstein, C., *After the Rights Revolution: Reconceiving the Regulatory State* (Cambridge, Mass: Harvard University Press, 1993), 24–31.

33. Ibid., 147–159, 160–192.

34. Harris and Milkis, *The Politics of Regulatory Change*, 4–6, 15, and ch. 3.

35. 参见 Bourg, D. and Whiteside, K., 'France's Charter for the Environment: Of Presidents, Principles and Environment Protection' (2007) 15 *Modern & Contemporary France*, 117–133。有关法国宪法的现行文本，参见 http://www.assemblee-nationale.fr/english/8ab.asp（最后访问日期：2009 年 12 月 16 日）。

36. 参见 Prosser, *The Limits of Competition Law*, ch. 5。

37. Conseil d'Etat, Rapport Public 1994: Etudes et Documents No. 46, *Le Service Public* (Paris: La Documentation Française, 1995), 53（由笔者翻译）.

38. 参见 Voisset, M., 'Le Service Public Autrement' (1995) 11 *Revue Française de Droit Administratif*, 304–319。

39. 参见 Prosser, *The Limits of Competition Law*, 111–112。

40. 关于这种区分的有益的理论阐述，参见 Lenoble, J. and Maesschalck, M., 'The Specific Nature of the REFGOV Project and the Hypothesis of Reflexive Governance', in Lenoble, J. and de Schutter, O., *Reflexive Governance* (Oxford: Hart Publishing, 2010)。

41. *After the Rights Revolution*, 90, 181–183.

42. 关于比例原则的作用，参见 *R (on the application of Daly) v Secretary of State for the Home Department* [2001] UKHL 26; [2001] 2 AC 532; *R (on the application of Begum) v Denbigh High School Governors* [2006] UKHL 15; [2007] 1 AC 100。

43. 关于程序主义局限性的讨论，参见 Brownsword, R., *Rights, Regulation and the Technological Revolution* (Oxford: Oxford University Press, 2008), 126–130。

案件一览表

（条目后的数字为英文原著页码，见本书边码）

欧洲人权法院

欧洲法院

法国

英国

美国

英国制定法一览表

（条目后的数字为英文原著页码，见本书边码）

欧盟立法一览表

（条目后的数字为英文原著页码，见本书边码）

索 引

（条目后的数字为英文原著页码，见本书边码）

D

E

F

G

H

I

K

L

M

N

O

P

R

S

U

V

W

译后记

2011年9月我于美国访学期间，在威斯康星大学法学院的图书馆中见到托尼·普罗瑟教授刚刚出版的这本题为“The Regulatory Enterprise: Government, Regulation, and Legitimacy”的著作，如获至宝。因为之前在博士论文写作过程中读过他的一些论著，颇受启发，看到他的新著出版，自然欣喜若狂。当即办理借阅手续，回去后夜以继日地阅读。书中的观点给我耳目一新的感觉，当时就有一种将此书译成中文的冲动，但因一些缘故迟迟未能付诸行动。直到2016年7月底，与宋华琳教授、王笑红编审的一次讨论，最终才促成了此事。

与之前的论著相比，托尼·普罗瑟教授这本书的创新之处和主要贡献在于：

（1）进一步拓展了监管的研究领域。由于监管型国家的崛起肇始于对具有自然垄断性质的公用事业的监管，所以最初关于监管的研究主要限于经济性监管领域，强调经济性监管机构相对于政治、政府和被监管者的独立性，以实现模拟竞争市场的效果。但是，随着市场失灵引发的大量社会问题的产生，各国纷纷设立了众多承担社会职能的监管机构，这些机构承担的是维护社会公正的职能，强调监管机构是整个监管体系的组成部分，重视监管机构与政府的合作。本书的贡献之一就在于纠正了之前将监管仅限于独立的经济性监管的狭隘的观点，区分了监管的两种观点，即作为对私人自治的干预的监管和作为一项合作事业的监管，进一步拓展了监管的研究领域。

（2）建构了一套可用于分析和批判性工作的模型。根据监管理由的不同，本书将监管分为最大限度地促进经济效率和消费者选择的监管、保护人权的监管、促进社会稳定和社会包容的监管以及提供审议场所的监管，并将这些模型用于对10个监管机构的分析。通过这种方式，不仅为后续的研究提供了分析框架，而且提炼了监管机构运作应遵循的规范性原则。

（3）对监管改革的目的进行了反思。基于英国监管改革实践存在的问题，本书提出，监管改革的目的不是也不应该仅限于"减轻监管负担"，还应该包括通过完善审议程序促使监管机构更具透明性和回应性，更有利于人权保障和社会团结等。

本书虽然着眼于英国的监管环境，且大部分章节（第二章—第九章）用于阐述某一具体监管机构的组织变迁，但其背后所运用的理论并没有受限于英国本土或欧盟范围内的"特定规范"，所涉及的委托授权理论、成本—收益分析理论、回应性监管理论、参与式治理理论、宪政和人权理论以及社会团结理论等都具有普遍的适用意义，这些理论所引发的观点对中国的学者、政策制定者和监管机构都具有一定的启发和借鉴意义。

本书翻译的主要分工如下：马英娟负责翻译序言、第一、八、九、十、十一章和最后的统稿，张浩负责翻译第二、三、四、五、六、七章以及附录和索引；上海师范大学宪法行政法专业研究生陶然同学协助翻译了第六、七章，王坤同学协助翻译了第八、九章。同时，本书特别邀请了分别有着欧盟法背景和美国法背景的孙娟娟博士和苏苗罕副教授同时担任校对，苏苗罕副教授对本书进行了最后的统校，二位在此书的翻译过程中付出了很多心血和汗水，充分体现了他们对待学术的专业和敬业精神。本书翻译过程中，宋华琳教授、蔡琳副教授、安永康博士、王之洲博士、于霄博士、樊懿博士、刘振宇博士等提供了宝贵意见，在此一并致谢。本书的翻译出版，要特别感谢王笑红编审，感谢她的鼓励、督促以及翻译过程中提供的宝贵意见；感谢黄洁编辑认真、负责、专业的工作。当然，翻译中的不当之处，由我统一负责。感谢于安老师、周汉华老师和李洪雷教授、宋华琳教授拨冗审读并推荐。最后，还要感谢我的家人，感谢他们对我全年无休的工作方式的包容与理解，没有他们的支持，任何工作都无从谈起。

监管是一个实践性很强的领域，不仅具有多样性、复杂性，而且会随着特定国家政治、经济、社会、文化以及外部环境的变化而变化，因此，公法学者对政府监管的研究，不仅应该融合传统行政法和政府监管的分析框架，而且需要具备公法与私法、国内法与国际法融合的功力。

马英娟
上海师范大学
2019 年 1 月 19 日